西南大学应用经济学一级学科博士点建设系列丛书（第一辑）

西南大学学科建设专项经费、重庆市社会科学规划博士项目“老龄化对财政可持续性的影响及调整政策模拟研究（2016BS013）”、重庆市人文社会科学重点研究基地西南大学农业教育发展研究中心重点项目“西部地区‘教育扶贫’的组织协同机制与模式研究（13SKB022）”、西南大学博士启动项目“老龄化福利性财政支出对我国财政可持续性的影响研究（SWU1509533）”资助

我国财政可持续性评估体系构建研究

余　珊◎著

中国财经出版传媒集团
中国财政经济出版社

图书在版编目（CIP）数据

我国财政可持续性评估体系构建研究/余珊著. —北京：中国财政经济出版社，2018. 3

（西南大学应用经济学一级学科博士点建设系列丛书. 第一辑）

ISBN 978 - 7 - 5095 - 8006 - 6

Ⅰ. ①我… Ⅱ. ①余… Ⅲ. ①国家财政 - 可持续性发展 - 研究 - 中国 Ⅳ. ①F812

中国版本图书馆 CIP 数据核字（2018）第 004407 号

责任编辑：杨　骁　　　　　　责任校对：徐艳丽

中国财政经济出版社 出版

URL：http：//ckfz. cfeph. cn

E - mail：cfeph@ cfeph. cn

社址：北京市海淀区阜成路甲 28 号　邮政编码：100142

营销中心电话：010 - 88191537

天猫网店：中国财政经济出版社旗舰店

网址：https：//zgczjjcbs. tmall. com

北京财经印刷厂印刷　各地新华书店经销

880 × 1230 毫米　32 开　9. 625 印张　221 000 字

2018 年 6 月第 1 版　2018 年 6 月北京第 1 次印刷

定价：53. 00 元

ISBN 978 - 7 - 5095 - 8006 - 6

（图书出现印装问题，本社负责调换）

本社质量投诉电话：010 - 88190744

打击盗版举报热线：010 - 88191661　QQ：2242791300

前 言

自从比特（Buiter）在1985年首先提出了财政可持续的概念后，财政可持续性就成为公共财政领域的焦点问题，欧洲债务危机对部分国家经济的重创再次将“财政是否可持续性?”问题摆在了全世界的面前。财政可持续通常被理解为国家财政的存续状态或能力（Buiter，1985；王晓霞，2007），其核心是政府是否有持续的偿债能力，即政府的偿债能力既可以保证当代政府财政职能的发挥，又不会对后代政府的财政运行构成危害，不会陷入财政危机中。因此，对财政可持续性的研究落脚于债务可持续性的研究。

近年来我国开始重视财政的可持续发展问题，并将财政可持续性作为判断我国财政运行状况的标准与政府活动的终极目标之一。国外对于财政可持续性的研究不过30年的时间，国内的研究开展则更晚，对财政可持续性的理论分析以及在将财政可持续评估具象化与准确化上都存在不足。因此如何理解财政可持续性、如何提高评估工作可操作性和规范性是财政可持续性研究中亟待解决的问题。本书即是以此为切入点，对构建我国的财政可持续性评估体系展开尝试性的研究。

本书首先对国内外大量的相关文献进行了梳理，接着从支撑财政可持续基础理论提炼出对后文论证的理论启示，然后在挖掘财政可持续性内涵的基础上对财政可持续性进行理论剖析，尝试构建财政可持续性的理论体系，紧接着在中国香港、英国、德国、美国、加拿大等多个国家和地区官方发布的“财政可持续性报告”的国际经验进行比较与借鉴的基础上，从理论与实证两个方面构建我国财政可持续性的评估体系，并采取“信号法”（早期风险预警方法）以及“财政缺口”法分别对我国短期与长期的财政可持续性情况进行实证分析，最后根据实证结果提出相关的对策建议。

本书的主要观点包括：（1）财政可持续是一种动态的“可持续”，不能简单地与“财政健康”划等号；（2）财政可持续性强调财政运行本身的可持续性，本书暂不考虑财政对社会、生态可持续的贡献；（3）财政可持续性的终极体现是债务的可持续性；（4）财政可持续性的核心是政府的偿债能力；（5）财政可持续发展的实现应当要坚持“发展性”“时空性”和“公平性”的基本原则；（6）财政发展受到社会、经济、政治等各种环境因素的综合影响，要保持财政可持续性也要综合考虑这些相关因素；（7）科学客观地对财政可持续性进行评估是让自己国家和别的国家更了解我国财政运行状况的手段，以减少因情况不明而造成的误识（包括别有用心之人诽谤中伤）；（8）构建财政可持续性评估体系可以对未来财政运行情况做预判，对财政收支活动做约束，为财政风险做早期预警并提供决策建议，也是和国际接轨的做法；（9）财政可持续性可以按其程度划分不同类型；（10）财政风险早期预警思想与保持财政平衡思想是本书财政可持续性（实证）评估的方法思想；（11）财政可持续性的评估要坚持“静态评估”与“动态评估”相结合、“短期”与“长期”相结合的原则；（12）我国短期财政保持较强的可持续性，但是老龄化问题发出了风险预警信号；（13）在保持目前政策不变的情况下，我国未来长期（40年）将面临严重的财政不可持续的问题，其中最大的压力来自人口老龄化带来的老龄化成本（养老金缺口）；（14）在构建财政可持续性评估体系中，要推进“中（长）期财政规划”与“国家资产负债表”的研究与编制，并成立专门的评估小组，适时发布评估结果，接受公众监督；（15）我国未来长期要实现财政可持续发展，首先必须重视人口老龄化对财政可持续性的影响，从建立健全多支柱养老保障体系、改革社会基本养老保险制度、提高社会就业率等多方面入手，应对老龄化的冲击；其次，要保证经济增长的连续性；再次，要进行财政开源与节支，最后要加强公债管理。

本书共包含8章，结构如下：

第1章是绪论，介绍本书的选题背景与研究意义、研究方法、本书结构与逻辑体系、主要创新与局限。

第2章是文献综述，主要对财政可持续性实证技术方法和财政风险预警体系两个方面国内外的相关文献进行梳理、归纳，并做简要的评述，提炼对后文研究的思想借鉴。

第3章主要从定性的角度构建财政可持续的基本理论，为后文的分析建立理论根基，主要包括相关理论基础与一般理论分析两部分。通过对可持续发展理论、财政平衡理论与公债理论基本观点的梳理，提炼出给后文分析财政可持续性的启示，为进行理论分析提供思想借鉴。在一般理论分析部分，将对从财政可持续性的基本内涵、核心问题、原则、研究范畴，与几个相关概念的关系及影响财政可持续性因素六个方面进行比较系统的理论分析，更深刻地理解财政可持续性的内涵与外延，初步构建财政可持续性的理论体系。

第4章主要介绍中国香港、英国、德国、美国、加拿大5国（地区）官方发布的关于财政可持续性的权威报告，从财政可持续性评估机构、财政可持续性含义界定及评估方法、财政可持续性评估结论及对策建议三个方面介绍这些国家（地区）官方对其财政可持续性评估的经验，并结合这些国家（地区）经济财政发展的特点，总结归纳财政可持续性评估分析的共性特征，提炼出对建立评估我国财政可持续性评估体系的启示。

第5章尝试用规范研究的方法构建财政可持续性的评估体系，为第6、7章的实证研究建立基础。财政可持续性评估体系包括两部分内容：第一部分是分析财政可持续性评估的基本理论体系，回答“财政可持续性评估是什么”的问题，即介绍财政可持续性评估的必要性与目的，评估的类型划分、评估的思想原理以及评估的原则；第二部分是分析财政可持续性评估的实证体系，回答“怎么进行财政可持续性评估”的问题，包括对财政可持续性评估的方法体系和指标体系的介绍。

第6章是运用“信号法”的早期风险预警原理，对我国短期财政可持续性评估的实证分析，针对11个新兴经济体国家相关指标在1980年至2014年35年间的历史经验数据，计算短期可持续性指数限值，分析我国在短期内的财政风险程度，判断短期的财政可持续性。

第7章将运用“财政缺口”法对我国长期财政可持续性进行实行分析。在对中长期经济和财政形势表现预测的基础上，测算未来40年我国财政缺口，以此作为长期财政可持续指数，并对存在不确定性的重要因素（养老金缺口、调整时间、债务负担率水平）进行敏感性分析。

第8章从分析我国财政政策与财政运行的现状出发，在前文对财政可持续性及其评估体系的理论分析基础上，结合国外发达国家相对完备的财政可持续性评估先进经验，对建立我国的财政可持续性评估体系与保持财政可持续发展进行对策分析。

本书在研究过程中，有如下创新：

（1）国内外学者对财政可持续的研究侧重于实证分析，而对财政可持续性缺乏系统的理论分析，本书则尝试构建财政可持续性系统的理论分析框架。

（2）本书尝试从理论与实证系统架构起财政可持续性评估体系。理论体系将论述进行财政可持续性评估的必要性、重要性及目的，财政可持续性不同类型的划分，评估的思想原理，以及评估的基本原则。实证体系则包括了短、长期不同的评估方法体系与指标体系。

（3）本书对财政可持续性的评估侧重于对未来的财政运行状况评估，因此没有采取国际上流行的对债务负担率的单位根检验，或财政收支的协整检验，而是根据短期、长期评估思维和重点的不同而运用了不同的方法与指标体系来评估未来我国的财政可持续状况。

（4）在对短期财政可持续性的实证部分，笔者采用的信号法是金融风险早期预警的主要方法，鲜有用在财政风险的预警上，本书将尝试将信号法用于对短期财政风险的早期预警，并将此作为短期财政可持续的评估方法。

（5）基于财政可持续程度，本书以量化的方式创新性的将财政可持续性划分为了“强可持续”“较强可持续”“一般可持续”“弱可持续”“弱不可持续”“一般不可持续”“较强不可持续”与“强不可持续”8种不同状态，而不再以“是”与“否”来粗线条式地评价财政运行状态。

余珊

2017年12月

目 录

第1章 绪　论

1.1 选题背景与研究意义

1.1.1 选题背景

1987 年世界环境与发展委员会（WCED）发布的报告《我们共同的未来》以及 1993 年正式成立可持续发展委员会等事件将“可持续发展”正式推入了历史舞台，秉持着代际平衡的伦理准则，可持续发展作为全新的评价社会经济与生态发展的标准迅速得到世界的公认。与此同时，可持续发展也延伸到经济领域，而“财政可持续性”研究也在公共财政管理中逐渐兴起。

自从比特（Buiter）在 1985 年首先提出了财政可持续的概念后，财政可持续性就成为公共财政领域的焦点问题。Buiter 认为财政可持续是作为经济实体的国家财政的存续状态或能力，当它无力偿还债务时，就不能存续而宣告破产，反之，它有偿债能力就说明它可存续（王晓霞，2007）。政府债务风险的增加会影响到财政的健康运行，如果不及时防范，它会像癌细胞一样扩散至整个财政系统，转化为财政风险，继而引发财政危机，影响财政的可持续性。因此，财政可持续性研究的核心问题是政府债务清偿能力。

2007 年美国次贷危机爆发后，各国通过政府注资等方式对金融体系及市场实体展开金融援助，配合以积极的财政政策企图带动经济走出阴霾，导致公共债务激增、债务负担率与财政赤字不断走高。次贷危机之殇尚未抚平，希腊的主权债务危机又揭开了欧债危机的帷幕。“政府是否有能力偿还债务？政府是否会走向破产？财政是否可持续？”一度成为人们关注的话题。自 2008 年以来，瑞士、德国、澳大利亚、英国、加拿大、欧盟等多个发达国家（经济体）都已经构建起财政可持续性评估体系，并发布“财政可持续性报告”，分析在债务问题激化与严重的人口老龄化背景下，未来长期财政收支及债务负担变动状况，预判财政的可持续性，为减缓债务负担率的增加、确保财政的可持续，报告都对政府在未来是否及多大程度上采取相关财政整顿给出了政策建议。

同时期在我国国内，随着地方政府融资平台债务问题逐渐曝光，地方政府性债务风险凸显。尽管国家审计署通过 2011 年和 2013 年两次对政府性债务摸底，并申明中国目前的政府性债务风险总体可控。但是，由于部分国内外媒体刻意强化该方面的报道甚至夸大炒作，加之近年来国际三大信用评级机构相继下调中国信用评级展望，不免营造出一种“内忧外患”“谈债色变”的舆论环境。

因此，面对如此错综复杂的国内外环境，正如原财政部部长金人庆所言“与其被动买单，不如主动请客”，我国有必要客观公正地开展财政可持续性评估的研究：一来“堵住坏人的嘴”，对财政形势和前景进行客观、理性、准确的判断防止被别有用心之人夸大其辞，危害我国社会经济的稳定与安宁；二来“擦亮自己的眼睛”，认清我们所处的经济环境，以采取更加有效的财政调整措施。

实际上近年来，我国领导人在多次官方报告和讲话中都提及“财政可持续”，并将此作为判断我国财政运行状况的标准与政府活动的终极目标之一。从世界范围来看，对于财政可持续性的研究不过30年的时间，期间各国还经历着多次的经济与财政危机，也不断地进行财政整顿，面对复杂的现实情况，在将财政可持续评估具象化与准确化上都存在明显的不足之处。如何提高评估工作可操作性和规范性是财政可持续性研究中亟待解决的问题。而我国官方也没有对于财政可持续情况的相关报告，财政可持续只停留在定性的理解上，没有一个直观确切的数据来说明问题，国内学界现有的研究也尚未建立起一个系统的分析框架。

“财政可持续性”并非完全是舶来品，国内很早就对财政稳定、财政风险防范、财政危机、债务风险等有一定的研究。典型市场经济国家在其较为完善的现代财政制度与严格的财政纪律框架下建立财政可持续评估体系固然可以为我国所借鉴，但不宜照搬或直接移植，否则会造成水土不服，甚至错误引导财政活动，导致偏离既定的财税体系改革方向。在向市场经济转轨中的中国，要构建“非典型市场经济”财政可持续性指标体系，首先应当立足于中国实际国情，再有机融合国际先进经验。构建中国的财政可持续性评估体系应从我国现行财税体制及财政运行基本特征出发，遵循建设现代财政制度思路，设计既符合实际又具有前瞻性的评估体系。

财政可持续性理论体系与评估体系的构建是一个渐进的过程，本书的研究多有不足，尝试在这个过程中迈出稚嫩的一小步，起到抛砖引玉的作用，如能吸引相关部门与更多的学者参与到这个课题研究中，也算是本书的一小贡献。

1.1.2 研究意义

（1）理论意义

第一，本书所尝试构建的关于财政可持续性及其评估理论体系，一定程度上弥补目前国内财政可持续性理论研究“零散不成系统”的不足。一方面，本书运用定性分析方法从基本内涵、核心问题、原则、研究范畴、影响因素等几个方面厘清财政可持续性理论的基本脉络，构架其基本理论体系，回答“财政可持续性是什么”的问题。另一方面，本书从财政可持续性评估的重要性、必要性、目的、思想原理、原则、方法体系与指标体系等多个方面系统勾勒了财政可持续性评估的理论体系，回答“为什么与怎么样进行财政可持续性评估”的问题，为合理开展评估实证分析奠定理论基础。

第二，本书所尝试构建的“短期与长期结合、静态与动态结合”的财政可持续性评估体系，一定程度上有益于弥补目前国内定量研究存在的不足。目前国内在该领域的定量研究主流方法是用单指标（债务负担率或赤字率）对过去财政活动状况的分析，理论上是静态分析，本书则是对未来一年（短期）与40年（长期）两个时间维度分析我国财政运行状况，综合考虑财政环境、宏观经济环境、政治环境等因素指标的影响，构建我国财政可持续性评估体系，为该问题的动态分析不足提供有益借鉴。

第三，本书将财政可持续性的分析置于人口老龄化的这个社会结构大变革的背景中，切合当前研究热点与价值取向，有一定的理论价值。

第四，本书对中国香港、英国、德国、美国、加拿大等多个国家（地区）财政可持续性评估实践经验的评述，为国内研究提供了有益的国际经验借鉴，有一定的理论意义。

（2）实际意义

第一，根据党的十八大、十八届三中全会与四中全会会议精神，财税体制改革与建立现代财政制度是当前我国财政工作的首要任务与长远战略，财政可持续性理论及其评估体系构建研究正切合这一热点，有一定的前瞻性。

第二，构建的财政可持续性评估体系可用于直接测算政府在短期和长期（目标时期）的财政可持续能力，其实证分析结果直观、明了、易懂，有利于客观判断财政运行状况与财政风险大小，也有利于我国与其他国家横向比较与我国自己不同时期的纵向比较研究。

第三，财政可持续性评估结果对政府在短期及长期实施财政整顿及财政政策作用方向的决策上有实际参考价值与指导意义。

1.2　研究方法

1.2.1　文献研究法

文献阅读与学习是研究的基础工作，广泛地收集文献，了解研究主题的来龙去脉与前沿动态，才能把握该研究方向的研究价值，避免重复低效的研究，为自己的研究奠定基础与选择正确的方向。本书第 2 章用了一定的篇幅介绍国内外关于财政可持续性实证技术方法和风险预警体系的文献，并做了整理与评述，为本书选择研究角度提供了研究基础。

1.2.2 理论分析法

理论分析法是本书主要的研究方法之一。理论分析是要在感性认识的基础上，通过理性思维分析来把握研究对象的本质、核心、原理及规律的一种科学分析方法。进行理论分析需要把研究对象先拆开从不同角度进行深度剖析，再从本质上进行界定，最后综合分析并提炼理论观点，本书在第 3 章与第 5 章都主要运用了这种分析方法。第 3 章是对财政可持续性从基本内涵、核心问题、原则、研究范畴，与几个相关概念的关系及影响财政可持续性因素六个方面对财政可持续性做比较系统的理论分析，把握财政可持续性的内涵与外延。第 5 章则从财政可持续性评估的必要性与目的，评估的类型划分、评估的思想原理以及评估的原则等方面构建财政可持续性评估的理论体系，再从方法和指标两个方面理论地构建实证体系。

1.2.3 国际经验借鉴法

由于国内关于财政可持续性的研究相对薄弱，国外研究相对成熟，并且成果比较丰富，而且多个国家已经将财政可持续性的评估理论运用于实践中，因此本书将运用国际经验借鉴法。在第 4 章中，在整理中国香港特别行政区、英国、德国、美国、加拿大等多个国家与地区的相关报告基础上，对这些国家与地区的财政可持续评估经验进行比较分析，并总结出对我国有益的经验借鉴。

1.2.4 实证分析法

实证分析是超越价值判断，用经济模型、统计计量等方法对经济数据进行处理，客观的分析回答“是什么”的问题。本书在第6章与第7章将主要使用这种分析方法，以我国和其他新兴经济体国家的相关数据为样本运用“信号法”的风险早期预警方法对我国短期内的财政可持续性进行实证分析，再对我国未来40~50年的财政收支、利率、GDP等因素进行预测，用财政缺口法对预测数据进行计量分析，对我国长期内的财政可持续性进行实证分析。

1.3 本书基本结构与逻辑体系

本书首先对国内外大量的相关文献进行了梳理，接着从支撑财政可持续的基础理论提炼出对后文论证的理论启示，然后在挖掘财政可持续性的内涵的基础上对财政可持续性进行理论剖析，尝试构建财政可持续性的理论系统，在对中国香港、英国、德国、美国和加拿大等国家与地区官方发布的“财政可持续性报告”的国际经验比较与借鉴的基础上，从理论与实证两个方面构建起我国财政可持续性的评估体系，并采取“信号法”的财政风险早期风险预警方式以及“财政缺口”法对我国短期与长期的财政可持续性情况进行了实证分析，最后对分析结果进行分析并提出相关的建议。

如图1-1所示，本书由8章构成：第1章是绪论，介绍本书的选题背景与研究意义、研究方法、本书结构与逻辑体系、主要创新与局限。第2章从财政可持续性实证技术方法和风险预警体系两个方面内容对国内外的相关文献进行梳理、归纳，并做简要的评述，为后文研究的展开提供思想借鉴。第3章从定性的角度分析财政可持续的基本理论，为后文的分析建立理论根基，通过对可持续发展理论、财政平衡理论与公债理论基本观点的梳理，提炼出给本书分析财政可持续性的启示，为进行理论分析提供思想借鉴，并从财政可持续性的基本内涵、核心问题、原则、研究范畴，与几个相关概念的关系及影响财政可持续性因素六个方面对财政可持续性做比较系统的理论分析，从理论角度更深刻地理解财政可持续性的内涵与外延。第4章主要介绍中国香港、英国、德国、美国、加拿大5国（地区）官方对该国（地区）财政可持续性评估的权威报告，从财政可持续性评估机构、财政可持续性含义界定及评估方法、财政可持续性评估结论及对策建议（可得的最新情况）三个方面介绍这些国家（地区）官方对其财政可持续性评估的经验，并结合这些国家（地区）经济财政发展的特点，总结归纳财政可持续性分析方法的共性特征，提炼出对建立评估我国财政可持续性体系的启示。第5章用规范研究的方法构建财政可持续性的评估体系，一部分是分析财政可持续性评估的基本理论体系，回答“财政可持续性评估是什么”的问题，即介绍财政可持续性评估的必要性、重要性与目的，评估的类型划分，评估的思想原理以及评估的原则；另一部分是分析财政可持续性评估的实证体系，回答“怎么进行财政可持续性评估”的问题，包括对财政可持续性评估的方法体系和指标体系的介绍。第6章运用财政风险早期预警的方法——“信号法”——对短期财政可持续性进行评估。第7章运用财政缺口法对长期财政可持续性进行评估。第8章根据前文的分析及实证结果提出相关政策建议。

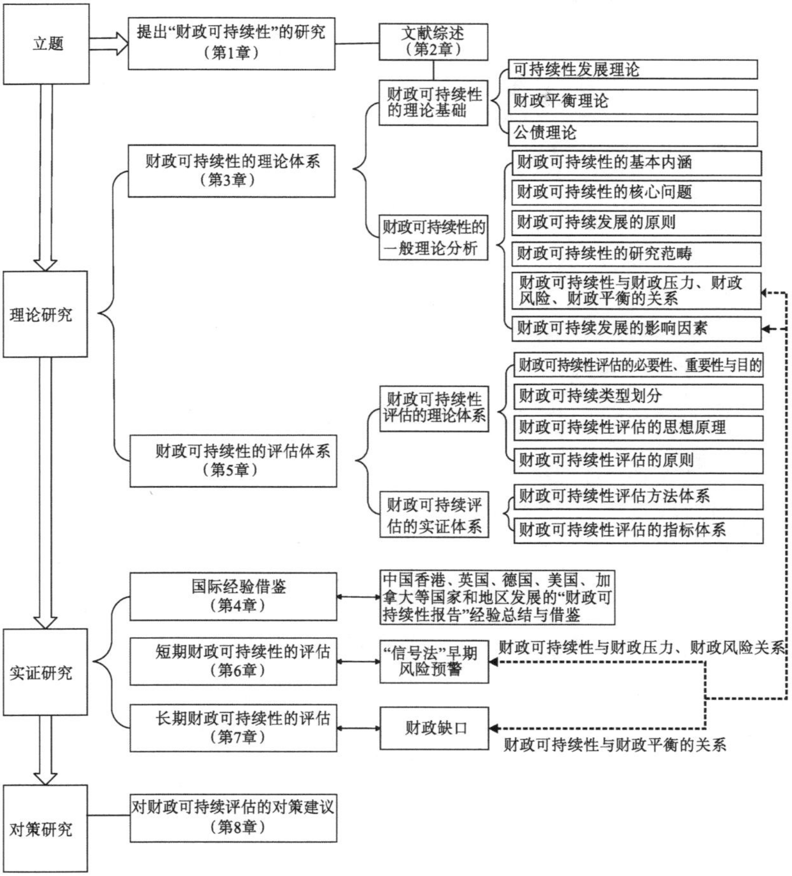

图 1－1　本书基本结构与逻辑体系

1.4 本书的主要创新与局限

1.4.1 主要创新

(1) 研究视角

本书通过构建“短期与长期结合”的财政可持续性评估体系，着眼于对我国未来财政可持续性的预判研究。

目前国内对财政可持续评估研究主要是根据财政收支或政府债务在过去某一段时期的变化情况，通过财政赤字率、债务负担率或财政收支关系的实证分析评估财政可持续性，其实质是对过去时期的财政可持续性判断，对判断未来财政可持续性意义不大。

本书则是着眼于对未来一段时间我国财政可持续性的评估分析上，通过对未来财政运行状况的预判，为及时采取有效的财政措施与财政调整提供参考意见，对防范财政风险有一定的实际意义。由于未来财政是否具有可持续性取决于政府在未来时期内的偿债能力，当财政风险逼近，政府在短期内改善偿债能力主要是依靠应急型的财政措施；而当财政风险是潜伏于未来长期的，则政府是通过长期调整型措施来改善偿债能力的。根据政府在短期与长期财政风险应对措施不同的特点，本书对财政可持续性的评估也划分为了短期（1 年内）和长期（40 年）两个不同维度，运用不同的方法进行有针对性的评估实证分析。

(2) 研究方法

① 本书运用“信号法”对我国短期财政可持续性进行实证分析。信号法是根据风险发生前相关指标变量的异常变动所发出

的信号来对风险做早期预警，这种方法国内外研究主要是运用于对金融风险的早期预警方面，近三年仅有少量研究是针对欧盟的财政风险早期预警。根据笔者掌握的文献，目前国内将该方法运用于财政风险预警方面尚属空白，本书将尝试将信号法用于对11个新兴经济体国家的短期财政风险的早期预警，并将此作为财政短期财政可持续的评估方法。

② 本书运用“财政缺口法”对我国长期财政可持续性进行实证分析。在财政可持续性的实证分析方面，国际上流行的方法是在政府跨期预算约束模型基础上，对债务负担率的单位根检验或财政收支的协整检验，财政缺口法是近年兴起的方法，国内仅有姚东旻（2013）从财政缺口视角分析财政可持续性。但本书与姚东旻研究不同的是：第一，在模型设计上，姚东旻的模型计算的是一个总缺口，本书借鉴欧盟的分析思路将财政缺口分解为四种不同原因导致的缺口（EUM，2009，2012）；第二，在分析时间上，姚东旻的研究设定是未来30年，本书设定为40年，因为考虑到了未来40年都是我国人口老龄化加速的阶段，有必要将老龄化成本（养老金收支缺口）考虑进来。

（3）研究内容

① 本书尝试构建财政可持续性理论体系与财政可持续性评估的体系。国外学者在财政可持续的研究方面主要侧重于实证分析，近几年的前沿研究主要是分析技术层面上，包括对不同假设条件的放松及经典模型的改进，而对财政可持续性的内涵和本质的研究较少。国内学者对财政可持续的理论分析有所涉及，但都是比较零散的，没有形成比较系统的分析。本书尝试构建财政可持续性的理论分析框架，对财政可持续性从可持续性角度界定概念，提出政府的偿债能力是其核心问题，以“发展性”“时空性”“公平性”作为财政可持续发展的原则，辨析了财政可持

续与财政空间、财政平衡、财政风险几个概念的关系，并从财政压力程度、政府政策制定与执行能力、政府融资能力三个方面分析了财政可持续性的影响因素。

同时，本书尝试构建财政可持续性评估的体系，论述进行财政可持续性评估的必要性、重要性及目的，财政可持续性程度划分类型，以财政风险早期预警思想与财政平衡思想作为评估的思想原理，并以“静态评估”与“动态评估”相结合、“短期”与“长期”相结合作为评估的基本原则，并从方法体系与指标体系形成评估的实证体系，从而从理论与实证两个方面相对完整系统的架构起财政可持续性评估体系。

② 本书总结了大量国家官方发布的财政可持续性评估实践经验。本书第 4 章是作者通过阅读中国香港、英国、德国、美国、加拿大等多个国家（地区）官方发布的财政可持续性评估报告一手资料，按评估机构、评估方法、评估结论及对策三个方面内容梳理并总结为国际经验，为国内研究缺乏（官方）实践经验进行了有益补充。

③ 本书对财政可持续性程度进行了划分。基于财政可持续程度，本书以量化的方式将财政可持续性划分为了“强可持续”“较强可持续”“一般可持续”“弱可持续”“弱不可持续”“一般不可持续”“较强不可持续”与“强不可持续”八种不同状态，根据实证分析结果来评价财政可持续的程度，而不再以“是”与“否”粗线条地评价财政运行状态。

1.4.2 存在的局限与不足

由于受到数据收集研究条件的限制，以及自身研究能力、研究时间等因素影响，在本书写作过程中还存在诸多局限与不足。

（1）理论分析部分，对财政可持续发展原则分析还不够深入与完善，研究范畴也是基于目前笔者所掌握文献进行的提炼，尽管笔者已尽量广泛收集文献，但毕竟还有遗漏之处，所以研究范畴不尽完善。

（2）在研究方法上，笔者运用信号法对短期财政风险进行早期预警，因为该方法的原理是以多个相似背景国家（本书选取的是新兴经济体国家）相关变量指标在过去发生危机前期（一年）的表现，寻找指标异常变动的共同性并总结经验，将其作为一种风险信号，因此这种方法与所选取的国家样本、指标、指标变量数据准确性、数据选取时间及对财政危机（压力）事件的定义有直接关系，对样本的要求比较高，本书非详尽的样本选择一定程度影响了该方法的效果。

（3）在实证指标选取与数据收集上，可能存在对实证结果更有益的变量指标，但是由于数据收集不理想，不得不放弃这种变量指标。如债务负担率指标，最理想的指标是债务总额，并且能对或有负债如地方政府性债务、铁路部门的债务等进行分类，但是由于我国没有政府（国家）资产负债表，官方也没有发布历年以来各种类型负债的数据，所以使用的债务数据主要是国债和近年来地方发行的债券，及审计署发布的数据；另一个原因是或有负债本身的性质决定了这些债务的不确定性，只有在特定条件下才可能转化为政府债务，所以即便有数据，但是它不是会影响政府真实偿债能力的准确数据，它不能和直接负债简单加总作为债务总额，因此本书在分析时候没有对或有负债进行分析，但或有负债的风险也是应该要讨论的范畴，这也是本书存在的不足，笔者展望在今后的研究中能对这个领域有深一步的专门研究。另外，如新兴经济体国家的相关统计数据发布都比较稀缺，大部分都是 1980 年或 1990 年以后的数据，之前的数据很多没有，在一定程度上影响实证结果，是实证环节的一个局限。

（4）对长期财政可持续性的评估是建立在对未来财政收支与经济发展状况预测的基础上，因为我国才开始尝试编制中期预算，尚没有可用数据，也没有对经济的中长期展望预测之类的报告，所以笔者在自行分析以及借鉴学者研究成果基础上，形成对未来经济的预测结果，由于笔者能力原因以及预测本身存在的不确定性，对分析结果会有相当的影响，也是本书的一大局限。

总之，本书对财政可持续性理论本身及财政可持续评估体系的研究都带有很强的探索性，并打算在今后继续沿此方向开展进一步的研究，在本书的分析论证过程中可能存在其他的不足之处，笔者也恳请专家学者与其他读者指点，给本书提意见与建议，帮助笔者能在该研究上继续下去。

第2章 文献综述

国内外都有文献涉及对于财政可持续性的研究，尤其是国外的研究成果比较丰富。鉴于我国在这个方面的研究比较薄弱，而且我国的财政体制与发达国家的财政体制存在差异，因此在对我国的财政可持续性展开研究前，有必要学习借鉴西方先进的研究成果。本章主要是对国内外关于财政可持续性实证技术方法和风险预警体系两个方面的相关文献进行梳理、归纳，并做简要的评述，为后文研究的展开提供思想借鉴。

2.1　财政可持续性评估的实证分析方法

2.1.1　国外研究

由于财政可持续性本身概念上的不统一，

在其实证方法上也出现了不同的技术方法。一个常用评估可持续性的实用方法是将政府债务不再增长作为基准来将可持续性与不可持续性财政政策区分开。然而，更多的理本书献焦点在于当前的财政政策能否在不威胁到政府偿债能力的情况下持续下去，这暗示着没有必要强调债务是非增长的观点。

（1）跨期预算约束（IBC）

政府靠举新还旧来应付债务问题在短期内来说是可行的，但是如果将这种情况变成常态就会存在问题。对于财政可持续性大部分分析都用到一个代表性代理模型（representative agent model），这个模型要求政府既要满足跨期预算约束（IBC），即政府需要考虑未来债务折算的现值等于将来收入的现值达到跨期预算平衡，又要满足在每个时期的静态预算约束。违反政府的跨期预算约束将预示着财政是不可持续的，因为债务增长率高于经济的增长率。

简单的说，在封闭的经济环境下没有考虑外债，其静态预算约束是：

$$B_{t+1} = R_t B_t + D_t \qquad (2.1)$$

B_t 是期初政府债务余额，$R_t = 1 + r_t$ 是在 t 到 $t+1$ 期的折现因子，D_t 是基本财政赤字（不含债务利息的支付），政府的跨期预算约束式为：

$$B_t = -\sum_{j=0}^{\infty} R(t,t+j)^{-1} D_{t+j} + \lim_{T\to\infty} R(t,t+T)^{-1} B_{t+T+1} \qquad (2.2)$$

这里的 $R(t,t+j) = \prod_{k=0}^{j} R_{t+k}$，是 t 到 $t+j$ 的折现因子。

由（2.2）式可见，可持续性要求将来基本盈余的现值要超过未来基本赤字的现值，而超过的部分要足以弥补期初债务余额与最终债务余额现值的差额。如果最终债务余额的现值是正的，尽管政府的债务为还本息在每个时期还会继续翻滚，（2.2）式还是会被满足的。

然而，O'Connell 和 Zeldes（1988）研究指出在代表性代理模型中，如果代表性代理人是有限理性的，这个结论是不可靠的①。如果政府运用庞氏骗局的手段，这意味着有人会在未来无限地持有政府债券。结果，相比在不选择投资债务来说，这些政府债券投资人至少在一个时期消费是很低的，福利也会很低。因此，政府企图用庞氏骗局会发现，没有一个理性的人会愿意持有其债券，这也导致其债务无法在每个时期都翻倍增长。

非庞氏条件通常被看作为是可持续性的同义词，这预示着要加入一个横截条件。

$\lim_{T\to\infty} R(t, t+T)^{-1} B_{t+T+1} \leqslant 0$。事实上，这个条件的满足会被看作是同等重要的，因为私人代理人不会因为持有政府负债而就破产，即这可以看作可持续性财政政府要满足的预算现值约束（PVBC）的条件。

$$B_t = -\sum_{j=0}^{\infty} R(t, t+j)^{-1} D_{t+j} \tag{2.3}$$

其结论是可持续性要求今天政府的债务要也与未来基本盈余超过基本赤字部分的现值相匹配。

PVBC 最重要的政策意义就是：只要未来的基本盈余要求满足 PVBC 是个可行的政策选择，就无法排除大量的基本赤字或高债务。横截条件约束债务增长率低于利率。如果利率很高的情况会持续很久，债务增长快于经济、则可能出现债务负担率无限增长的情况（McCallum，1984）。然而，Barro（1989）和 Kremers

① O'Connnell, S. A., and Stephen P. Zeldes. Rational Ponzi Games [J]. International Economic Review, 1988 (29 (August)): 431 ~ 450.

(1989) 论述到这种可能性看上去不是明智的[①][②]，在基本财政盈余规模约束上是有争议的，因为政府不能组织到比经济产出产生的收入更高的收入。

在这种情况下，还必须有 $-D_{t+j} < \phi Y_{t+j}$，其中 Y_{t+j} 是产出，且 $\phi < 1$，这代表着：

$$B_t < \sum_{j=0}^{\infty} R(t, t+j)^{-1} \phi Y_{t+j} \tag{2.4}$$

(2.4) 式是一个可持续性的必要条件。财政可持续性的必要条件意味着如果利率要高于经济增长率，那么债务率就是有限制的。

PVBC 还有其他的含义。McCallum (1984) 还指出过，当永久的基本赤字 (permanent primary deficits) 不符合 PVBC 时，所有的永久赤字（包括支付的利息）却有可能是可持续的。我们可以想象一个国家在每个时期都用一个小规模的基本盈余来偿还债务利息的小部分。在每个时期会保持有赤字，但是债务的增长不会快于利率，这种情况也被看作是一种可持续性的（即满足横截条件）。或许更奇怪的是，PVBC 暗示着政府不能在基本平衡后持有小量的基本赤字，因为这会违背横截条件。相似地，在增长的经济中伴随着相对低利率，债务率会渐近降低至 0，但是同时会被看作是不可持续的。例如，债务增长率略比利率高，如果此时产出的增长率又高于债务的增长率，这会导致债务率的降低（尽管这不符合横截条件）。

不过，在 PVBC 基础上判断可持续性除了有政府债务、基本

---

① Barro, R. J. The Ricardian Approach to Budget Deficits [J]. Journal of Economic Perspectives, 1989 (3 (Spring)): 37 ~ 54.

② Kremers, J. J. M. U. S. Federal Indebtedness and the Conduct of Fiscal Policy [J]. Journal of Monetary Economics, 1989 (23 (March)): 219 ~ 238.

盈余、赤字、债务利率外，没有经济的其他变量，因此，代表性代理模型将真实经济的命运与政府的活动分开了，这是它的短处所在。

如果 PVBC 要用在历史数据上，则零假设

$$\lim_{T\to\infty} R\ (t,\ t+T)^{-1} B_{t+T+1} = 0 \tag{2.5}$$

在统计检验中是不能拒绝的。可持续性检验是看是否符合 PVBC，如果违背了 PVBC，当前的财政政策则是不可持续的，则要求财政改革。Hamilton 和 Falvin（1986）做过经典的检验①，他们使用的是 Folld 和 Garber（1980）对美国战后的 PVBC 泡沫价格检验②。

（2）单位根检验、协整检验

在 PVBC 的基础上，学者提出了对财政可持续性的测试方法，主要是用财政赤字的变量指标来分析债务可持续性。较早期的 Hamilton 和 Falvin（1986）和 Wilcox 和 David（1989）用常用的单位根检验测量政府赤字的可持续性③（Feve 和 Henin，2000；Getzner 和 Glatzer，2001；Makrydakis 和 Tzavalis，1999；Uctum 和 Wickens，2000）。

Hamilton 和 Flavin（1986）建议 PVBC 的充分条件是，如果基础财政收支是平稳的序列，当泡沫资产价格为 0 时，代表着当期债务也是稳定的。这必须要注意的是这是财政可持续性的充分

---

① Hamilton, J. D., Falvin, M. A. On the limitations of government borrowing: a framework for empirical testing [J]. 1986.

② Folld, R., and Peter Garber. Market Fundamental versus Price - Level Bubbles: The First Tests [J]. Journal of Political Economy, 1980 (88 (August)): 745 ~ 770.

③ Wilcox, D. W. Sustainability of Government Deficits: Implications of the Present - Value Borrowing constraint [J]. Journal of Money, Credit, and Banking, 1989 (21 (August)): 291 ~ 306.

条件，而非必要条件，在债务不稳定的时候，财政政策也可能是可持续的。他们还发现，在 PVBC 没有违背的情况下，不稳定性也可能被拒绝。相反地，Trehan 和 Walsh（1988）发现美国的债务是不平稳的。然而，他们认为在 PVBC 在满足的情况下，债务和赤字是相互协调的，且利率是不变的，那么财政可持续性的充要条件是债务和基础财政收支是协整的。

Kremers（1989）扩展了约束条件即财政盈余不能比产出更大，在债务率是稳定的情况下，它是 PVBC 的充要条件。他发现在债务率的稳定性上没有确定的证据，并认为美国战后财政政策可能是不可持续的。Roberds 和 William（1991）研究中将横截条件应用于交叉等式的约束条件，在 VAR 分析框架中它是一个随机过程并产生债务和赤字。他的研究中以美国拒绝这个约束条件作为强有力的证据，再次说明其财政政策是不可持续的。

然而，很快地开始流行带或不带结构断点的协整技术（例如（Afonso，2005；Baharumshah 和 Lau，2007；Bajo－Rubio，Diaz－Roldán 和 Esteve，2004 ；Gabriel 和 Sangduan，2011；Goyal 和 Khundrakpam，2004；Kalyoncu，2005；Lusinyan 和 Thornton，1997；Martin，2000；Quintos，1995）。之后，在面板单位根检验和面板协整统计方面发展的推动下（Westerlund，2006），更多的学者使用了新技术工具去检测政府赤字在长期内是否是可持续性的（Westerlund 和 Prohl，2008；Afonso 和 Rault，2010；Mahdavi 和 Westerlund，2011）。

但是以上的研究都是基于财政赤字是对称和线性的假设之上的，如果财政赤字调整为非对称和非线性的，那么之前文献中的单位根检验和协整技术都会有所失效，可能会让事实上的财政可持续推理成不可持续性。因此，现在大量的研究（Arestis，Cippollini 和 Fattouh，2004；Arghyrou 和 Luintel，2007；Bajo－Rubio，

Diaz - Roldán 和 Esteve, 2010; Bohn 和 Henning, 1998; Cipollini, 2001; Davig, 2005; Payne 和 Mohammadi, 2008; Sarno, 2001) 把注意力转移到更加复杂的非线性模型来检测政府保障赤字可持续性的能力。从这些研究的实证经验表明，把非线性的因素考虑进去的话，美国和欧盟国家都不会违背跨期预算约束。Bajo - Rubio 和 Diaz - Roldán (2010) 与 Berenguer - Rico 和 Carrion - i - Silvestre (2011) 也解释了意识到在债务负担率单位根检验时可能零假设结构变化的重要性。Sollis (2004) 与 Cook 和 Vougas (2009) 合并了 Enders 和 Granger (1998) 与 Leybourne, Newbold 和 Vougas (1998) 的想法，并发展了涉及在确定性线性趋势间进行平滑转移的平稳且非对称调整的可选择假设下单位根零假设的检验[①]。

目前至少有两种可能情况下，财政赤字变成非线性序列。第一种情况原则上也能解释在预算赤字调整中可能出现非对称，它主要是源于财政政策制定者对于赤字或盈余与其长期趋势的有误差的反应。比如，有的人可能期望当赤字在长期趋势之上的反应要比在其之下表现得更积极 (Bertola 和 Drazen, 1993)。第二种情况，现有的实证经验显示各种经济周期指标都显示出非对称的行为 (Enders 和 Siklos, 2001)。假定财政赤字会通过财政政策自动稳定器及任意的财政行为的途径受到经济周期变动的影响，那么经济周期的非对称性也要传导到财政赤字上来 (Payne 和 Mohammadi, 2006)。

考虑到存在财政赤字非对称调整的可能性，(Shyh - Wei 和 Chen, 2014) 借用了 Sollis 和 Cook 的方法，为克服传统线性单

① Sollis, R. Asymmetric adjustment and smooth transitions: a combination of some unit root tests. [J] . Journal of Time Series Analysis, 2004 (3): 409 ~ 417.

位根检验的缺点，他的研究采用门限（阈值）自回归的方法（下文称为TAR）和冲量门限自回归（MTAR）单位根检验，这样能在长期政府跨期预算约束分析中得出有效的结论。此外，为了将可能出现的非线性趋势考虑进去，他的研究还用了逻辑平滑转移门限自回归（LSTR－TAR）和逻辑平滑转移冲量门限自回归单位根检验（Sollis，2004；Cook和Vougas，2009）。这些方法允许随着时间变化而逐渐出现结构断点，以取代突然出现的断点。用LSTR－TAR和LSTR－MTAR模型的原因正如Bierens（1997）和Leybourne和Newbold（1998）强调的，是因为由于非线性可能会以结构变化的形式出现在确定性的组成部分。他的分析结果发现G－7国家和欧洲国家的债务负担率是一种平滑的变化趋势而不是突然的变化①。

（3）可持续性指标

另一条实证路线着重于研究财政政策走向不可持续性要多久的指标。这些指标通常不被看作是可持续性常规定义范畴。反而，他们依赖更为直觉的定义来区分可持续性与不可持续性的财政政策。Buiter（1985）认为可持续性的财政政策应该将公共部门净财富在产出中的比重维持在当前水平，并计算出永久基本赤字应当达到的目标水平。他的研究很容易理解，但他的指标有一个问题即要获得政府净财富的准确数据很难②。

Blanchard和Olivier（1990）主要是关注在维持当前债务率水平上需要对政策改变，并扩展了可持续性的指标。一是基本缺口指标，它是建立在稳定债务率的永久基本赤字上的，指标值为

① Chen, S. －W. Testing for fiscal sustainability: New evidence from the G－7 and some European countries [J]. Economic Modelling, 2014 (1～15).

② Buiter, W. H. Guide to Public Sector Debt and Deficits [J]. Economic Policy: A European Forum, 1985 (13～79).

负的话则说明当前基本赤字太大而无法稳定债务率，财政政策是不可持续的。另一个指标是税收缺口指标，这是稳定债务率的永久税收在产出中的比重，这个值是负值则认为当前税收太低而无法维持当前支出政策下的债务率。基本缺口与税收缺口指标思路是一样的，但他们的强调重点是不一致的。前者的着重点在于为维持债务可持续性减少基本赤字，后者则是增加税收。另外，Blanchard 还提出了个中期税收缺口指标，它是当前税率与接下来 N 年债务率稳定需要的税率间的差距（假设有连贯的利息与经济增长率）①。

Buiter 和 Blanchard 提出的指标简单而实用，对于经济学家和政策制定者都有一定的吸引力，且已经被相当广泛地运用了（Buiter 和 Patel 在 1992 年就用这个指标对印度的财政可持续性进行了检验）。但是指标原则上的弱点在于他们对于可持续性的定义带有随意性，即是说净财富在产出中的比率或债务在产出中的比率。正如前面提到的，坚持 PVBC 甚至并不需要债务率是有限的，更别说是不变的。有的国家债务严重或者净财富是负值，可持续的财政政策需要减少债务或增长净财富（相比于产出）。相反的，有的国家债务少或拥有较多的净财富，就算他们债务在增加或净财富在减少，但其财政政策是可持续的。这些情况在 Buiter 和 Blanchard 的指标中是无法计算出来的，尽管在变动债务或净财富目标时会更复杂。但是一般来说，用这些指标检验可持续性与解释问题的简单，是以可持续性相对有限的范围为代价的。然而，如果根据这些指标财政政策是可持续的，且经济增长率比利率低，则 PVBC 会被满足。这些指标包含了谨慎的方式来

① Blanchard, O. J. (1990). Suggestions for a New Set of Fiscal Indicatiors. Paris: OECD, Organization for Economic Cooperation and Development.

检验可持续性，这其中很多案例是高债务和高基本赤字的。

（4）不确定性

在以上的讨论中，可持续性的检验通常都设置在没有不确定性的环境中。然而，Bohn 和 Henning（1991；1995）提出来在确定的环境中的可持续性的政策也许并不是那么的确定。为了证明这点，理论框架需要做两点修改。第一，不确定的折现率 R_t 是由 t 到 $t+1$ 时期内的边际替代率决定的，它与政府债务利率是完全不同的。第二，关键的经济变量的未来价值在不同的世界状态下是不同的，PVBC 中未来折现的赤字必须用期望值的方式来表示。跨期预算约束的新公式如（2.6）式所示。

$$B_t = -E_t\sum_{j=0}^{\infty}\frac{\beta^j u'(C_{t+j})}{u'(C_t)}D_{t+j} + \lim_{x\to\infty}E_t\frac{\beta^{T+1}u'u'(C_{t+T+1})}{u'(C_t)}B_{t+T+1} \tag{2.6}$$

其中 C_{t+j}是总消费，u（·）是代理人的效用函数，β^j 是时间偏好率（the rate of time preference），D_{t+j}和 C_{t+j}因世界状态的不同而不同。

Bohn（1995）指出对于 O'Connell 和 Zeldes（1988）论证的在不同的状态下排除庞氏骗局存在随机模拟（stochastic analogue）。在这种情况下，财政可持续的话，财政政策要满足横截条件，

$$\lim_{x\to\infty}E_t\frac{\beta^{T+1}u'u'(C_{t+T+1})}{u'(C_t)}B_{t+T+1}=0 \tag{2.7}$$

即是说代表性代理人的时间偏好下政府债务折现的期望值为零。

$$B_t = -E_t\sum_{j=0}^{\infty}\frac{\beta^j u'(C_{t+j})}{u'(C_t)}D_{t+j} \tag{2.8}$$

因此有债务余额的政府在接下来的有些时期必须要有基本盈

余。很有可能会有这种情况出现，政府债务余额期望值为正且其存在基本赤字，但是财政政策却被看作是可持续的。PVBC 是确定的还是随机的区别起到了关键的作用，因为很多实证的文献都关注在债务的期望值极限为零这个条件是否能满足，而不是公式（2.7）是否满足。然而，明显的是当经济是随机的时候，前者不是可持续的必要条件，在无风险利率基础上的债务增长率并不是不可持续行为的必要条件。结果，Bohn 和 Henning（1998）又讨论了之前用的协整检验的方法可能是有错误的。他论证了，即便是在一个不确定的世界里，如果基本盈余对于债务的增长作出积极回应（responds positively），政府的财政政策反应函数也能被看作是可持续性。这样的话，检验就简化成了看 $\partial>0$ 是否成立。

$$d_t=\partial b_t+\delta Z_t+\varepsilon_t=\partial b_t+\mu_t \tag{2.9}$$

其中 Z_t 是基本盈余的决定性的向量（矢量），ε_t 是误差项，如果 d_t 和 b_t 是不稳定的，当 μ_t 是稳定的，则（2.9）相当于是 Trehan 和 Walsh（1988）作的协整检验。然而如果 d_t 或 b_t 是不稳定的，忽略掉 Z_t 会导致偏误决定系数估计（biased coefficient estimate）。从美国战后的数据来看，系数 $\partial>0$，因此认为美国的财政政策是可持续的。

后来的研究也有很多经典的文献纷纷引入了不确定性的分析，将这个问题变得有趣。Mendoza，Enrique 和 Pedro（2004）的研究拓展了计算政府直接债务的理论框架。Xu 和 Ghezzi（2003）的研究发展了对政府债务的定价及计算公平利差，在他们的文章中还计算了不同水平下的违约率。而 Barnhill 和 Theodore（2003）设计了一种方法来处理或有债务的估值。IMF（2003）的方法似乎特别是为与政府相关机构提供救助政策而设计的。

这些研究用了不同的技术、方法、样本，得出的解释也是多样性的，因此对于政府可持续性问题没有一个统一确凿的结论。但是不得不说这些方法每个都对财政可持续性研究的深度发展有一定的贡献，包括放松了在简单分析框架中的有疑问的假设。不过，还有一些假设需要再考量，包括前面提到的每种方法都存在一些不足的地方，这也警示我们不要期望在债务估计的准确性、预测能力、或有债务估计、或政府分析上有重大的改善。

如 Xu 和 Ghezzi（2003）预测财政危机爆发时间，它有一个非常特别的假设即关于外汇储备的活力及政府的基本平衡。这些分析很有意思也很有意义，其假设和标准分析框架相似，但是其现实性是受质疑的。没有方法能准确地估计外汇汇率变动是如何影响政府融资的，反之亦然，包括 Mendoza 和 Oviedo（2004a）提及的方法也存在同样的问题。到目前为止没有文献表示系统地研究过 Xu 和 Ghezzi 的方法是否能在缺乏历史数据的样本中起作用，因此这种估计方法的可信度有多高是未知的。Barnhill 和 Kopits（2003）提供了对于或有债务估计的计算，但是它主要是基于那些财政收入主要靠石油收入（或有资产）国家的分析，在一般意义上是不适用的。最后，IMF（2003）的方法是最复杂的，也是最与理论无关的。它包括政府预算的样本外模拟，并不考虑内生性因素的可能性。公平地说，当前没有方法能完善稳定地处理内生性问题，这也反映出需要克服的分析问题的重要性。

（5）IMF 对财政可持续性的估计

财政可持续性的课题表面上是 IMF 工作人员与各国家专家在监督与计划工作的讨论对象，它也是 IMF 讨论财政透明度与财政脆弱性的重点。在评价一个国家的财政是否可持续的时候，通常有以下步骤：

第一步，在最近（通常是 5 年以上）的宏观数据基础上假定当前财政政策是可持续的，制定一个计划，这就是基本场景

(scenario)。在这个场景下，会给出各重要变量的典型的细节来，如真实部门、外部的、货币的和财政的账户（account），产出增长、投资和通胀；输出、出口、当前的账户、储备；货币供应量、国内信贷、利率；财政收入、非利息支出、利息支出。

第二步，从财政项目和能覆盖未来财政赤字的融资规模来看，债务是可计划的（projected），也可估计其可持续性。评估可持续性的标准各不同，但是债务率通常被看为一个重点关注的指标，因为它常伴随着中期宏观经济指标的恶化（如低增长、高通胀、外债增加或储备减少等）。

第三步，如果动态债务（debt dyamics）确定看起来不令人满意，备用了可选择调整的场景，它能更好地定义了债务率的途径以便在中期维持稳定性和令人满意的宏观经济指标。一个关注点在于基本平衡需要调整以满足债务目标，且财政方法能做出这样的调整来。在这个过程中，尝试对财政调整对其他经济变量的影响效应做出解释（主要是增长率与利率，因为这些直接影响可持续性的计算），因此也许经过以债务目标反复调整也无法达到最终的调整场景。其中一个场景基于当前政策和其他能最终实现债务率稳定的财政调整，和 Blanchard 的基本缺口指标最为接近，在当前政策场景下，未来债务率会做推测（projection）。

IMF 的工作人员也对某个国家进行研究，他们也许会比单纯的债务目标关注得更多。例如，以菲律宾为例，Gerson 和 Nellor (1997) 研究为维持财政平衡的税收水平，同时，这也是为了保证其公共基础建设支出①。他们的分析更加接近于 Blanchard 的税收缺口方法，但是不同的是他们是用财政平衡来定义可持续性

---

① Gerson Philip, D. N. , Ed. (1997). Philippine Fiscal Policy : Sustainability , Growth , and Savings. Macroeconomic issues Facing ASEAN Countries Washington: IMF.

而不是不变的（永恒）的债务率。这个标准事实上对可持续性的要求更强烈，假定有正的经济增长，因为这个假设中债务率是下降的而不是保持。特别地，可持续税率可定义为：

$$\bar{t} = g_t + r_t b_t \tag{2.10}$$

这意味着：$(1+n_t)\ b_{t+1} = b_t$ (2.11)

在全部财政平衡的财政可持续性定义下的中期税收缺口，假定利率和经济增长率是不变的，则有

$$\begin{aligned} t_t - \bar{t} &= t_t - \frac{1}{N}\sum_{i=0}^{N} g_{t+i} - \frac{1}{N}\sum_{i=0}^{N} r_{t+i} b_{t+i} \\ &= t_t - \frac{1}{N}\sum_{i=0}^{N} g_{t+i} - \frac{1}{N}\sum_{i=0}^{N} \frac{r_t}{(1+n_t)^i} b_t \end{aligned} \tag{2.12}$$

这里的 $\sum_{i=0}^{N} g_{t+i}$ 是未来基本支出，在公共基础建设中的支出在产出的比重是一个不变稳定的值。Gerson 和 Nellor 得出的结论是菲律宾的财政政策在传统的标准中是可持续的，但是未来的财政发展，及未来为满足基础建设需求，将需要持续的中期的财政调整。他们还用案例应证了 Wilcox（1989）检验当前政府债务价值是否稳定的方法，检验是否有无条件的零均值，及之前的财政政策不可持续的有力证据。

在印度尼西亚的案例中，Bascand 和 Razin（1997）讨论了政府净债务水平的可持续度与真实债务水平的关系。他们定义可持续的净债务为在当前基本赤字水平下政府能容忍的最大净债务水平。即：

$$\bar{l} = \frac{d_t}{n_t - r_t} \tag{2.13}$$

可持续性则决定于净债务的真实水平和可持续水平的差距，而净债务是由全部总债务减去政府石油收入和外汇储备的市场价

值后的差值。即：

$$l_t - \bar{l} = l_t - \frac{d_t}{n_t - r_t} = \frac{\bar{d} - d_t}{n_t - r_t} \quad (2.14)$$

这里的 $\bar{d}$ 是基本赤字，它与净债务相关。Bascand 和 Razin 主要关注的是需要多少额外的财富来支持当前基本赤字，而不是为了维持净债务存量而进行的调整。这是一个硬币的两面。他们的结论是在印度尼西亚不存在财政的可持续问题，但是由于利率和经济受冲击的不断增长，会有潜在的脆弱性问题存在。

（6）其他方法

Narayana（2014）使用了代际核算（Generational Accounting）和国家转移支付账户（NTA）的技术方法分析印度在人口老龄化背景下当前财政政策的可持续性问题①。代际核算是由 Auerbach 和 Alan（1994）提出的，它从收入在政府和公民之间的流向来考虑问题，克服了相同的收入流向由于冠以不同的名称而不同的问题，考量当代财政政策如何影响未来人口（几代人），更好地反映了代际之间福利状况②。另外代际核算方法不但考虑财政政策和代际分配政策的短期影响，更衡量它们的长期影响——分析对现代人有利的政府支出和税收政策会不会对未来几代人产生不公平的负担。这种方法既能回答在目前的财政体系下代际平衡是否能够达到，又能够解决如何调整才能达到代际平衡的问题。为了达到代际平衡，如果当代人和未来的人在其生命周期有一样的税率（负），则认为达到了财政的可持续性。因

① Narayana M. R. Impact of population ageing on sustainability of India's current fiscal policies: A Generational Accounting approach [J]. The Journal of the Economics of Ageing, 2014, 3: 71-83.

② Auerbach A. J., Gokhale J. 和 Kotlikoff L. J. Generational accounts - a meaningful alternative to deficit accounting [R]. National Bureau of Economic Research, 1991.

此，代际核算方法是一种研究财政问题——分析长期财政政策的新方法，也是分析财政是否可持续的新角度。这种方法自从1991年被提出后，现在已经有近三十个国家采用。美联储（U. S. FederalReserve）、美国国会预算办公室（U. S. Congressional Budget Office）、美国管理和预算办公室（U. S. Office of Management and Budget）、日本银行（Bank of Japan）、德意志银行（Bundesbank）、挪威财政部（Norwegian Ministry of Finance）、意大利银行（Bank of Italy）、新西兰财政部（New Zealand Treasury）、欧盟（European Commission）、国际货币基金组织（International Monetary Fund）和世界银行（World Bank）都采用这套核算体系来分析财政政策。

Luca，Nina 和 Michel（2007）提出了个针对中等收入国家的财政可持续性分析方法（简称 FSA），并设计 FSA 分析软件，即只需录入相关数据即可①。FSA 分析软件是标准并简单的，但是同时也是非常的灵活，可由使用者自由根据国家细节特征定义。软件手册（指南）提供了运用（行）FSA 模版的技术指导和说明。第一，它展示了模型模块；第二，它列举了实现模型所需的所有的数据；第三，它给出了如果运行模型及如何执行随机模拟和各种压力测试的说明细节；第四，它对于如何读输出表格和图形给予了指导。其软件运行原理如图 2-1 所示。

Auerbach 于1994年首次提出财政缺口的方法，这个方法也被他一直应用于其后续研究中，该方法主要考虑未来的长时期赤字对于现在和未来的负担问题。它相比于传统的静态跨期预算有

① Bandiera L.，Budina N.，Klijn M. and Wijnbergen s.：The "How To" of Fiscal Sustainability：A Technical Manual for Using the Fiscal Sustainability Tool［J］. World Bank Policy Research Working Paper，2007（4170）.

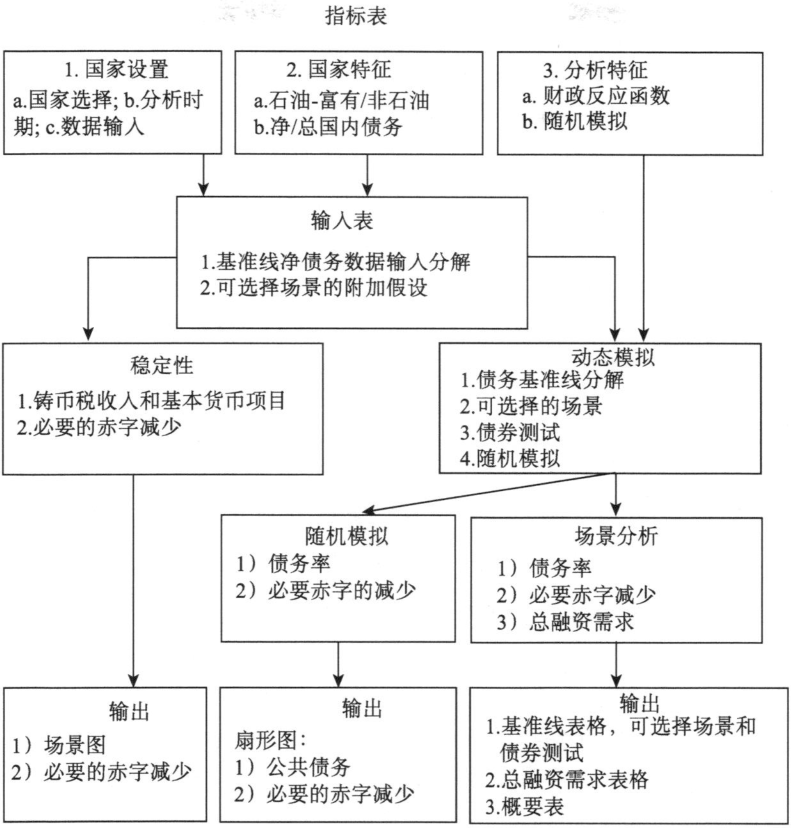

图 2－1　MICs 的 FSA 模型说明展示

很大的优势，它可测算出未来一个长期性财政缺口，可以有效指导政府未来的财政政策，而传统的方法是评价过去的财政可持续性问题，它无法准确估计未来财政收支缺口规模。

（7）案例研究

也有很多学者用上述的方法来针对某些国家地区做案例分析，包括世界银行对拉美和加勒比海地区的研究都用了这些方法。大量其他稳定性和协整的检验结果却不一样。Hakkio 和

Rush（1991）研究了美国 1980 年后财政收入与财政支出（不含利息支付）的协整检验，发现其财政政策是不可持续的①。Wilcox（1989）揭示当横截条件满足时，政府债务的现值是稳定的且无条件均值为零。他还发现在稳定性上的证据很混乱，拒绝无条件均值为零，因此美国战后的财政政策是不可持续的②。Corsetti 和 Roubini（1991）研究认为对 OECD 国家的样本并不能得出这个结论来③。

Burnside，Eichenbaum 和 Rebelo（2004）套用了 Xu 和 Ghezzi（2003）的模型研究巴西的情况，他们研究最成功的地方在于他们使用了高频的巴西资产市场数据。有趣的是，他们分析显示，在一年内政府债务有 20% 的违约可能性，而在 7 年上可能违约率提高到近 90%（同时他们强调这在当时是一个研究空白）④。此外，作者也使用了 Barnhill 和 Kopits（2003）的模型分析巴西，但是他们没有说明或有债务的来源，对于政策讨论也较少。他们还用了 IMF 的结构变量的方法，不过模型样本外的分析不尽如人意。

Mora 和 Humberto（2004）用 Mendoza 和 Oviedo（2004a）研究方法分析哥伦比亚和哥斯达黎加的个案，其有创新和有意思的

---

① Hakkio, C. S. a. M. R. Is the Budget Deficit " Too Large " [J]. Economic Inquiry, 1991 (29 (July)): 429 ~445.

② Wilcox, D. W. Sustainability of Government Deficits: Implications of the Present – Value Borrowing constraint [J]. Journal of Money, Credit, and Banking, 1989 (21 (August)): 291 ~306.

③ Corsetti, G., and Nouriel Roubini. Fiscal Deficits, Public Debt and Government Solvency: Evidence from OECD Countries [J]. Journal of the Japanese and International Economies, 1991 (5 (December)): 354 ~380.

④ da Costa, C. E., Anderson Caputo Silva and William Baghdassarian. Financing the Costs of Currency Crises [M]. World Bank., 2004.

研究点是把政府在危机中的融资能力与减少支出的能力联系了起来[①]。假定哥伦比亚是处于最糟糕的情况下，只要它的基本支出水平减少到 GDP 的 8.5%，它当前的债务水平就会变得合理。但是在文章中列举的样本数据，最低政府支出水平是 GDP 的 10.3%，这显示出这种方法的固有的困难：要用这个模型，研究者必须假定在最糟糕情况下的变量，但这些都可能从没有出现过的，至少从数据上看没有观测到。然而，这些结论还是有有益的一面，他们揭示了哥斯达黎加可以比哥伦比亚持有更多的债务：它的经济增长更快，且其财政收入对经济周期性敏感性更低。Mora 等人的研究也采用了 IMF 的方法，但不太成功。

Mendoza 和 Oviedo（2004）则研究巴西、哥伦比亚、哥斯达黎加和墨西哥的财政可持续性的情况。为了解释债务的最高额（这些国家之前计算出来的并作为其债务限额），推断每个国家在危机时减少支出的能力。尽管这些国家在过去的某个时点上债务都达到过 GDP 的 50% 到 55%，但是他们的税收基础却是不一样的，其结论是四个国家有不同的最小支出水平。

Shyh - Wei Chen（2014）的研究主要是再检查 G - 7 国家和一些欧洲国家的政府性债务是否是可持续性的，其样本数据更新到 2012 年，包括在次贷危机后和欧洲主权债务危机后的情况。他的分析结果发现 G - 7 国家和欧洲国家的债务负担率是一种平滑的变化趋势而不是突然的变化，其结论可归纳为三点：第一，用标准的单位根检验，G - 7 和一些欧洲国家的债务负担率是不稳定的过程，暗示着它们不具有财政可持续性；第二，在 TAR

① Mora H. Assessing fiscal sustainability with alternative methodologies [J]. World Bank - Latin America and Caribbean Regional Studies Project on Debt Sustainability, April, 2004.

和 MTAR 单位根回归中的实证证据表明 G－7 国家和某些欧洲国家的债务负担率是一个非对称（均匀）稳定过程，这意味着长期内这些国家的跨期预算约束是可持续性的；第三，在 LSTR－TAR 或 LSTR－MTAR 模型下，加拿大、德国、美国和意大利的债务负担率在考虑了非线性趋势后是稳定的，然而，在考虑了非线性趋势和非均匀调整下，这些国家的债务负担率是和选用的模型有关的①。

2.1.2 国内研究

国内对财政可持续性问题的研究开始得比较晚，而且方法也主要是套用国外的研究方法，对国内及国外部分国家地区进行实证分析，总地来说，这方面的文献不丰富，研究也较为滞后，当然这里面也有一定的客观因素，即目前我们没有系统的政府性债务的官方数据。

（1）反映宏观经济情况和债务情况的指标

国内很多研究对财政风险与财政可持续性实证分析参考了欧盟的《马斯特里赫特条约》规定的财政赤字率和国债负担率等比率指标，如债务负担率（国债余额/GDP）不超过60%；国债依存度（当年债务收入/当年财政支出）不超过 20%；国债偿债率（当年债务偿还额/当年财政收入）不超过 10%；当年财政赤字/GDP 比例不超过 3%（贾康和赵全厚，2000）。标准普尔也给出过国债信用风险评级体系，包括政治稳定、经济增长与结构、财政收支赤字率、债务和利息负担、金融稳定性、通货膨胀率、国际收支和储备等多方面的指标。

① Chen, S. －W. Testing for fiscal sustainability: New evidence from the G－7 and some European countries [J]. Economic Modelling, 2014 (1～15).

张春霖（2000）通过测算债务负担率（政府债务占 GDP 的比例）的走势分析我国政府债务的可持续性。他认为财政危机发生于政府偿债能力枯竭之时，但发生财政危机的国家并不都是债务负担率比例最高的国家，所以债务负担率并不是唯一的指标，还要考查两个因素，一是债务负担率的走势，即未来各年债务负担率的变化率（主要取决于三个因素：需要用债务来弥补的公共部门赤字占 GDP 的比例，实际利率和经济增长率）；二是政府的筹资能力。要测算“政府的净值”，对于债务负担率的某一给定走势，财政危机会不会发生及何时发生，取决于政府的筹资能力，而政府的筹资能力取决于投资者对政府的信心，决定信心的一个因素就是政府的净值或资产负债率。因此要编制以财政、银行、企业三个部门作为一个整体的公共部门资产负债表并测算其变化趋势[①]（杨东亮，2009）。

马拴友（2001）提出了评价公共部门可持续性的一般理论框架，并指出了与稳态国债负担率相一致的可持续赤字的时间路径，取决于内外债利率、经济增长、基础货币、国内外通货膨胀、汇率变动、出口依存度、出口增长等变量。他按财政风险矩阵估计了我国政府的公共债务，测算发现当前公共部门的赤字扩张空间很小，积极财政政策是不可持续的，根据测算，积极财政政策对国债负担率时间路径和财政偿债能力的影响结果显示，财政以后也必须及时调整政策才能恢复可持续性[②]。

刘成（2002）分析认为应该从短期、长期分别考察保持国债政策可持续性的不同含义，如果从动态变化的角度出发，还要

① 张春霖．如何评估我国政府债务的可持续性？[J]．经济研究，2000（02）：66～71.

② 马拴友．论完善我国政府间财政平衡制度［J］．经济体制改革，1999（02）：18～21.

研究化解和消除隐性债务和或有债务风险①。李平和刘作明（2004）认为公共债务可持续性是指政府能维持当前债务负担率水平不变，则债务水平就是可持续的。如果在货币联盟成员国内部考虑债务可持续性，那么成员国在运用财政政策时将受到极大的限制，不能任意使用扩张性的财政政策②。

杨东亮（2013）通过对1980～2011年日本国债负担率动态波动特征进行线性与非线性建模分析，发现日本国债负担率是非平稳的，日本政府债务是不可持续的，而我国应加强国债余额管理、外汇储备资产，并且对持有日本国债要报以谨慎的态度③。王志刚（2012）用了两种方法检验中国财政可持续性问题，第一，借用 Hamilton 和 Flavins 的债务率单位根检验方法对中国财政可持续性进行检验；第二，在假定铸币税、通胀率、经济增长率和负债率可能不同的5种情形下的财政可持续性所对应的赤字率进行模拟分析，具体分析了不同情境下通胀、经济增长、利息支付、铸币税等因素对可持续性财政赤字率的影响。综合分析后可以判断中国目前的财政状况基本属于可持续性状态，中国财政整体上仍处于健康状态，积极财政政策仍有作为的空间，但是对于地方政府债务等需要引起高度重视④。匡小平（2004）考察可持续的税率水平与实际税率水平之间的差异以衡量地方财政可持续性，他认为影响地方财政可持续性的一个重要因素是政府债务

---

① 刘成．政府的隐性债务、或有债务风险与国债政策的可持续性［J］．经济研究参考，2002（60）：13～23.

② 李平，刘作明．货币区成员国政府债务的可持续性分析［J］．经济学动态，2004（06）：24～26＋69.

③ 杨东亮．日本政府债务可持续性的实证检验［J］．现代日本经济，2013（01）：10～18.

④ 王志刚．中国积极财政政策是否可持续［J］．财贸经济，2012（9）：53～61.

利息率与 GDP 增长率的相对大小，预期的经济增长率越高，政府就可以维持更高的、可持续的赤字水平；可持续的财政政策无需政府实行平衡预算，而实际税率高于或低于可持续税率为地方政府调整财政政策指明了方向①。

（2）跨期预算约束模型

国内学者也借用了国外流行的对跨期预算约束模型的检验分析。郭庆旺等人（2003）根据政府跨时预算约束理论，利用协整技术，从动态角度分析我国改革开放以来财政赤字的可持续性，分析结果显示我国的财政赤字没有到过大的程度，政策是可持续的②。

路妍和陈宇（2013）在跨期预算约束模型基础上，对美国公共债务可持续性展开研究，并以欧洲陷入债务危机国家的相关变量数据对模型和实证结果进行了验证。研究结果表明，美国公共债务具有可持续性，但是未来美国公共债务违约风险将会增加，这会对中国经济产生影响，而中国作为美国最大的国债持有国，因此应加强对策研究③。张军和厉大业（2011）通过建立基于一般均衡条件下的代际预算约束模型，得出美国政府债务可持续的结论，但未来依然面临一系列重大挑战，其研究的亮点在于：其一，考虑到公共政策连续性强，而将上期预算作为了影响本期预算的因素；其二，在稳定性检验中改变样本区间，提高了

① 匡小平．论地方财政可持续性的分析方法［J］．财经理论与实践，2004（06）：77～80.

② 郭庆旺，吕冰洋，何乘才．我国的财政赤字“过大”吗？［J］．财贸经济，2003（08）：37～41.

③ 路妍，陈宇．美国公共债务的可持续性及对中国经济的影响研究［J］．宏观经济研究，2013（01）：100～111.

模型的拟合度；其三，引入了财政纪律的概念①。吴信如和潘英丽（2013）用跨期预算约束模型在美国1954～2011年的历史数据基础上讨论美国财政的可持续问题，论述了一国政府债务率的动态演变机理和决定因素，并根据美国实际经济状况预测模拟未来25年美国财政债务率的可能变化趋势，认为美国财政的长期不可持续性；并建议我国政府要及时降低对美国国债的投资规模，并制订美国财政失败的应对方案②。

周茂荣和骆传朋（2006）用跨期预算约束对欧盟在考虑与不考虑名义利率等相关经济因素两种情况下分别对9个成员国进行了实证分析，实证结果显示，在考虑了相关经济因素的情况下财政可持续的显著性水平更高③。周茂荣和骆传朋（2007）又用同样的方法对中国进行了实证，其结论是中国的财政是可持续性的，且可持续的显著水平较高④。

（3）财政缺口的视角

姚东旻、王东平和陈珏宇（2013）使用了财政缺口（Fiscal gap）的方法，测算出中国未来30年财政缺口约为2.18%，总量大概为30.74万亿元，最后结合敏感性分析，认为中国未来将面临严重的财政缺口，而且这30年的财政收支状况很大程度上决

---

① 张军，厉大业．美国政府债务长期可持续性分析——基于一般均衡条件下的代际预算约束模型［J］．国际金融研究，2011（08）：34～40.

② 吴信如和潘英丽．美国财政可持续性研究［J］．广东社会科学，2013（02）：5～15.

③ 李平，刘作明．货币区成员国政府债务的可持续性分析［J］．经济学动态，2004（06）：24～26＋69.

④ 周茂荣，骆传朋．我国财政可持续性的实证研究——基于1952～2006年数据的时间序列分析［J］．数量经济技术经济研究，2007（11）：47～55.

定了“财政缺口”的走势[①]。

（4）其他方法

洪源和李礼（2006）在国内较早地运用（圭多提和库莫提出的）资产负债框架，对我国地方政府的债务可持续性进行了静态评估，然后构建了以政府收支流量为主要变量的政府债务可持续性动态模型[②]。张旭涛（2011）基于 FTPL 理论分析了中国财政可持续性研究[③]。

2.1.3　简要评述

比较上述方法可知，每种方法都有其优缺点。设定债务负担率、赤字率等警戒线的方法比较主观，无论是从理论上还是经验上为国债负担率设定警戒线都是一项风险极大的研究。条约中确定的国债负担率等指标警戒线，不是基于严格的推理分析，而是主观判断的产物，世界各国不断攀高的现实国债负担率远超过历史上曾被众多学者提出过的种类繁多的警戒线。建立的预警模型都是事后模型和特定危机事件模型，与政府债务危机是一种突变和偶然现象的特征不一致，模型应用广度和时间连续性上存在着重大局限。建立国家资产负债表，因表中各会计科目明细存在较大差异，资产与债务不能完全匹配比较。还有的方法只针对政府债务规模单一指标分析，但是基于政府跨期预算约束衍生出的实证检验模型，具有较强的客观性与经济理论基础，因而研究结果

① 姚东旻，王东平和陈珏宇．中国财政可持续性研究——基于财政缺口的视角［J］．中央财经大学学报，2013（05）：6～13.

② 洪源和李礼．我国地方政府债务可持续性的一个综合分析框架［J］．财经科学，2006（04）：96～103.

③ 现代财政主义提出的价格水平决定的财政政策虽然为价格水平的决定提供了一个合理的解释，也为宏观经济调控提供了新的思路，但是这一理论并不是在所有经济都成立的.

具有一定信服力。

现代财政主义提出的价格水平决定的财政政策虽然为价格水平的决定提供了一个合理的解释，也为宏观经济调控提供了新的思路，但是这一理论并不是在所有经济都成立的。

另外需要强调是，不应将财政可持续性当作最优财政政策。当需要将政府的债务占 GDP 之比调整到一个新的比率时，所采取的财政政策完全可能是某种不可持续的财政政策，但却是一种适当的财政政策。也就是说可持续的财政政策有时候是好的财政政策，有时候则可能是不好的财政政策，重要的是要尽早对不可持续的财政政策作出系统判断。通过科学地分析和把握地方财政可持续性，可以为制定针对性的改进措施提供依据。

2.2 早期风险预警

2.2.1 国外的研究

早期危机预警体系（Early Warning System，简称 EWS）是源自对金融和货币危机的研究，近几十年在不同国家地区爆发的多起金融危机与货币危机吸引了诸多学者与经济学家从理论与实证角度研究诱发这些危机爆发的因素、途径等，其中一个焦点是如何来提前预期判断危机的爆发，即早期预警体系的研究，以便于及时提醒政策制定者与市场参与者。纵观大量的研究文献，EWS 的方法在近年以来逐渐成熟完善，且被广泛运用，其方法包括“信号法”“Logit/probit 模型”“马可夫交换法（Markov - Switching）”等（Aiads A ，2003），但前两种方法是用得最为广泛。如表 2 -1、表 2 -2 所示。

表 2－1　国外最近流行的各种类型危机的早期预警体系及方法汇总

方　法▶ 危机类型▼	信号法 Signalling approach	Logit/probit 模型 Logit/probit models	马可夫交换法 Markov－Switching approach	其他方法
货币危机	Kaminsky 和 Reinhart（1998） Kaminsky 等人（1998） Brüggermannand－Linne（2002）	Berg 和 Pattillo（1999） Kumar 等人（2002） Mulderetal（2002）	Jeanne 和 Masson（1998） Fratzscher（1999） Cerra 和 Saxena（2002） Martinez Peria（2002）	Krugman（1979） Ozkan 和 Sutherland（1995）
金融危机		Bussieree 和 Fratzscher（2006） Lo Duca Peltonen（2013） Hemming et al（2013）		
财政危机	Berti 等人（2013） Baldacci 等人（2011） Hernandezde Cos et al.（2014）	Hemming，Kell 和 Schimmelpfennig（2003） Manasse 等人（2003）		
债务可持续性			Fumihide Takeuchi（2010）	

资源来源：Pablo Hernάndez de Cos，Gerrit B. Koester，Enrique Moral－Benito 和 Christiane Nickel 的工作报告“Signalling fiscal stress in the euro area：A country－specific early warning system”，2014 年 8 月。

表 2-2　国外几篇重要财政危机（财政压力）预警文献分析汇总

作者▶ 研究内容▼	Manasse，Roubini 和 Schimmelpfennig（2003 年）	Hemming，Kell 和 Schimmelpfennig（2003 年）	Baldacci 等人（2011 年）	Bertiet 等人（2013 年）	Hernandezde Cos 等人（2014 年）
危机类型	主权债务危机	金融危机中财政变量的角色作用	财政压力	财政压力	财政压力
计量方法	Logit 模型	Probit 模型	信号法	信号法	信号法
变量	财政、宏观经济和政治变量	财政和金融变量	财政变量	宏观经济与金融变量	财政、宏观经济和政治变量
研究的国家和地区	47 个（含新兴经济体国家）	29 个新兴经济体国家	30 个发达国家和 135 个新兴经济体国家	27 个欧盟国家	11 个欧盟国家
时间跨度	1970～2002 年	1970～2000 年	1970/1995～2010 年	1970～2010 年	1970～2010 年

关于“信号法”较早的研究始于 1998 年的 Kaminsky，Lizondo 和 Reinhart，他们提出了用“信号法”（又简称为 KLR 法，KLR 分别为三位作者姓开头字母缩写）来构建货币危机早期预警体系。他们对 15 个发展中国家与 5 个发达国家在 1970～1995 年期间发生的 75 次货币危机进行了实证研究，他们之后这套方法被用于对经济危机的早期探测（Alessi 和 Detken，2011）。直到近几年才有学者将其引入到了对财政危机的预警分析中（Berti，Salto 和 Lequien，2012；Baldacci，Petrova 和 Belhocine 等，2011；Hernández，Moral－Benito 和 Koester 等，2014），欧盟也用这种方法做财政压力的短期测试。

“Logit/probit 模型”主要是基于离散变量的面板模型分析不同变量发生危机可能性的影响，通过对过去在危机发生期间的变量观察值间的关系检验，其结果用以对未来危机的预测。这种方法的最大优势在于考虑到了变量互相间的关系，而且数据是可检验的。Berg 和 Pattillo（1999）较早提出“Logit/probit 模型”的研究，他们尝试估计 probit 模型是否能帮助预测亚洲金融危机。之后，Bussière 和 Fratzscher（2006）又使用了同样的思维但模型更简单的 Logit 模型。

除以上方法外，Sachs，Tornell 和 Velasco（1996）提出了 STV 横截面回归模型，用危机指数集中分析一组有相类诱因的危机，分析其诱因与重要变量。另外，少数国家或地域名还尝试使用不同的指标体系，对地方财政进行预警，如美国俄亥俄州使用了“地方财政监控计划及财政危机法”、巴西的“地方政府借款限制”，以及哥伦比亚的“交通信号灯”系统（Jun. Ma，2002）。

2.2.2　国内的研究

国内学者近年来也在这个方面展开了研究。

顾海兵和徐刚（1993）按确定警情、寻找警源、分析警兆、预报警度的预警逻辑，构建了中国的财政预警系统框架及指标体系。倪红日（1999）构建财政赤字及债务规模的预警系统，将利率、物价指数、赤字占 GDP 的比重和总负债率作为重要指标，认为应该控制赤字和债务水平。长春税务学院“中国财政监测预警系统研究”课题组（1999）论证“如何建立中国财政监测预警系统”，并据此进行了实证分析。

曾纪发（2002）设立了财政总量指标、显性财政风险指标、隐性财政风险指标和经济总量指标 4 类指标构成的财政预警监督体系。王亚芬和梁云芳（2004）认为要根据国际警戒线、我国当前经济状况和预测未来经济状况、专家建议等，运用以及 GARCH 模型确定预警指标体系的合理区间，即界限值。

杨志安和宁宇之（2014）运用AHP（运筹学）评价法划分财政风险区间，建立财政风险的综合评价函数，用我国1994～2010年的数据进行实证分析，结果证明我国财政风险较轻，财政基本健康①。阿布力克木·阿不来提等人（2014）应用信号灯预警法，对我国上海2002～2011年的财政状况进行了实证分析，结果显示这10年间上海的财政运行总体健康（无警状态），只有少数年份是有问题的（轻警状态）②。

2.2.3 简要评述

由于金融风险、经济风险与财政风险对金融、经济与财政的危害非常大，所以各国都有很多学者致力于对风险的早期预警研究，前文所提到的方法有很多创新及其合理之处，当然也存在一定的不足。

信号法的优势在于：第一，能使用大量的变量及数据，可以在不平稳面板中处理数据，比面板检验更为合理；第二，信号法的计算出来的变量的限值可以直接用于政策监测与分析。但是其缺点是缺乏对不同变量间的相关关系的考虑，而且必须是使用大量国家的相关经验数据来做验证，无法只针对一个国家来做预警。“Logit/probit模型”的优势则是要考虑不同变量间的相互关系，但是在做面板检验时平稳性是其前提，而且意味着所有危机都可以用相同的理由来解释，而且不可能考虑到非线性因素。AHP评价法也是假设各指标与财政风险间存在线性相关关系，条件比较严格。其他的预警体系与方法大多是基于历史经验数据

① 杨志安和宁宇之．中国财政风险预警系统的构建——基于AHP评价法的实证研究［J］．中国经济问题，2014（04）：30～37.

② 阿布力克木·阿不来提和努尔比亚·艾合买提．基于信号预警方法的财政风险监控研究［J］．统计与决策，2014（03）：177～180.

做的静态分析，对预测未来风险缺乏动态性。

当然，每个国家不同时期的危机本身都有相似之处和不同之处，用历史经验数据、时间序列数据和各种不同的方法都有利有弊，没有一个十分完美的方法，因此本书借鉴的方法也不尽完善，只是希望能对这个方面的研究有小小的贡献。

第3章 财政可持续性的一般理论分析

本章主要从定性的角度分析财政可持续的基本理论，为后文的分析建立理论根基，主要包括相关理论基础与一般理论分析两部分。通过对可持续发展理论、财政平衡理论与公债理论基本观点的梳理，提炼出给本书分析财政可持续性的启示，为进行理论分析提供思想借鉴。在一般理论分析部分，将对从财政可持续性的基本内涵、核心问题、原则、研究范畴，与几个相关概念的关系及影响财政可持续性因素六个方面对财政可持续性做比较系统的理论分析，从理论角度更深刻地理解财政可持续性的内涵与外延。

3.1　相关理论基础

3.1.1　可持续发展理论

可持续发展（Sustainable Development，SD）在现代社会经济发展中一直是一个焦点问题，可持续发展理论是关于社会发展中资源动态管理模式的理论，其研究对象是人类社会可持续发展过程的一般规律与特点（刘勇，2003），它起源于生态学，现在被广泛运用于社会学、经济学等多学科，主要探讨如何让社会、经济、自然环境多个系统自身及互相间共同地、协调地、公平地、高效地并永续地发展。该理论的主要代表人物为 Brundtland，Rachel Karson，Dennis. L. Meadows，Azapagic，Krajnc 和 Glavic，David Pearce 和 Jeremy Wofford 等人。

（1）可持续发展概念的由来

“可持续发展”是由生态学上的“可持续”（Sustainable/Sustainability）与经济学上的“发展”（Development）两个词构成，自然且直观地构筑了一幅“自然环境与经济发展共存”的和谐画面。

可持续发展的思想本身源起生态学，美国女生物学家 Rachel Carson 在 1962 年发表的《寂静的春天》（“Silent Spring”）一书中论述了杀虫剂对鸟类及自然生态环境危害，唤起了人们对现行增长方式可能引起的能源危机的关注，在危机观下引发了“可持续发展”的意识。

“可持续发展”概念最早明确提出来是在 1980 年 3 月，由世界野生动物基金会（world wildlife fund，WWF）、联合国环境规划署（United Nations Environment Programme，UNEP）和世界自然保护联盟（International Union for Conservation of Nature，IUCN）共同起草并发表的《世界自然保护大纲》① （“World Conservation Strategy”），该大纲被誉为第一个富含可持续发展意味的全球性宣言，并对此后的研究产生了深远的影响。紧接着1981年，美国地球政策研究所所长 Lester R. Brown 在其著作《建设一个可持续发展的社会》中明确提出了可持续发展的价值观②。

1987年3月由 Brundtland 带领世界环境与发展委员会（World Commission on Environment and Development，WCED）出版的《我们共同的未来》（Our Common Future）一书引起了各国对可持续发展研究的热议。之后联合国、世界银行、亚洲开发银行等国际组织极力推动各国加强对这个课题的研究，使之成为世界性的课题③。

（2）可持续发展的含义

出于不同的角度与论述目的，学界对“可持续发展”有各种不同的定义。在《我们共同的未来》中首次明确给“可持续发展”界定了含义，即“可持续发展是指这种发展既满足当代人的需求，但又不会危及后代人需求满足的能力”，更为宽泛地

① 该大纲的主要目的在于让人们意识到虽然人类可以通过开发自然资源为自身谋福利，但是自然资源是稀缺有限的，在满足当代经济发展和当代人享受自然财富的同时，也要顾及后代人的需要。只有保护好自然资源才能保证地球的自然资源能够可持续地被开发利用，确保后代人的生存能力。在此大纲引导下，我国在1985年发布了《中国自然保护纲要》。

② 该书认为可持续发展的实现必须要通过控制人口规模增长、保护自然资源基础以及开发再生能源三管其下。

③ 1993年中国率先编制了《21世纪议程》，表明中国将可持续发展作为国家宏观发展战略的立场，在国际上引起良好的反响。

说，“可持续性发展”是“旨在促进人与人之间的和谐和人类与自然之间的和谐战略”（WCED，1987）。这个定义是国际上最为普遍认可，也最为广泛流传使用的。

其他学者有将其定义为“可持续发展要以人类生活质量和与之相伴的社会不断进步为目的，当代以至各代际人的均衡、持久的发展为中心任务，其核心是人的全面提高，这是一个全方位的文化演进过程，需要深刻的社会变革”（甄喜善，2005）；“可持续发展在某种意义上是建立各种形式良性循环”等。但不难看出：大家所认可的“可持续性发展”的本质是在追求经济发展的同时，实现人类与自然的和谐共存与永续。

之后，“可持续发展”从生态学范畴延伸至经济学和社会学学科中，并被赋予了新的内涵。传统经济学理论不考虑经济活动的外部性，如生产污染，而仅以GDP来衡量经济增长，不注重社会福利，从而忽略了这种经济增长方式下对自然环境破坏而导致公共开支的增加。《经济、自然资源、不足和发展》一书的作者Edward B. Barbier认为“可持续发展是指在保持自然资源的质量和其所提供服务的前提下，使经济发展的净利益增加到最大限度”（张玉荣，2004）。英国经济学家David Pearce和Jeremy Wofford则从经济学角度重新定义了“可持续发展”“当发展能够保证当代人的福利增加时，也不应使后代人的福利减少”（张玉荣，2004）。Costanza等人认为可持续发展要“能够无限期地持续下去的消费数量，而不会包括各种‘自然资本’存量在内的整个资本存量”。

（3）可持续发展的内涵

可持续发展理论是一个涵盖内容广泛、内涵丰富、系统内部联系紧密的理论，其主要内容包括可持续发展的内涵、与其他系统的关系及可持续发展的评价方法，具体可见图3－1。

从众多学者的研究成果来看，可持续发展是一个多层次、多结构且多要素的复杂体系，其定义包含了需要、限制和平衡三个不同层次的含义，可具体体现在以下几种内涵中：①围绕人与自然、人与人（社会）之间关系两条主要脉络展开；②从时间与空间两个维度追求逻辑上的完善；③发展经济，改善生态、提高生活，满足人类需要是可持续发展的核心主题；④公平性、持续性、共同性、需求性是可持续发展的基本原则；⑤注重处理经济发展与社会发展、生态平衡间的相互依存的关系，将经济繁荣、社会公平和生态安全统一作为终极目标，整体上实施经济持续性、社会持续性、生态持续性三维协调发展战略；⑥人口、资源、环境、科学技术都是可持续发展的重要要素。

（4）可持续发展理论主要学派

①热力学学派理论（极强可持续）。Daly 等人从热力学定律推导出“极强可持续（VSS）”，他们认为地球总资源是稀缺有限的，且不可能全部循环使用，只有降低物质与能量流速率至极低，且经济与人口零增长，才有可能延长人类的生存。该理论侧重“物理条件”对人类活动的限制，主张人类应在经济、人口零增长中追求“质”的发展。

②生态学派理论（强可持续）。生态学家认为人和其他物种都是构成生态系统的要素，且相互依赖。生态食物链模型强调任何物种的灭绝都影响其他物种，甚至带来整个生态系统崩溃。因此，人和任何物种都不能破坏整个自然生态系统的任何组成部分，否则生态基础的破坏会导致人类自身的生存和发展都将受到威胁。

③伦敦学派理论（弱可持续）。以 Pearce 为首的资源和环境经济学家认为因为有替代物的原因所以并非所有物种都不可灭绝，不过如果某一物种或某一自然环境要素没有可完全替代的其

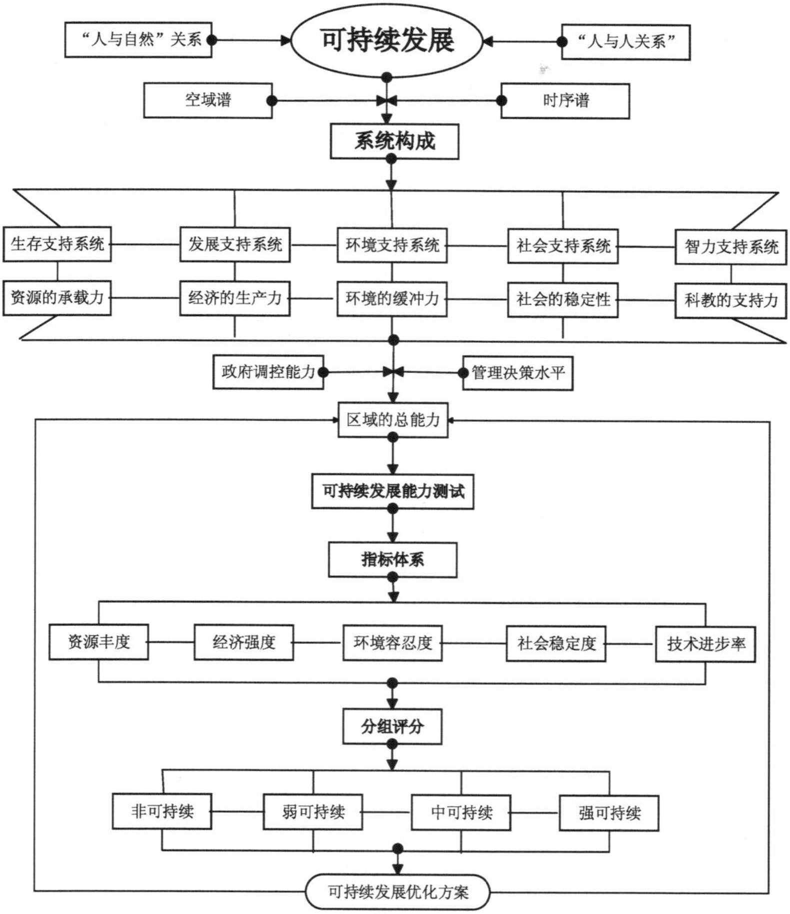

图 3－1　可持续发展理论体系框架

资料来源：牛文元等人著作，《可持续发展理论的系统解析》第 2 章。

他物种或自然环境要素，则这种物种或自然环境要素就应该要得到保护，以防止其功能丧失甚至灭绝，如海洋、海岸、森林、土地和大气圈等生命支持系统。

④主流经济学理论（极弱可持续）。主流经济学家所认为的

"可持续发展"是人均收入不下降，因此自然环境和生态要素在一种程度的破坏甚至灭绝是被允许的，更甚至于，通过模型证明在特定条件下，某种物种灭绝是最优选择①。

（5）可持续发展的衡量方法

经济学家 Leontief 最早定量方法研究了经济发展和环保间的关系，分析环境对可持续发展的影响。国际上也有多种对可持续发展的评价方法，总的来说包括单一指标测度方法（又称为综合性指标测试法）和指标体系测度法两种。

单一指标测度法是"以一个综合性的指标来实现对可持续发展的测度"，主要包括以伦敦学派为首的学者修正了传统 GNP 来反映环境资源状况的 EDP、世界银行提出的国家财富、真实储蓄、生态占用、人文发展指数几个指标。但由于单一指标测度无法完全描述复杂的系统，因此人们逐渐意识到指标体系作为一种评价政策制定在环境、经济、社会以及技术进步等方面都有不俗的表现，因此更多的可持续发展测度依靠的是指标体系法。指标体系测度是按照可持续发展的内涵，构造一系列主要是相互联系的指标组成一个整体，从不同角度反映可持续发展的各个层面及其联系。但指标体系并不是指标的简单堆叠，各个指标也不是相互独立的，而是以一定的内在联系组织成的一个有机系统（张黎丽，2011），如 1994 年联合国统计局的 Peter Bartelmus 提出的可持续发展指标体系的框架（FISD），1996 年联合国可持续发展委员会可持续发展指标体系（DSR），我国的李莉、吴洁和岳超源（2000）的中国城市可持续发展指标体系，陈洋波、陈俊合和李长兴等（2004）提出的基于 DPSIR 模型的深圳市水资源承载能力评价指标体系，吴初国和顾炳中（2004）的国土资

① 蒋斌．我国县级财政可持续发展研究［D］．重庆大学，2008.

源可持续发展指标体系。

在选择了相关的指标后，几乎所有的指标体系为了提高结果的可读性，都用某种指标综合评价法，把主要指标的信息综合并变成某个综合评价值（结果），以完成对可持续发展的整体综合评价。这里所谓的综合评价法主要就是“层次分析法”与“主成分分析法”，这也是确定指标权重最普遍的两种方法。

3.1.2 财政平衡理论

所谓“财政平衡”一般是指在一个财政年度内，财政收入与财政支出总量上大体相当，则为财政基本平衡；当财政收入大于财政支出时，为财政盈余；当财政收入小于财政支出时，为财政赤字。财政平衡理论是财政理论体系的一个基础核心理论，其主要代表人物有 Adams Smith，Keynes，陈云、邓子基、黄达等人。

（1）财政平衡理论的不同观点

在财政平衡理论的观点上，经济学家众说不一，在不同的财政平衡思想下又导致了对财政赤字观、财政政策观的诸多不同意见。西方财政学的财政平衡理论的观点主要包括年度财政平衡理论、功能财政理论和周期财政平衡理论等（三好慎一郎和郭庆旺，1992）。

①年度财政平衡理论，以古典经济学派为代表学者认为政府是“小政府”，财政活动以节俭为基本原则之一，因此财政收支在每一个财政年度都应该是收支平衡的。他们认为政府要像家庭一样保持收支平衡，如果出现赤字，家庭遭受破产，而政府会向私人部门索要更多的资源，带来浪费与破坏经济发展。这也是整个自由资本主义时期西方学者的主要主张。

②功能财政理论认为政府预算不能只顾政府本身收支的平

衡，而应该要以实现充分就业与稳定物价为目标，因此可以在为实现目标而导致的财政失衡时增加公债甚至发行货币。

③周期财政平衡理论认为财政收支应该保持平衡，不过，这种平衡不一定以一个特定的财政年度为限，而应该遵循经济周期的时间规律，当经济繁荣时，财政应该倾向于财政盈余，而经济萧条时，则允许财政赤字。这样，一个财政年度的财政可能不会保持平稳，但是从经济周期来看，财政盈亏相抵，长期是平稳的。

由于马克思、恩格斯也是主张财政平衡反对赤字，因而在计划经济时期，我国很长一段时候都是追随他们的理论维持着“财政平衡论”而回避赤字财政论的（张馨，2000）。现代我国的财政平衡理论是以邓子基的财政平衡观为核心的。财政的主要矛盾之一就是财政收支矛盾，其表现形式就是财政不平衡的，也就是说财政不平衡是绝对的，财政平衡是相对的，在财政运行过程中表现出“财政不平衡——财政平衡——财政不平衡”这样反复的、周期性的运动轨迹。但是财政收支间又存在着可以相互转化的依存关系，财政部门利用这层关系，又可以将财政不平衡的矛盾关系转化为财政平衡的关系。

（2）财政赤字观

财政不平衡的表现之一就是财政赤字，因此财政平衡绕不开的话题之一就是财政赤字问题。财政赤字是指在一个财政年度内，财政支出大于财政收入，中间的差额为赤字，它属于财政不平衡的一种状态，现在我国财政赤字的统计口径为：

财政赤字（盈余）＝经常收入－（经常支出＋投资支出＋公债利息支出）

这是通常意义上的“软赤字”口径，也是国际流行的财政赤字统计口径，没有把债务收入列入财政经常收入内。我国实际上在90年代之前还是用的"硬赤字"的口径，即把债务收支都列入到财政收支中，直到1994年分税制财政体制改革后，新的政府预算制度才正式在财政收支中不列国债收支，2000年将债务利息支出已经列为中央财政总支出①。

通常意义上，主要有三种弥补财政赤字的方式：一是动用历年财政盈余；二是向中央银行借款（或透支），中央银行可开动印钞机，增发货币；三是发行公债。但是能动用的财政盈余几乎很少甚至大部分时间是没有的，所以第一种方法实际可用程度不高；第二种方法通常会导致货币增发，物价高涨，出现通货膨胀，不到万不得以的情况下慎用；第三种方法是相对最为科学理性的方法。实际上我国自20世纪90年代以来，没有再采取过向央行透支的方法来弥补财政赤字，而主要通过发行国债。

关于财政赤字"好"与"坏"主要是针对财政赤字对经济影响是好是坏的分析，但是学者们在这个问题上一直存在较大的分歧。

西方经济学中关于财政赤字的"好""坏"论也是经历了反复。以Adams Smith为代表的古典经济学家认为财政赤字是政府加大非生产性支出的后果，它只会使得政府滥发货币，从而引导通货膨胀，人民财富缩水，减缓经济发展速度，因此他们认为财政赤字对经济会产生"坏"的影响，进而坚定地否定财政赤字。Keynes却认为赤字财政是一种财政政策工具，实行"逆经济周期"的赤字政策，能在经济萧条时期，扩大支出刺激有效需求，促进就业，以带动经济发展（贾康，余小平和马晓玲，2001）。

① 在2000年的《关于1999年中央和地方预算执行情况及2000年中央和地方预算草案的报告》中，首次将债务利息支出列为中央财政总支出。

这个理论的实践确实帮助了很多资本主义国家从 20 世纪 30 年代的“经济大萧条”走了出来。但好景不长，20 世纪 70 年代以后，资本主义经济“滞胀”现象的出现，让一些经济学派又开始质疑 Keynes 的理论，并将“滞胀”现象归结于财政赤字，认为财政赤字是一种公害。

在我国的传统财政理论体系中，大多持有“财政赤字是有百害而无一利，它导致通货膨胀，形成虚假购买力，加剧消费与积累比例的失调等”观点，将财政赤字界定为“坏”一直是计划经济时期的主流思想。

直到现在，对于财政赤字是好是坏，理论界还是褒贬不一、众说纷纭，但大多数资本主义国家都还在实施 Keynes 理论，即在经济危机时纷纷出台了赤字政策以帮助恢复经济发展，而且包括我国在内的大部分国家事实上财政赤字已是一种常态。

3.1.3 公债理论

公债是公共债务的简称，是一国政府为了满足其职能发挥的需要，而从国内外筹集资金的一种方式，从而与借钱者形成了债权债务关系。中国早在汉唐时期就已经发行过公债，而西方国家则在资本主义发展初期也出现了公债，因此公债的历史是非常久远的，其后经济学家对公债的研究也非常丰富，但也出现了很多观点上的争论，公债理论主要的代表人物有 Quesnay，David Hume，Adams Smith，David Ricardo，Keynes 和 Samuelson 等学者。

（1）公债“有害”“有益”观点

①公债有害论。20 世纪 30 年代以前，公债理论上几乎是一边倒，古典经济学家一般都认为公债有害于社会经济的发展。重

农学派代表人物 Quesnay 认为国家应当避免借债[①]。David Hume 认为公债这种有价债券导致物价上涨，而债务的利息一方面会加重国家负担，另一方面让债权人坐享其成不劳而获[②]。Adams Smith 认为公债对经济发展是有害的，因为它是国家当权者奢侈不知节俭的后果，是现有资本的扣除，会导致社会物质和劳动非生产性的耗费，而且国家会无赖地以通货膨胀的方式化解债务[③]。David Ricardo 也认为公债是浪费国民资本的，妨碍工商业的发展，是压迫百姓的一种灾害性的发明，他主张迅速消除公债。Jean. Baptiste. Say 认为公债会使资本的生产性用途消失，而且国债的债券也并不具有它书面上标注的实际价值，只是一种虚假的资本[④]。Muller 主张将市场利率的变动作为判断公债危害程度的方法：如果市场利率受公债发行的刺激而上涨，则公债有害，因为政府吸收了民间生产资金；相反，市场利率下降，则公

① Quesnay 认为“把财政从农业中抽出来，而且使农村灭失为改善土地以及为利用或耕耘土地所必要的财富”。

② David Hume 警告政府“政府如果不消灭公债，公债必然消灭国家”。

③ Adams Smith 在《国富论》写道“据某作者主张，欧洲各个债务国的公债，特别是英国的公债，使国内其他资本的另外一个大资本，有这个资本，商业的扩展，土地的开垦和改良，比较单靠其他资本所能成就的要大得多。可是主张此说的作者，没有注意到以下的事实，即最初债权者贷政府的资本，在贷予的那一瞬间，已经有资本的机能转化为收入的机能。换言之，政府在借入那资本的当年，就把它消耗了，浪费了，无望其将来在生产什么。”“一切举债国都趋于衰弱……首先采用这处方法的，似为意大利各共和国、热那亚及威尼斯……它们都因举债而衰弱。西班牙似是由意大利各共和国学得此举债方案，而就天然力量说，它比它们尤见衰微……由举债而衰微而荒废的国家，所在皆是。”

④ Say 认为“国家确会弄得贫弱，因为贷予政府的资本，由于被消费而归于消灭，不能再给任何人产生利润，换句话说，不能再产生它作为生产手段所能产生的利息”“书面契约或书面保证只是证明这个东西或这个财产所有权的文件。因此，当书面保证不代表现有实际价值，而只作为政府给予它的债权人的一种委任状，使他每年能够收取政府将要向一般纳税人课征的税收的一部分时，书面保证不再是财富的证明，更不必说实际价值了”。

债危害较小。

②公债有益论。20 世纪 30 年代资本主义的经济大危机是动摇“公债有害论”的重大转折时机，国家干预经济实践带来的成效让人们开始转向“公债对经济有益”的态度。德国的 Carle Diceer 认为公债是具有生产性的，它有利于国民经济的发展，而且公债这种信用形式会形成储蓄，并将现在增加的财政负担向未来转移，起到国民经济杠杆的作用，大规模发行公债不仅不会消灭国家，反而是国家进步的标志。Wilhelm Richard Wagner 完善了德国社会政策学派关于公债的理论体系，并将公债按其资金源来分为来自国内资本的、来自外国资本的和来自国民经济的处于自由资金状态的公债三类，并分别比较、探讨了三类公债的作用，总体上他主张通过举借外债弥补财政赤字。C. F. Bastable 认为公共事业上的财政支出可以通过债务筹集。Keynes 在对解决经济危机的对策中主张扩大财政支出刺激有效需求，政府可以用发行公债的方式筹集经费，而且用在消费性支出与投资性支出上，都能起到扩大需求带动经济增长的作用①。Alvin Hansen 认为公债利弊皆有，总体上利大于弊，坚定地支持发行公债，因为公债的持续增长，是经济繁荣和充分就业的必需条件，但要有效利用公债就必须要加强公债管理。Samuelson 认为公债并非绝对的好，只有在特定条件下才能起到成效，而任由公债随意增长是有危害的，不过他对政府用公债政策工具刺激经济的做法持肯定态度。

③现代公债论。公共选择理论的奠基人 Buchanan 从公共选

① Keynes 在《就业、利息和货币通论》中写道“举债支出虽然浪费，结果倒可以使社会致富”“公债支出的作用表现为两种形式，一是增加投资，二是增加消费”。

择理论角度出发对 Keynes 等人的公债理论进行了抨击，他认为如果是为公共支出筹资而发行公债，会发生人们公共选择行为扭曲的现象，即选民倾向于选择更大规模的公共支出，导致权衡公共预算决策时成本和收益不对等的拉大，加大公债规模，这种公债规模的变大只有在某情况下是合理的；而且公债会让人产生财政幻觉，让人们更希望用公债而非税收来为公共支出筹资。以 Friedman 为首的货币学派也反对公债，认为政府以发行公债刺激经济的做法，会致使货币供应的增加，产生通货膨胀。理性预期学派更彻底地反对包括公债在内的任何形式的国家干预，主张政府应该长期实行财政平衡。

④中国公债理论。新中国成立之初陈云就提出用公债等财政政策工具治理通货膨胀，恢复经济发展，要严格控制外债。黄达则认为国债是弥补财政赤字的基本途径，而且国债的发行与货币供给问题联系密切[①]。邓子基认为公债会拉动经济增长，但要把握“度”；应该严格控制公债的发行标准，防范发生债务危机；指出可以用债务负担率、财政赤字率等多个指标来判断公债风险。

（2）公债负担问题

公债负担本身没有一个统一的概念，通常认为是由于公债发行给各方面造成的利益损失和所承受的经济压力，大多是从公债负担的承担主体及在主体间转移的角度来分析其所承受的负担，主要包括政府的负担、认购者的负担、纳税人的负担及代际负担几个方面，其中代际负担的讨论最引人关注。

Lerner 认为内债不会给后代带来负担。新古典模型强调政府用债务与税收融资，对后代人的负担影响是不一样的，债务融资

① 1949 ~ 1950 年，陈云分别作了《关于物价与发行公债的报告》《统一财政经济工作的决定》《为什么要统一财政经济工作》等系列文件。

当代人的福利没有变化，但是后代人只有继承较少的资本，降低了其福利，后代人的负担加重。世代交叠模型则分析了同一时点上同时存在三代人的公债负担情况，认为政府的内债负担会在代际间转移。李嘉图与巴罗则将个人自愿的财富代际转移因素考虑进来，认为老一代人考虑到政府举债对其后代有影响，因此会自愿将其财富遗留给后代，后代人的消费量因而保持不变，因此政府举债对每代人的消费福利影响是一样的，不会带来公债负担的代际转移。

3.1.4 相关理论的评述及对本书的借鉴意义

（1）可持续理论对本书的借鉴意义

可持续发展理论是财政可持续性发展的思想源泉，为财政可持续性评估奠定了理论基础。财政作为可持续发展大系统中的经济系统中的一个子系统，也应该传承“可持续发展”的思想，即财政的发展必须要走可持续发展的道路，必须要站在更长远的角度开发财政资源，不仅要为当代人提供应有的公共服务，也要为子孙后代谋福利，给他们留下应得的财富和财政资源，以确保国家的长治久安与人类的延续。

（2）财政平衡理论

①对理论的评述。财政平衡理论中关于财政平衡与财政赤字观点，虽然有天壤之别，但实际上都与当时国家的经济活动及经济状态相关的。年度财政平衡思想就出现在经济没有出现异常而正在平稳运行时，经济和财政都追求的是“稳”“协调”，但是太过于严格与理想化；而功能财政平衡理论则较为先进，有着全局思维，但这对政府的决策能力与执行能力要求比较高；周期财政平衡理论考虑到了实际的经济周期，更为合理，但是由于经济周期变动较大且不易掌握，这对理论付之于实践设置了障碍。

随着改革开放以来，我国的经济实践证明在少数年份由于经济形势的需要而出现财政赤字是在所难免的。出现财政赤字有时是借用凯恩斯主义的理论，扩大财政支出拉动有效需求，刺激经济增长的需要，如 1998 年东南亚金融危机对我国的冲击的财政应对；有时是由于财政支出刚性增加，而税收又难以匹配，安排财政赤字实为宏观稳定所必须；有时财政赤字是出于经济体制改革及维持社会安定而承担的成本，如支持义务教育、粮油改革、汇率改革、国有企业（如铁路部门）改革等而形成的债务性赤字，这些财政赤字不会大肆导致政府投资比例的上升。因此可见，财政赤字本身不能武断地说它是“好”是“坏”，也不应该从意识形态上与社会制度挂钩，而应该从经济发展的实际情况出发，从政府的实际财力和财政政策来决定是否实行赤字财政，以配合其他宏观调控经济的政策。只有“当社会总需求超过总供给的‘经济紧运行’状态下，财政赤字连年不断并数额较大是比较危险的”（贾康，2001）。只要能以积极平和的心态面对赤字，并用发行合理规模的国债来化解赤字，都是有益的，不必谈赤字色变。

②该理论对本书的借鉴意义。财政平衡理论是财政学体系基础理论之一，也是最重要的理论之一，它的思想将会影响到政府的财政预算原则，也是后文要探讨财政可持续性的基础理论。其一，财政可持续的必要条件就是要求财政达到一种相对财政平衡状态，以防范财政风险避免财政危机，因此财政平衡既是财政可持续的基本要求，又是它的最终目标。但是财政可持续要求的财政平衡，不是局限于对某个财政年度的衡量与判断，而是一个周期的财政平衡，这个周期可以是短期、中期、长期，甚至是一个无限期的，这是根据财政可持续评估设定者评估考核的意图及实际经济与财政发展状况而定，这也是受“周期财政平衡观”的

启发。因此测算评估财政可持续性的时候，会设置不同的期限，包括短期和长期两个种类。其二，在选择测算指标时，财政平衡的相关指标，如财政基本平衡（财政盈余或财政赤字），经调整的财政平衡（扣减了债务利息支出）等都是评估指标体系中重要的指标。其三，在衡量长期财政可持续性的方法上，“财政缺口”法作为国际上常用方法也是运用了财政平衡的基本思想，即在目标年限及目标债务负担率假定基础上，一国可能产生的财政收支差，其差额越大，即越不平衡，则财政可持续性越弱。

（3）公债理论

①对理论的评述。公债理论是一个内容非常丰富的财政理论，虽然也出现了百家争鸣的局面，但不难发现它们都是理论提出者与他们所在国家与时代背景下经济社会矛盾激化而产生的，有一定的合理性与适用性。认为公债“坏”的理论主要是在公债出现初始阶段，人们还不太了解公债，看到公债对经济及政府行为的负面影响居多；或者出现在经济异常时期，如“滞胀”时期，他们要为经济问题寻找原因。而认为公债“好”的理论则是在公债发行刺激政府支出、拉动内需，有效地带动经济增长的情况下，而且随着赤字财政的实行与公债规模的逐渐增大，对公债的研究也就进一步细化与深化了。不同情况下的公债理论丰富了对经济制度的认识，促进了公债制度的日趋成熟，并成为现代政府治理经济的最常见的经济手段（货币政策与财政政策共同的工具之一），在政府财力有限的情况下，公债的存在是必要的，它调控经济的功能被无数国家事实证明了。

②该理论对本书的借鉴意义。公债是本书讨论财政可持续性的中枢问题，财政本身是否可持续的关键在于政府是否有偿债的能力，因此公债理论是本书的核心基础理论。现代财政理论不必去争论公债的“好”“坏”“必要不必要”的问题，因为公债已

经成为现代经济生活所必需的部分，也是政府最重要的政策工具之一。财政可持续理论也是建立在肯定公债发行的基础上的，但对公债的讨论重点放在了安全（优化）的公债规模限度上，未来长期公债会给政府和经济带来怎样的财政压力，会不会产生财政风险等问题，其宗旨就是讨论政府是否面临公债规模过大而导致财政不可持续的风险。在公债负担方面，财政可持续性问题主要集中在对政府的公债负担的讨论问题上。传统意义上的代际负担，是针对纳税人的公债负担在代际间的转移，而这也启示着笔者考虑可否将代际的主体放在政府本身，分析政府的公债负担代际的转移，即是当代政府决定发行的公债对以后的政府会有什么的负担，这种顾及后代的思想正是（财政）可持续发展的基本思想。

3.2 财政可持续性的一般理论分析

3.2.1 财政可持续性的基本内涵

(1) 财政可持续性的概念范畴

Buiter首先明确界定了财政可持续的概念，他认为财政可持续是指作为经济实体的国家财政的存续状态或能力，对一个经济实体来说，当它无力偿还债务时，就不能存续而宣告破产，反之，它有偿债能力就说明它可存续（王晓霞，2007）。因此，财政可持续性研究的是政府债务清偿能力问题。当政府有能力偿还债务时，财政就是可持续的；反之，财政就不可持续，就要破产（Willem H. Buiter，1985）。世界银行的Craig Burnside认为“财政可持续性”这个词条有很多种定义，但是它大多数情况下还是与政府的偿债能力相关，即“政府在不违约的情况下能永久地偿债的能力”（Burnside，2004）。我国张军等人将 Bohn，Buiter 等人的定义进行综合理解，认为“政府债务长期可持续是指在长期内政府不会陷于‘庞氏融资’模式，即通过经济增长和财政约束，债务负担率不会持续增长”（张军和厉大业，2011）。另外还有学者是从财政政策这个角度来界定的，认为财政可持续性是指政府在保持目前偿债能力的情况下维持当前政策的能力①，这个概念更为宽泛，因为它侧重于讨论为避免在将来无法偿债而做的财政政策调整或财政改革。但总的来说，大部分学者还是认可财政可持续性是政府偿债能力，即债务可持续性。

笔者将财政可持续性定义为“政府处于这样一种状态：政府的偿债能力既可以保证当代政府财政职能的发挥，又不会对后代政府的财政运行构成危害，不会陷入财政危机中，政府的债务风险可控，即为财政可持续”。

（2）概念的理解

笔者做上述财政可持续性概念的界定出于以下几点的理解：

①财政可持续概念的重点在于“可持续”的动态状态，而不能简单地与“财政健康”划等号。“财政可持续性”实质上就是一种财政处于健康运行的状态，但是它的外延又比“财政健康”更宽更深厚。因为后者强调一种静态的结果，而前者更强调一种动态的过程，即当前财政健康的状态将会延续到未来，一直保持下去才算是财政可持续。由此可见，财政可持续概念的重点在于“可持续”，不能用“财政健康”来替代。

②财政可持续性的概念强调财政运行本身的可持续性。从可

① 张平将这个概念运用到对地方财政可持续性的界定上，他认为地方财政可持续性是指地方政府可以长期维持其财政政策而始终保持偿债能力（2013）。

持续发展理论来看，实际上财政可持续应该是隶属于可持续发展的“经济—社会—自然”三维中的经济系统，财政活动又会直接影响到经济、社会、自然生态，与可持续发展环环相关，是可持续发展必不可少的部分。这意味着从广义上来说，财政可持续性应当包括对外可持续与对内可持续。对外可持续是指财政活动本身有助于社会生活生产活动及自然生态平衡的可持续发展，如提供或督促提供公共品以完善和提高生活环境，用财政手段治理污染以保持生态平衡等等纠正市场失灵的财政干预活动，高培勇将财政对经济社会可持续发展所做的这些贡献称之为“财政补偿度”。对内可持续是指财政本身运行的可持续性，即一直处于财政健康运行的状态。“可持续性即是用于考评财政在促进经济社会可持续发展及其自身的可持续运行状况的指标”（高培勇，2007）。

笔者认为财政对外可持续实际上属于现代公共财政的本质职能范畴，是公共财政应当肩负的社会责任。而这些责任义务的履行是要以正确的财政政策为指导的，最后政策的实施还是要落实到具体的财政收入（税收）与财政支出手段上，财政收支情况是体现其实施效果的中介指标。如果政府为了更好地社会效益和生态效益而不顾本身财力，盲目地进行财政支持与财政补贴，这将加重财政负担，财政收支恶化，入不敷出，债务积聚，甚至引发债务危机，政府本身的财政将不可持续，更无法可持续地补偿社会经济与自然生态。因此财政可持续性应该强调财政运行本身的可持续性，只有这样才能体现与实施财政对社会经济与自然生态的补偿程度。

③财政可持续性的终极体现是债务的可持续性。不管学者们用的词条是“财政可持续性”“财政政策可持续性”还是“债务可持续性”，其核心都是政府偿债能力，体现在形式上还是债务

的可持续性。

“财政政策可持续性”的字面意思是在保持一个稳定的债务水平（债务负担率，但并不必然意味是一个最优化的债务负担率）前提下，当前的财政政策是可持续的，换句话说，政府有这样的能力，在保持当前的财政政策不变的情况，政府可以将债务水平可以维持在一个稳定不变的水平上。但是“任何宏观经济政策，当然也包括宏观财政政策，事实上都是短期行为，因为它们是根据宏观经济运行周期所做的‘逆风向而动’的相机抉择措施”（邓子基，2001）。现实社会经济、财政活动受到国内外、人为及不可抗力等各种综合因素的影响，环境瞬息万变，因此不可能存在以不变应万变、一劳永逸的财政政策，相反，正是以万变应万变的财政政策才是政策本身存在价值，而积极的或稳健的财政政策都不可能长期持续。因此，财政政策可持续性实质上是指要控制财政政策在实施中可能导致的政府债务风险（邓子基，2001），最终还要落脚到债务问题上。

“财政可持续性”相对于“债务可持续性”，字面上来说前面的“财政”范畴宽于“债务”范畴，正如债务风险只是财政风险其中的一种，但是财政最主要的矛盾体现为财政收支矛盾，财政风险最核心的还是债务风险。因此将两个词等同使用不会带来太大的误解。综上所述，三个词条可以看作是一个意思，财政可持续性的终极体现是债务的可持续性。

④财政可持续性强调债务负担在政府间的代际公平。根据前文理论基础中关于债务负担的内容，通常公债理论中主要讨论债权人（纳税人）债务负担的代际转移问题，但作为债务方的政府来说也存在债务负担的代际转移问题。政府与个人不同，政府是一个权利实体，在形式上是永续的，也不会存在第二、第三政府，但是政府毕竟是由一代又一代不同的政治家来执政的，政治

家则是以个人的形式存在的。而政治家作为当期的决策者，不同任期的政治家的决策行为也将会有所不同，政府会因为任期政治家的不同而存在代际问题。当然由于政治家的任期有不确定性，不可能完全按其任期来划分政府的代际，所以这里所指的政府代际也是一个较为模糊的概念，可认为当前执政的政府为当代政府，本届政府换届后所有的继任政府为后代政府①。

债务负担在政府间的代际转移（如图 3－2 所示）主要是指当代政府在任期内产生的债务在其任期结束前，没有全部偿还，而积累至后代政府，由后代政府负担偿还而给后代政府带来的财政压力与经济负担。当然由于长期债务的存在，政府始终既有前代政府转移来的债务，又会转移到后代政府的债务，但是当这种政府代际间的转移不会导致后代政府因清偿能力受损而无法保证财政职能的正常发挥，不会因此而陷入财政危机，则称财政是可持续的。

虽然每代政府都可以凭借其政权从公民（个体和企业）处取得的财政收入及向其发行的债务，表面上看似是可再生且源源不断的，但是实际上这种财政资源的取得并非是无条件与无限的，无穷无节制的索取与积累终会带来巨大的风险，而且时间越向后推，风险会越积越大，后代政府会独尝恶果，当代政府对后代政府是无法进行补偿的，因此必须要保持财政可持续，才能维持国家的长治久安。

3.2.2　财政可持续性的核心问题

财政可持续性的核心是政府的偿债能力，按其定义理解，如

① 任若恩、蒋去赟等人运用国际上流动的代际核算体系来对我国的养老保险的代际平衡问题，其中他们研究中对公民代际的划分是以研究时点为标准的，如 2002 年存活的所有人被称为“现存代”，而在 2003 年以后出生的所有人都统称为“未来代”。

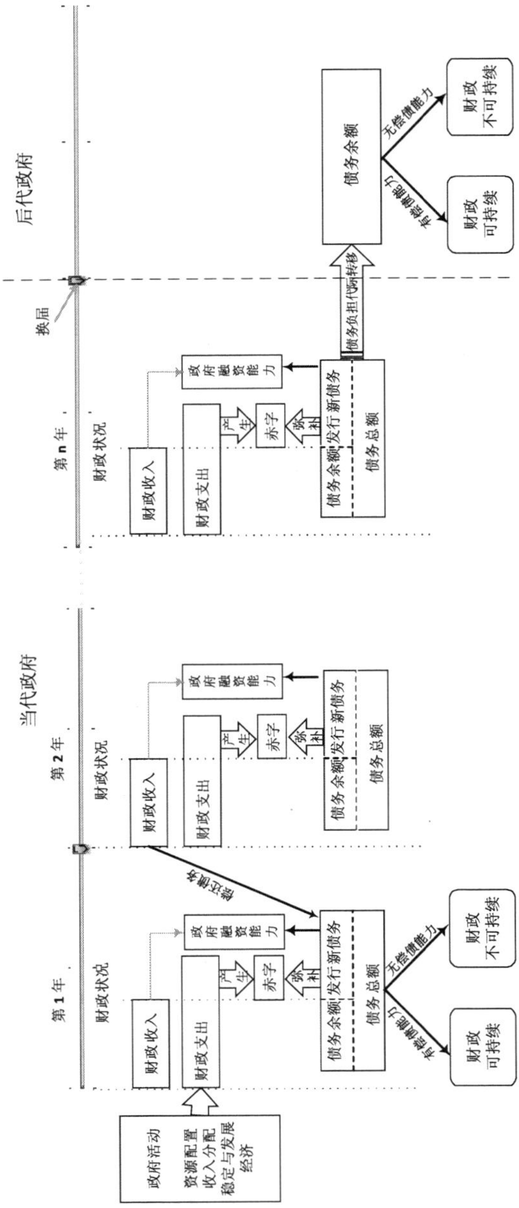

图 3－2 债务负担政府间代际转移

果政府有相应的偿债能力可以按时足额地偿还当期债务，则财政是可持续的（但不能说相反则不可持续，后文将对此做进一点阐释），对政府的偿债能力笔者做以下几点理解：

①政府的公债与个人的私债是不同的，因此政府的清偿能力与个人的清偿能力也是有区别的。与个人私债的债务人相比，政府作为公债债务人在债务清偿上有更强势的地位，具有再谈判的权利（郭宏宇，2010），这意味着在偿债期限逼近之时或偿债较为集中时，政府还能采取一些强行措施来化解自己的还债压力，如举新债还旧债、制造通货膨胀、延期偿还或转换（置换）偿债义务。如美国 1970 ~ 1980 年间发生通货膨胀，物价上浮了 1.5 倍，这使得美国政府 1970 年票面价值为 3700 亿美元的政府债务缩水到 1480 亿美元的实际价值，下跌了 60%，美国政府还债压力减小[①]；中国于 1984 年发行的 5 ~ 9 年期国债与 1986 ~ 1989 年发行的 3 ~ 5 年期国债的偿还期都集中在 90 年代初期，并同时采取了延期偿付和以新替旧两种方式来缓解集中偿还的压力[②]。政府之所以能这样做，主要是因为政府公债（尤其是内债）几乎没有担保物[③]，完全属于政府的信用借款，即便可能面临违约也没有第三方有足够高的权力加以制约阻止[④]（Jermy Bu-

① 该案例取自邓子基编著的《财政学》第 12 章，高等教育出版社 2008 年版。

② 1990 年 6 月财政部和央行联合发布文件《关于暂不办理“单位”持有 1990 年到期国库券的兑付的通知》《关于停止办理未到期国库券提前兑付的通知》《关于停止办理未到期国库券提前兑付的通知》，并发行新的“转换债”调换部分企业和银行手中持有的国债；该案例取自高培勇等人编著的《公共债务管理》第 7 章，经济科学出版社，2004 年 10 月。

③ 有的国家设立了偿债（减债）基金，以此为担保发债，但往往偿债基金都因被挪用而形同虚设，目前主要有日本、英国等还设置了偿债基金制度。

④ 比较而言，外债受到的制约要强一些，外债违约会受到相关世界组织的惩罚，如退出某国际组织、不允许进入某国际组织，或不再享受某国际组织的某项待遇，甚至停止借贷等，国际方面的政治压力会更大。

low，2000）。

当然，也并非说政府可以肆无忌惮地发行公债并且恶意违约，毕竟政府违约会导致政府公信力下降，影响政府信用声誉，而政府也要面对巨大的国际、国内政治压力，如果违约严重，这种政治压力可能会演变为政治斗争、社会动乱，甚至最后当权政府的政权不保。另一方面，无法及时偿债也会影响公债这个金融产品的市场表现，作为货币政策工具，其利率变动与偿债能力都会影响整个有价证券市场的行情，进而影响金融市场和经济的稳定。

因此，尽管政府有违约的资本，但是债务毕竟是有偿性的，政府还是会尽量保持其清偿能力，极力筹集偿债资金，按时足额还债，避免违约。

②政府偿债能力取决于政府能否获得足够多的偿债资金来源来履行其偿债的义务，偿债资金主要来源于税收、债务投资收益和发行新债。各国政府偿还债务的资金通常包括预算列支、财政盈余、偿债（减债）基金、债务投资收益和举新还旧资金等。但预算列支、财政盈余、偿债（减债）基金这三项的资金来源最终还是税收，只是渠道或方式不同而已[①]。

税收因为其强制性、固定性和无偿性而能给政府带来相对稳定、持续与大规模的财政收入，是保持政府持续的清偿能力、及时偿债的最佳选择。但是税收收入的多少要受到宏观经济环境和财政税收政策的影响，与当期经济发展状况关系密切，而且有税法制约，因此税收的数量不是随意增减可得的，有时无法完全和

---

① 预算列支是从经常性预算收入而来，但经常性预算收入主要就是税收，因此预算列支资金还是税收；财政盈余来自财政收入大于财政支出的部分，通常也是经常性预算收入的一部分，即主要是税收；偿债（减债）基金是政府每年从国库中拨一笔额度相对固定的资金作为公债偿付专门用途，但是其资金还是来源于税收。

政府突然增加或债务期限集中时的巨额债务相匹配，导致政府的清偿能力受损。

利用债务投资收益来偿债，是将政府公债筹集的资金投资于经济建设中，再将其投资收益偿付债务的一种方式，即通常所说的"以债养债"，体现了"谁受益谁承担"的受益原则。但是政府通过发行公债筹集来的资金并不总是用于建设投资的，还有大部分是用于消费的，以履行政府的社会管理职能。因此从投入到消费性支出这部分公债是没有投资收益的，这在发达国家尤为突出，也是其债务危机的主要原因之一①。与这些陷入债务危机国家不同的是我国的公债资金大部分是投放到经济建设项目中的，但是由于政府投入资金项目主要是市场失灵的领域，即政府对这些项目的社会效益追求大于经济效益，其中包括大部分的公益性的建设项目，而其他的项目由于经济效益有限，加上部分项目管理低效与项目腐败等原因致使无法取得持续可观的收入，而不能够完全的"以债养债"。因此，以债务投资收益偿债的方式至少在目前并不能成为政府偿债的主要资金来源，也在一定程度上影响了政府的清偿能力。

政府通过发行新债来偿付到期债务，即所谓有的"举新还

① 20世纪70年代以来，发达国家为承担无直接经济收益的消费性支出而发行了大量的公债，而没有相应的收入来偿还债务，导致其还债违约的现象比比皆是。James Buchanan 在《赤字中的民主》一书中就写道"在现代政治形势下，通过公共借款而得到的保障资金主要被用于弥补预算的短缺，而预算开支中的绝大部分却直接或间接地用于了消费"，在《自由、市场和国家》一书中也指出"美国政府在预算赤字有增无减、永无休止的情况下发行公债，是为了满足公共或政府的消费，而不是用于仅供借口政府的投资……即使在最广泛的意义上说，政府也只有较小的一部分支出能反映'公共资本投资'；这部分支出，其中也只有极少数设施或工程能直接带来源源不断的收入。所以把全部政府支出都当作日常公共消费来进行分析，似乎并没有根据，而且远远不会因此做出令人误解的结论。"

旧”，这是现代政府偿债的主要手段。首先，举新还旧是提高政府清偿能力的重要筹码。它与个人私债的举新还旧不一样，个人举新还旧通常是从另一个债权人身上借钱来还前一个债权人的债，而政府发行新的债务，其债务的投资人极可能大部分都是旧债的投资人，这是因为公债不光是债，还带有很强的投资性的特征。因此只要政府不出现严重的债务危机、财政危机、经济危机，有能力的投资人就会在利益的驱动下持续投资下去，举新还旧的做法也可以一直持续下去。其次，举新还旧不是随时可用、一劳永逸的救命良方，它能否一直持续实施的前提是政府债务可以顺利发行出去，且有饱有投资者，这即是所谓的社会应债能力与应债意愿。从社会公众的应债能力方面来说，这是相对客观的因素，影响公众应债能力的直接因素是社会公众手中可供自由支配收入和储蓄存款余额的大小，可自由支配的收入与储蓄存款越多，可用来购买公债的资金就越多，一般来说应债能力就越强，但这只是从购入公债的可能性上来谈的；当期社会投资渠道也是一个影响要素，如果除国债可供投资者投资的渠道多，则容易分散在国债上的投资资金，影响社会的应债能力；社会投资者的投资偏好结构也会影响应债能力，如果投资者是风险偏好型的，即便投资资金丰厚，其他投资渠道少，但是他也会选择投资收益高、风险高的投资产品，社会的应债能力低。从社会公众的应债意愿来说，这是一个相对主观的因素，它涉及公众对公债的心理承受能力即对政府的信心。对政府的信心实际是对政府能否到期足额还债的信心，这种信心来自于公众（潜在债权人）对政府调控发展经济能力及政府执政能力与政府自我治理能力的信任度，是一种主观感受。公众不可能将对政府的各种情感细分归类，即不可能理性对政府偿债信心仅限于对政府过往偿债表现的感受，而总是夹杂着对政府全部行为的各种感知与情绪，比如政府对社会公共服务、食品安全、公共突发事件的处理等因素都会影响公众对政府的信心，影响人们投资国债的意愿[①]。因此，如果经济发展减速甚至停滞，国民收入下降，公众的应债能力就会下降；如果公众对政府失去了信心，公众的应债意愿就会下降，这些都会导致政府公债发行受阻，无法偿还旧债，举新还旧的链条就会断裂，政府清偿能力将受到极大挑战。

③政府的偿债能力根据偿债的时期性分为短期偿债能力与长期偿债能力。郭宏宇（2010）将国债的偿债能力划分为短期偿还能力与长期偿还能力，其中短期偿还能力是指政府是否有偿还到期债务本息的能力，而长期偿还能力是指政府再融资的能力。与该学者理解不同的是，笔者认为对长、短期偿债能力的划分不是某种“能力”的区别，而确是公债的到期期限的时期性。

短期偿债能力是指政府对在短期内将会到期的公债是否有偿还的能力，它侧重于政府短期应债能力，包括本身偿债资金的充裕程度与短期化解应债压力的行为能力。如果政府本身就有充裕的偿债资金，如前文所述的预算列支、财政盈余、偿债基金、债务投资收益等，则政府偿债无压力，按部就班的还债即可；如果政府的偿债资金不充裕，则此时就得依靠政府短期化解应债压力的行为能力，即是应急能力，因为政府已经没有时间从政策面入手调控宏观经济以扩大税收来源，或大规模加收其他费用（如罚没收入）。此时政府只有采取应急举措，如出售国有资产（但

---

① 中国社会科学院发布的由李汉林主编的《中国社会发展年度报告（2012）》一书中就公众对政府的信任设定指标并展开调查，对 8070 个样本的调查结果显示对政府总体信任度均值为 67.0，其中对政府处理各种突发事件能力的信任度较高；且公众对中央政府的信任度最高（92），随着政府层级的降低，对各级政府的信任度递减，对县区政府的信任度为 72。另外，据 2013 年 1 月爱德曼国际公关（中国）有限公司发布“2013 年信任度中国调查报告”，称“中国公众对政府的信任度高达 81%，比 2012 年上升 6 个百分点；就全球范围而言，公众对政府的信任度仅为 48%”。

普通这种方法最多解燃眉之急，而非长久之计，后文有论述），或举新还旧，或变更还债方式（如前文所述的转换公债或延期还债），这些措施取决于政府可变现资产的存量及变现能力、（前文论述的）社会公众的应债能力与社会公众对政府的信心。如果政府具有短期偿债能力，则短期内不会受到由债务引起的财政风险，财政短期可持续。

长期偿债能力是政府对在未来某个时期到期的公债是否有偿还的能力，它侧重于政府对未来经济的把握与调整能力。此时的还债不是当下之急，可从长计议，这考验政府的是运用政策工具宏观调控经济与进行财政整顿的能力，能否维持经济的长期稳定增速的发展，组织到持续稳定有增长的财政收入来应债，能否对未来可预见（如人口老龄化的冲击）及不可预见（如突发地质灾害，国际经济危机）问题有防范与应对能力。如果政府具有长期偿债能力，则长期内也不会面临由举债引起的财政风险，财政长期可持续。

3.2.3　财政可持续发展的原则

要实现财政的可持续发展，应当要坚持“发展性”“时空性”和“公平性”的基本原则。

（1）发展性原则

财政可持续所强调的债务负担稳定，是指债务负担保持在一个安全的区间浮动，而并不意味着一定要维持在某一个水平上，必要的、合理规模的公共债务增长是有益的；同时，财政运行与经济发展要相匹配，随着经济的发展，财政收支本身是追求合理的增长。因此财政可持续要坚持发展性的原则。

（2）时空性原则

财政可持续的时空性包括财政在时间序列和空间分布上的可

持续。时间序列上，当代政府的财政活动不仅要顾及当前短期的可持续，更要考虑未来长期后代政府的可持续性，关注社会的未来；空间分布上则是从纵向和横向双维度按政府层次的抽象空间划分，即纵向要兼顾中央政府与地方政府的两级财政可持续，横向上各省市地方政府的财政要保持可持续。

（3）公平性原则

基于代际关系，财政可持续应该注重财政资源的配置使用要适当有度。首先，财政可持续发展要服务于当代人，在当代人之间公平地配置公共资源，保证债务负担的合理性，确保财政的平稳运行，促进经济的稳定及适度增长，为当代人提供充足的公共服务，创造更好的生活环境，提高当代人的社会福利水平。同时，在各代人间公平配置稀缺有限的财政资源能，不能为了当代人的生存与发展需要而“杀鸡取卵”“涸泽而渔”，危害到子孙后代的生存发展，破坏后世的国泰民安。

3.2.4　财政可持续性理论研究范畴

根据以上对财政可持续性概念的理解，财政可持续性理论研究的内容应该包括以下方面：

（1）财政可持续性的评估

对财政可持续性的评估是财政可持续性理论研究的中心问题，属于实证范畴。我们可以通过定性的方式来描述财政运行的状况，但是在没有明确的评价标准的情况下，则不可能得到一个公认的、一致的结论——“到底这种财政运行状况是财政可持续还是不可持续?”之于公众，本来就处于与政府信息不对称的现实局面，容易产生财政幻觉，更无法判断财政形势，实施财政监督；之于政府，对自己的情况与未来走势没有确切把握，财政调整与财政改革成效将大打折扣，甚至南辕北辙。因此建立一套财政可持续性评估系统，定量地分析财政运行状况，判断财政可持续能力是本理论的中心问题，也是本书第5、6、7章写作的主要内容。

（2）政府融资能力的估计

财政可持续性的核心是政府偿债能力，而政府的融资能力则又直接决定着政府偿债能力，因此对政府融资能力的估计也应当是财政可持续性理论的研究范畴。Mendoz 和 Oviedo（2004）对墨西哥的政府偿债能力和宏观经济不确定性分析中就涉及了政府融资能力问题，Mora（2004）[①] 也借用了该方法分析哥伦比亚与哥斯达黎加中央政府债务的可持续性。在政府偿债不违约的情况下，财政收支平衡的波动状况是决定政府融资能力的重要因素：在经济稳定或繁荣时期，政府的融资能力取决于政府的征税能力；然而，在经济萧条时期，由于税收的不稳定，相对于政府的征税能力来说，政府减少支出的意愿（能力）更能决定政府的融资能力（Mendoza 和 Oviedo，2004）。

（3）财政危机爆发的预测

预测财政危机爆发的时机与程度是一个比较理想化的话题，但是不乏众多的经济学家投入这个方面的研究，期待有所突破。实际上在全球金融市场一体化过程中，学者们更多关注的是金融危机的预测。因为在互联网、支付媒介及通信手段多样化与高效的时代，货币的流动更加快捷，范围更宽广，几乎可以在没有察觉的情况下就可能爆发金融危机并对经济产生重大的影响，如1994年墨西哥的金融危机与1997年的东南亚金融危机爆发前，

① Mora. Assessing fiscal sustainability with alternative methodologies [J]. World Bank - Latin America and Caribbean Regional Studies Project on Debt Sustainability, April, 2004, 1004.

利差、投资者预期等都没有提前发出信号，但危机的损害程度却相当严重，从 2009 年希腊开始蔓延的欧债危机也让欧洲经济至今还处于低迷状态。因此，决策者更需要学者们为他们能预判危机并在短时间做出对策反应提供意见参考。对债务危机、财政危机的预测也是一个重大的课题，但相对于宏观经济危机与金融危机的预警研究来说，在财政风险预警方面的研究还是比较薄弱的（吕伟，2008）。

通常学者们是用模型的方式来建立风险预警系统，不过目前为止预测的成功率非常不稳定[①]，甚至发出错误的警报，误导学者与决策者。另一方面，财政在什么时点上进入危机的临界点，财政危机爆发时机的预测上仍然是一个难题。不过也有模型能相对较好地预测出危机的程度，为是否要进行政策调整或改革能提供参考意见。因此我们不能高估预警模型能带来的预测危机的效果，也不能滥用和轻信这些预警模型与预测结果，但是尽管在财政危机预测研究上遭遇到失败，研究和调查总是在不断改进，预警模型也总是在不断完善，对于预测危机的实践总是有帮助的，重要的是应客观地将这种预测分析看作是分析财政风险的多种工具组合之一。

（4）或有债务导致的财政风险的估计

1998 年世界银行学者 Hana Polackova Brixi[②] 按财政风险矩阵，对政府债务进行了重新分类，按政府有无明确的还债义务契约分为了显性债务与隐性债务，按政府债务发生事件的特定与否划分为了直接债务和或有债务，引入了对或有债务及其风险的研

① 由于总是不断地有新状况发生，有新的因素出现，通常这些经济模型在其样本内（设计和建立的历史时期）预测的成功率高于样本外（以后的时期）。

② 见其工作本书“政府或有负债：财政稳定的隐蔽风险”（Contigent Government Liabilities：A Hidden Risk for Fiscal Stability）。

究。确切地说，或有债务是政府由于过去某件特定事项而可能需要在将来承担（连带性）偿还责任的债务，这种债务的发生与特定事件的发生相关。或有负债包括或有显性债务和或有隐性债务，即以法律法规、合同等契约形式直接规定的，及政府出于道义、社会政治压力、公众的期望而要承担的偿债义务。我国或有负债的来源主要包括：由于自然生态环境治理而需要政府承担的相关支出责任、政府因社会保障资金收支缺口而要承担的弥补责任、政府对公益性国有企业经营亏损的救助责任、政府对企业借款提供担保而导致的连带清偿责任、国债转借资金、政府对粮食企业亏损挂账的补助责任、政府对金融企业不良资产消化而产生的责任、政府由于体制改革而遗留的债务的承担（如实行义务教育、汇率制度改革等积累的债务）。我国或有负债来源多、规模大，或有负债风险也具有不确定、不可控、规模大、易隐蔽、高风险的特点，而且在一定条件下将会转化为政府的直接债务，直接影响政府的偿债能力与财政的可持续性，因此有必要对政府或有负债的风险进行估计。

早在 2003 年，Barnhill 和 Kopits 就用了风险价值模型（Value - at - Risk，VaR）分析不确定性存在情况下的财政可持续性，其中评估了或有债务[①]的风险，但是它是针对厄瓜多尔这种有着丰富石油收入（或有资产）的国家，由于在其他非石油产出国（地区），财政收入结构差异较大，所以这种对或有债务风险评估的方法不具有普遍实用性。因此或有负债风险估计上是一个比较薄弱的研究环节，但又是一个值得研究的领域，可将其纳入财政可持续性理论的部分。

---

① Barnhill 和 Kopits 的文章中或有负债主要来自养老金、可能的银行业危机与自然灾害。

(5) 财政政策优化与未来财政改革方向选择

对财政可持续的分析目的不只是在于对财政可持续结论的判断，而在于对可能的不可持续进行及时的干预，即如何调整财政政策或进行财政改革以避免债务规模的肆意累积与政府偿债能力的弱化。如何优化财政政策、如何进行财政整顿与改革是财政可持续性理论的必要组成部分。

除此外，宏观经济可能遭受到的冲击、金融风险、各种不确定性等对财政可持续性的影响都是财政可持续性理论研究的内容。

3.2.5 财政可持续性与财政空间、财政平衡、财政风险

(1) 财政可持续性与财政空间

①财政空间的含义。“财政空间”（Fiscal Space）是一个相对较新的词[①]，但是现在对它讨论的领域却越来越广泛，包括银行、双边援助、非政府组织（NGO）的健康与教育支出，等等，常用在对政府政策讨论问题上。但是这个词条有不同的定义和计算方法，其中最有影响的定义来自于各大国际机构，如 IMF、世界银行、联合国机构、联合国发展计划署，世界卫生组织和联合国儿童基金会及其援助组织，OECD 等。

IMF 的 Peter Heller 将财政空间定义为：政府在其预算中留出一定的空间，使其能够在不危害该国财政状况的可持续性和经济稳定性的基础上，为特定用途提供财力资源（Peter，2005；王雍君，2009）。这即是说要想使政府的财政资金用于更有价值的财政支出，就必须要预留或创造出财政空间以保证有富余的财

① 见 WIKI 关于“Fiscal space”的词条。http：//en. wikipedia. org/wiki/Fiscal_space。

政资金。它实际上是指一种财政支出选择的弹性，反映政府的财务健康状况。在确保重要项目上有足够资金支出与政府偿还债务的前提下，政府可以通过裁减（非重要）项目支出、增税、争取外部捐助、借款等手段预留或创造财政空间，即是说财政可持续性是创造财政空间的基础前提。IMF 倾向于将财政空间规划于国际援助，并认为财政空间对于发展中国家和新兴经济体国家显得更为重要。与 IMF 不同的是，联合国机构更倾向于将其定义为关于政府通过调动资源来反贫困与达到“千年发展目标”（the Millennium Development Goals）的能力程度。

更简洁地，财政空间被定义为是一国主权债务负担率与其违约上限的债务负担率（该国财政调整的历史经验数据）间的差额（Ostry，Ghosh，Kim 等，2010），并作为衡量主权债务违约风险的基础方法之一（Aizenman，Hutchison 和 Jinjarak，2013），本书主要针对这个定义，分析财政空间与财政可持续性的关系。

穆迪公司也使用这个定义，根据对真实 GDP、通胀率、长期市场利率计算近 30 个国家的财政空间，并且每个月都会更新数据。根据计算的财政空间值，判断该国（地区）违约的可能性、债务风险大小与财政健康状况。

如图 3－3 所示，在穆迪公司 2015 年 2 月初最新发布的关于 30 个发达国家（地区）财政空间计算的结果中，日本、意大利、希腊和塞浦路斯四国的财政空间为零，即是说这四国的债务负担率已达到了上限，财政处于严重风险状态；葡萄牙财政空间（58.8%）较小，处于财政一般风险状态；爱尔兰、西班牙、法国和比利时的财政空间位于 70%～124% 之间，处于财政风险较小，但还需谨慎的财政状态；挪威、韩国、新西兰、中国香港、卢森堡、奥地利、中国台湾和瑞士等多个国家与地区的财政空间值大于 200%，处于非常安全的状态。

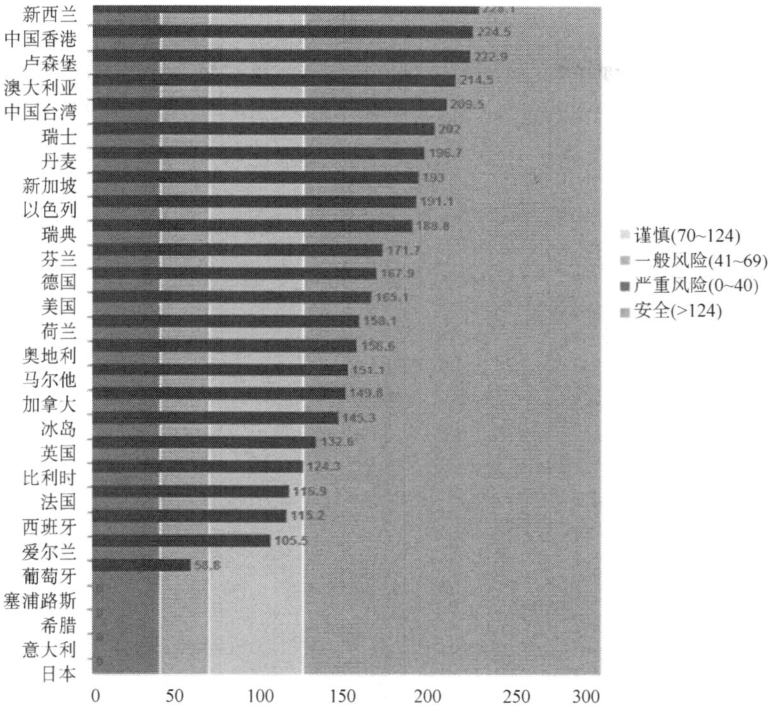

图3-3　30个国家（地区）的财政空间
（按债务负担率计算，单位百分点）

数据来源：穆迪公司计算 https：//www. economy. com/dismal/tools/global - fiscal - space - tracker。

②财政可持续性与财政空间的关系。财政可持续性和财政空间都是对财政运行状况是否健康的一种描述，都与债务负担率、偿债能力相关，但是两个词是对债务状况的不同角度的刻画。

如图3-4所示，一国（地区）的债务水平处于温和（一般）水平时，（增长的）财政盈余足以支付政府债务利息，并能将债务负担率保持在一个相对稳定的水平。当然，经济发展过程中可能会遇到一些（大的）干扰或冲击，如战争或经济危机，这些干扰或冲击会加速债务积累，但是只要之后财政盈余能保持增长，并能抵消冲击带来的高额债务支付利息，债务负担率还是会回归到稳定水平的，此时该国（地区）财政是可持续的。

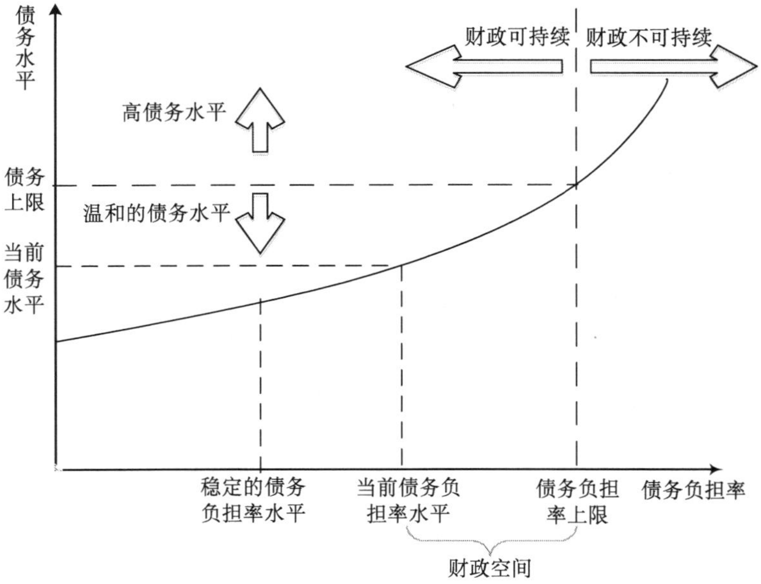

图 3－4　财政空间与财政可持续性的关系

不过在受到冲击后，如果债务规模扩张程度很高，则需要财政盈余增长快于 GDP 增长，才能有足够富余的财政盈余来抵消债务利息。事实上，在债务增长迅速的时期，财政盈余与利息支付并不能保持一致，尤其是当增税与减支在政治上遭遇到的阻力，债务负担率则会快速提高，此时，政府只能面对两个选择：进行额外的财政调整或者违约。根据一国（地区）债务状况与相关财政政策调整的历史经验可以确定一个“债务上限”（debt limit）——决定政府是否会违约的一个临界点。债务水平超过债务上限，政府偿债能力弱，违约可能性大，而另一方面，债权人在政府即将违约之时是不愿意把钱借给政府，除非有更高的风险溢价吸引债权人，政府的融资能力下降与偿债能力下降互为因果，陷入恶性循环，财政将不可持续。

债务负担率上限是划分财政是否可持续状态的标志，超过债务上限则财政不可持续，相反，未达到债务上限则财政可持续。而当前真实的债务水平与债务上限之间的差额就是财政空间，也就意味着：如果存在财政空间，则当前债务水平尚达到债务上限，财政可持续，而且财政空间越大，债务水平越趋向于稳定水平，可用于偿付债务的财政盈余弹性越大，财政越健康，财政可持续性越强；相反的，如果财政空间越小，甚至没有或为负值（如日本、意大利、希腊等国），则没有更多的财政盈余来支付债务利息，政府面临违约，财政不可持续。

由此可见，财政空间是衡量政府偿债能力及债务风险大小的衡量手段（之一），而财政可持续性是政府偿债能力或债务风险作用的结果，财政空间越大，财政可持续性越强，财政空间越小，财政可持续性越弱。因此，有学者如 Aizenman，Hutchison 和 Jinjarak（2013）用财政空间来解释欧洲主权债务风险和评估财政可持续性问题。

（2）财政可持续性与财政平衡

从最严格的定义上来说，财政可持续性是指政府未来的（无限期）财政收入能够负担当前及未来所有的债务，即是说只要政府未来所有财政收入的折现值等于未来所有财政支出的折现值加上当前债务余额，满足政府的跨期预算约束（Inter－temporal Budget Constraint，IBC 条件），则财政是可持续的。由此可见，严格定义上财政可持续性必要条件是财政收支对等，即实现财政平衡，因此财政平衡既是财政可持续的基本要求，又是它的最终目标。

但是两者又存在一定的差异，并不是说财政可持续在每个时点上都必须处于财政平衡状态的。一方面，由于财政可持续性这个严格的定义中隐含着“无限期”，导致不易操作（邓子基，2001），也不可能以绝对的某一时点上的财政平衡来衡量它，因此在衡量与判断财政可持续性时，考虑的是一个周期的财政平衡状况。另一方面，财政平衡是相对静态的表述，暗含了政府能用财政收入偿清全部债务，但实际上财政可持续并不必要要求政府偿还全部债务，消除债务，或者债务率一直稳定在一个水平不变，而只要政府一直保持一定的清偿能力，政府始终能获取债权人的信任实现再融资，财政可持续性就可实现。

财政缺口衡量财政平衡的一种方法。财政缺口（Fiscal Gap）是指政府预计的支出责任（财政支出和政府未偿付的债务）的现值与政府未来所有的预计收入（税收和其他收入，包括由政府当前拥有的金融资产的未来收益）现值的差额（它与代际核算①（Generational Accounting）的概念非常相近）。如果在目标期内存在财政缺口，则财政不平衡，财政缺口越大，财政越不可持续，因此常用财政缺口来评估财政的可持续能力（第七章的实证就采用的财政缺口的方法）。

（3）财政可持续性与财政风险

① 代际核算方法是由 Alan Auerbach 等人（1991）提出来主要用于分析财政政策（含代际间福利分配）在短期及长期的影响，反映代际间福利的变化情况，“政府将来所有的消费的现值减去政府现在的净财富必须等于现存所有代的社会成员在其剩余的生命周期内所缴纳的净税支付总额的现值与未来所有社会成员在生命周期内缴纳的净税支付总额的现值之和”，其理论模型是政府跨期预算约束模型（任若恩，蒋云赟和徐楠楠等，2004）。

提到财政风险，通常还伴随着财政压力、财政危机等相关的词，以下则分析这几个词及与财政可持续的关系。

①财政压力与财政危机。国内对财政压力（Fiscal Stress）的研究不多，更缺乏一个比较公认的概念界定，使用的最多的是张宇燕（1998）的定义，即财政压力是指不断增加的财政支出和相对不足的财政收入之间持续存在的紧张状态[①]。郭宏宇（2010）在认可这个基本定义基础上，又进一步将财政压力具象化为国债规模扩大给财政、金融、经济带来的相对缓和的负面影响，而当这种负面影响变得激烈时则会演变为债务危机。可以理解为财政压力的增加会倒逼政府采取相应的应对措施，如果这种财政政策调整不当或不及时，财政压力则会持续加大时，最后会导致债务危机。财政压力又会因时任条件的不同而有不同的表现，如政府无法保证公共品的供给，或政府运用权力侵犯了公众利益[②]，但是债务规模的增加本身不一定会带来财政压力，只有当税收增长缓慢，增长率低于债务利率时，政府偿付债务能力下降时，才会产生财政压力。

在国外的研究中，通常财政压力被等同于债务危机、财政危机，早先的研究将政府公债的违约事件作为财政危机或财政压力的判断标准（Detragiache 和 Spilimbergo，2001），把公债的积累，或有负债、财政收入负增长的冲击、与人口相关的支出增长压力作为政府资金流动困难陷入财政危机的诱因。但自从 20 世纪 90 年代以后，由于债券市场的发展和政府对银行贷款依赖的降低

① 见由盛洪等主编的本书集《天则论丛（1998）从计划经济到市场经济》（中国财政经济出版社于 1998 年出版），张宇燕、何帆在《由财政压力引起的制度变迁》一书中对财政压力概念的界定。

② 见郭宏宇在《国债规模风险研究》（社会科学文献出版社 2010 年版）一书第 2 章。

（主要是发达国家），所爆发的财政危机也表现得有点不一样了，有时政府财政非常困难并影响宏观经济的稳定性与经济增长，但不一定会触发债务违约或重组，所以不能仅以政府违约或重组事件来定义财政压力①。

现在国外对财政压力用得比较多的定义是由 Baldacci 等人（2011）在综合了前人的分析后提出来的，即财政压力不光是由于政府违约或临近违约带来的财政危机情况，还包括政府资金陷入流动性风险而导致偿债能力恶化的情况，如政府需要大规模的官方/IMF 援助（Mauro，Sussman 和 Yafeh，2000）、发生恶性通货膨胀，主权债券压力，此时政府被迫要调整政策以重新获取财政可持续性。Baldacci 用了标准 & 普尔对政府违约事件（显性违约）的界定标准，包括合约互换、债权股权互换、现金回购等非当前债券引发的违约，而且严格到对原始债务合约做任何修改都属于债务重组②。隐性的公债违约是指出现高通胀，其中判断标准为发达国家通胀率超过 35%（Sturzenegger 和 Zettelmeyer，2006），发展中国家超过 500%（Reinhart，Carmen 和 Rogoff，2009）。IMF 大规模的援助则以援助规模超过了全部配额的援助为标准。另外，当政府面临短期市场融资约束时，要考虑由于遭受政府主权债券收益率压力而导致的融资受限，判断标准为利差比特定（比较的）国家的平均水平高出 2 倍标准差时，这个标

---

① 美国政府间关系咨询委员给出的财政危机事件包括：破产，政府宣布没有偿付能力；政府无力支付债券、票据、支票的利息或本金；无法履行其他义务，如支付工资和养老金等。

② Standard &Poor's 认为有以下任何一种情况发生都列为违约：由中央政府对其发行、由公众持有的本币或外币债券、票据、合约无法按时履约或发行的债务以置换原债务；或者由央行发行的本币货币被置换为面值更低的新货币；或者中央政府对私人银行对其发放的贷款无法按时偿债，或与债权人协商调低利率或重新安排原协议。

准适用于发达国家与发展中国家；此外，发展中国家还包括主权债券收益利差高出 1000 个基点的情况，因为此时国家将面临长期异常高的信用风险利差，反映出高政治风险和过去债务的违约可能性（Pescatori 和 Sy，2007）。

从以上 Baldacci 等对财政压力概念的界定来看，财政压力比财政危机更宽泛，政府感受到的财政压力不仅包括由于偿债违约导致的财政危机事件，还包括违约前政府可能出现的偿债能力弱化事件的发生。当财政危机发生时，财政肯定不可持续，当出现除财政危机事件外的财政压力时，政府偿债能力减弱财政也将不可持续。按此关系，财政压力是财政可持续能力出现问题的早期表现，因此，财政压力可以作为财政不可持续发出预警信号而被关注，这也是本书第六章用财政压力的预警信号评估财政短期可持续性的基本前提假定。

②财政风险。到目前为止，国内、外都没有一个公认的对“财政风险”内涵界定（刘尚希，2003），都是从不同的角度来界定的，见表 3－1。

表 3－1　　对财政风险含义的不同界定

角度	作者	文献出处	财政风险的含义
综合性	财政部	1996 年 8 月发布的《国家财政困难与风险问题及振兴财政的对策研究》报告	财政风险是指在财政发展过程中，由于某些经济社会因素影响，给财政运行造成波动和混乱的可能性，集中表现为巨额财政赤字和债务危机

续表

角度	作者	文献出处	财政风险的含义
收支平稳	刘尚希	财政风险：一个分析框架．经济研究，2003（05）	财政风险是政府拥有的公共资源不足以履行其应承担的支出责任和义务，以至于经济、社会的稳定与发展受到损害的一种可能性
债务结构	Hana	Contingent Government Liabilities，世界银行，2000	政府面对的风险首先来自其收入、资产、或有直接负债的结构。当政府的资产负债结构或收支结构严重失衡的时候，政府的净价值就会受到威胁，这种威胁可以直接体现为增加的财政赤字与债务负担
资产负债	张春霖	如何评估我国政府债务的可持续性?．经济研究，2000（02）	财政风险是国家财政出现资不抵债和无力支付的风险
财政职能	武彦民	我国财政风险的现实性和可控性经济理论与经济管理，2003（04）	财政风险不能简单地等同于财政赤字和债务规模的扩张，而是国家财政不能正常履行自身应有职能的可能性

续表

角度	作者	文献出处	财政风险的含义
财政稳定	余永定	财政稳定问题研究的一个理论框架，世界经济，2000（06）	财政稳定包含三重含义：（1）如果政府能够长期保持财政收支平衡，则政府财政处于稳定状态；（2）尽管在相当长时期内不能实现财政收支平衡，但政府能够通过发行国债为财政赤字融资，则政府财政依然可说处于稳定状态；（3）如果在经济中存在这样一种机制：当财政脱离稳定状态之后，经济变量之间的相互作用可以使财政状况恢复或趋于恢复稳定状态，则政府的财政状况也可以说是稳定的
公共风险	丛树海	我国财政风险指数预警方法的研究财贸经济，2004（06）	财政风险就是公共风险，即来自经济、自然、社会和政治等方方面面的不利因素致使国家财政、银行信用和货币流通出现混乱和动荡的可能性
公共风险	刘尚希	公共风险视角下的公共财政［M］．北京：经济科学出版社，2010	财政风险属于“公共风险”
具体内容	澳大利亚政府	1998年通过的《预算诚信章程法》	财政风险主要包括四类：一是因净债务过高而产生的风险；二是公有制企业产生的商业风险；三是税基遭受侵蚀产生的风险；四是资产和负债管理中产生的风险

从表3-1可见，由于分析角度的不同，财政风险被赋予了不同的内涵，总体上可分为从财政状况本身和财政本身之外综合公共性两个层面。从财政状况本身的层面来说，财政风险是财政收支矛盾引发的政府赤字风险与债务积累的偿债风险；从财政本身之外的综合公共性因素来说，因为财政本身职能特征决定了财政会为市场本身无法化解的所有风险兜底，成为全社会风险的最终承担者，财政风险除了财政本身因素外，还包括来自经济波动、市场利率变动的经济方面风险，以及来自政局波动、自然灾害、社会不安定等非经济方面的风险。但总的来说，综合公共财政风险只是强调引发财政风险各类综合环境因素，但是风险的表现还是要落脚于财政收支的表现上，并最终演化为政府债务的积累。因此，笔者认为财政风险的本质还是减收、增支引发的财政收支矛盾，直观表现为偿债能力减弱带来的债务风险，也即政府缺乏清偿能力。

财政风险与财政危机不同的是，财政风险实际上中心词是风险，从Haynes对风险的定义来说，风险是损失发生的可能性，即是一种不确定性，而危机是一个确定性的事件。也就是说，财政风险是对发生财政危机的可能性大小程度的描述，财政风险越大，则政府资金困难其偿付能力可能越弱，而财政危机是发生了债务违约的既定事实并给财政、经济带来了事实上的危害。

③财政可持续性与财政压力、财政风险、财政危机。刘尚希（2003）认为财政危机与财政可持续之间呈现如图3-5描绘的关系：当政府的公共收入不抵公共支出时，可用扩大赤字、借债和扩大征税权三种方式来应对困难，但是当面对巨大社会（政治）压力、社会无应债能力与意愿、无法强行扩大征税权等现实时，政府的三种化解办法将无效，而演变成“赤字不可持续”“债务不可持续”“财政不可持续”，最后爆发财政危机。财政危

机背影下的财政不稳定性会逐渐渗透到经济与政治领域，进而导致经济衰退与政治不稳定，加剧公共收支矛盾，使财政运行状况进一步恶化。

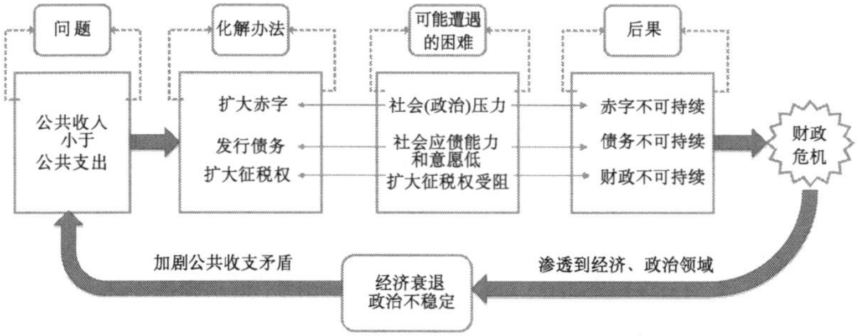

图 3－5　财政危机形成原理

如前文所述，财政危机是发生政府不能按原计划还本付息的违约事实事件，财政风险是发生财政危机的可能性，在存在财政风险与发生财政危机整个过程政府都将会承受财政压力。财政可持续性的核心是政府偿债能力与财政风险的控制问题，实际上，财政可持续性可理解为是对“预期未来财政风险小，承受的财政压力小，不会发生财政危机”这种情况的一种更为简洁凝练的表述方式，财政不可持续则是对未来会发生财政危机一种预期。财政可持续性与财政压力、财政风险、财政危机四者之间的关系可用图 3－6 来展示。

由于财政环境（如增支、减税等）、社会经济环境（如经济下行、金融危机等）、政治环境（发生战争、政局动荡等）与自然环境（自然灾害等）的变化会引发财政收支矛盾，近而加大财政风险的可能性。当财政风险推高时，表现为政府的偿债能力弱，甚至丧失偿债能力，导致显性的财政危机与隐性的财政危机，即政府债务直接违约或高通胀、大规模向国际组织（IMF）

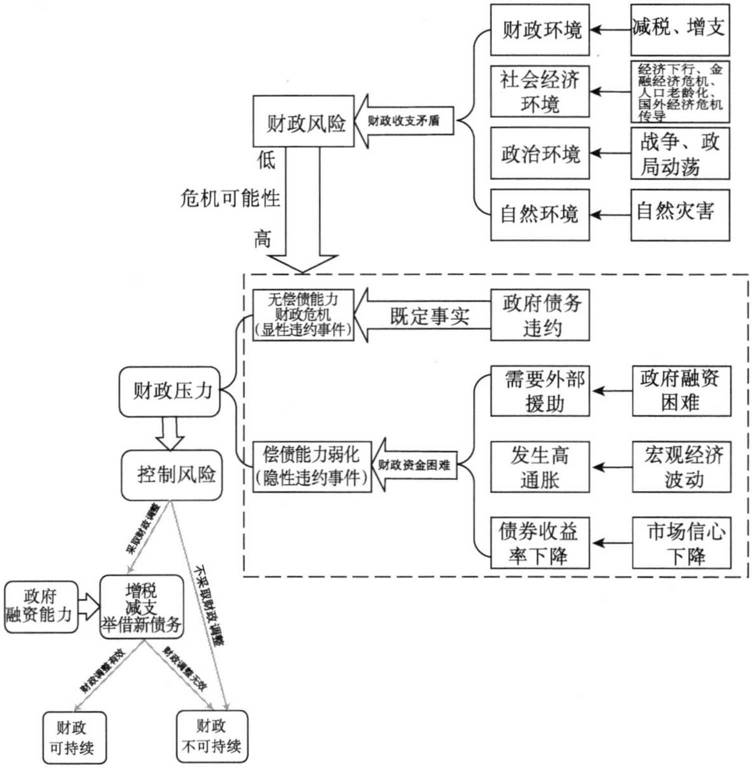

图 3-6　财政可持续与财政压力、财政风险、财政危机的关系

借贷、债券收益率下降等，形成政府的财政压力。当政府面对财政压力时，如果不及时采取财政调整措施，则会陷入财政不可持续的状态；如果政府采取了措施，但措施不得当，同样无法挽回不可持续的局面，只有当政府的措施能有效控制风险，才能保持财政的可持续性发展。

3.2.6　影响财政可持续性的因素

财政是经济大系统的重要组成部分，而且财政还承担着资源配置、收入分配、稳定与发展经济的基本职能，承载国家治理与经济发展的重任。另外，我国正处于在体制转轨的进程中，体制改革过程中可能中沉淀和积累下来的矛盾也较为集中在财政环节。因此，财政发展受到社会、经济、政治等各种环境因素的综合影响，要保持财政可持续性也要综合考虑这些相关因素。

政府的偿债能力取决于政府承受的财政压力程度、政府的融资能力及政府的政策执行能力，其中核心是政府融资能力，即不管债务风险有多大，只要政府保有融资能力，债务到期前能及时取得偿债资金，政府就不会陷入资金困境而面临违约风险，财政则可持续。因此本节主要从财政压力程度、政府融资能力和政府政策执行能力三个大方面来分析影响财政可持续性的因素。如图 3－7 所示。

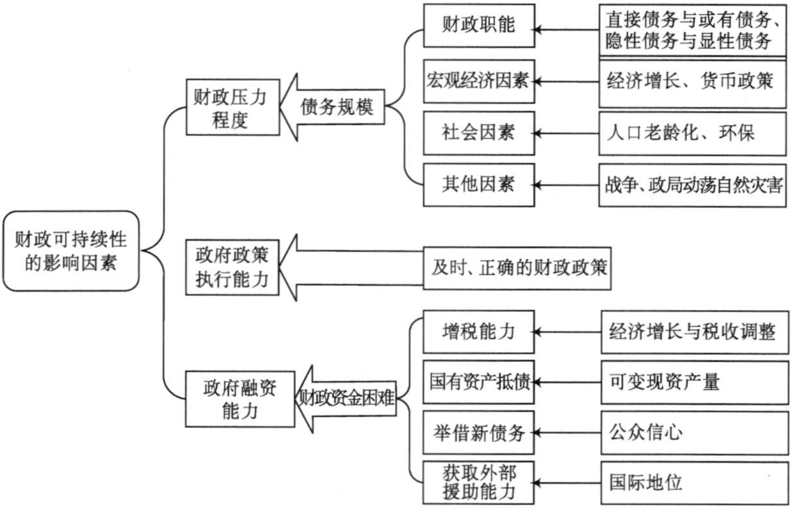

图 3－7　财政可持续的影响因素

(1) 财政压力程度

财政压力主要表现为政府债务规模累积带来的偿付压力，而债务规模大小取决财政本身职能、宏观经济环境、社会环境及其他因素的影响。

①财政职能是政府债务规模的直接决定因素。一国对本国政府财政职能的定位决定了政府的活动范围与财政收支范围，财政收支平衡状况是影响债务规模的直接因素。按 Hana Polackova Brixi 的债务（风险）矩阵，我国财政债务的直接负债与或有负债，隐性负债与显性负债也有其特定的内容，如表 3－2 所示。

表 3－2　　　　我国公债债务矩阵

	直接负债	或有负债
显性负债	1. 国债 2. 特别国债 3. 以国务陆军部委借入的主权外债 4. 欠发工资 5. 未弥补的政策性亏损（粮食亏损、棉花亏损、外贸亏损） 6. 地方政府债务	1. 其他公共部门（政策性银行、铁道部门等）发行的债券 2. 与国债投资配套的资金 3. 政策性银行的不良资产 4. 融资平台公司的不良资产与债务 5. 资产管理公司当年处置但未能收回的资产 6. 政府各部门为引资而担保的其他债务
隐性负债	1. 社会保障基金缺口 2. 国债投资项目资金缺口	1. 国有商业银行不良资产 2. 国有企业未弥补亏损 3. 农村合作基金不良资产 4. 资产管理公司留存不良资产 5. 拖欠企业在职职工、下岗职工和农民工的工资

资料来源：财政风险：从经济总量角度的分析［J］．管理世界，2005 (07)：31～39。

直接负债是政府出于政权机构的特定职能必须无条件承担的责任，如国债、粮食亏损都是政府在任何时候应当承担支付责任，或有负债只是在特定条件才需要政府承担支付责任，如政府为建设项目企业的担保贷款，只有在项目收益无法偿债债务时政府才承担连带的偿债责任。另外，由法律法规或其他契约形式而约定的政府负债，如欠发的工资、铁道部门债务①等是属于政府法定负债；没有合约约定但政府职能履行本身隐含的或迫于社会压力而政府要承担负债，如养老金缺口，属于政府的推定负债。发行国债往往是弥补财政赤字维持财政平衡、配合货币政策进行公开市场操作等财政经济职能作用的表现；向农村合作基金的会员和股东承担由于农村合作基金不良资产带来的损失，这是政府维护社会安定维持社会秩序的职能表现；对企业拖欠工资的职工进行补偿，对下岗职工进行安顿补助等财政支出也是出于政府的社会职责的表现；为招商引资而对企业进行贷款担保，之后因企业无法还贷而承担的偿债连带责任是政府发展经济维持金融稳定职责的表现等。

根据审计署对全国政府性债务摸底数据（见表 3－3），截至 2013 年 6 月底中央与地方政府政府负有的直接负债规模为 20 万亿元，或有负债中政府负有担保责任的债务近 3 万亿元，政府可

① 根据 2014 年 11 月发布的《中国铁路总公司 2014 年三季度审计报告》数据显示，截至 2014 年第三季度末，中国铁路总公司总负债合计 3.53 万亿元，总资产为 5.45 万亿元，负债率超过 64.77%。

能承担一定救助责任的债务为 6.7 万亿元[①]，2007 年以来各年度全国政府负有担保责任的债务和可能承担一定救助责任的债务当年偿还本金中，由财政资金实际偿还的比率最高分别为 19% 和 14%，可见或有负债还是有一定规模的，不容忽视。因此如果政府只履行直接负债中的显性偿债责任，而忽视养老金缺口导致退休人员无法按时足额领取养老金，或任由国有商业银行经营不善，对其不良资产及其对金融系统的破坏不采取补救措施，这些都会遭自社会公众不满情绪而承受巨大的政治压力；或对已承担担保贷款的企业在出现还贷困难时不及时履行还贷连带责任，并将贷款银行推入资金链条断裂的流动性危机中，对金融风险推波助澜，政府将失去市场的信任。可见或有负债与隐性负债也是政府职能的反映，同时政府债务责任的承担情况反过来也会影响政府其他职能的发挥与政权的稳定。

表 3-3　审计署发布的全国政府性债务规模情况表　单位：亿元

年度	政府层级	政府负有偿还责任的债务	政府或有债务	
			政府负有担保责任的债务	政府可能承担一定救助责任的债务
2012 年底	中央	94376.72	2835.71	21621.16
	地方	96281.87	24871.29	37705.16
	合计	190658.59	27707	59326.32

① 根据 2013 年 12 月 30 日发布的《全国政府性债务审计结果》公告释义，“政府负有偿还责任的债务是指需由财政资金偿还的债务，属政府债务；政府负有担保责任的债务是指由政府提供担保，当某个被担保人无力偿还时，政府需承担连带责任的债务；政府可能承担一定救助责任的债务是指政府不负有法律偿还责任，但当债务人出现偿债困难时，政府可能需给予一定救助的债务。后两类债务均应由债务人以自身收入偿还，正常情况下无须政府承担偿债责任，属政府或有债务。以上三类债务不能简单相加”。

续表

年度	政府层级	政府负有偿还责任的债务	政府或有债务	
			政府负有担保责任的债务	政府可能承担一定救助责任的债务
2013年6月底	中央	98129.48	2600.72	23110.84
	地方	108859.17	26655.77	43393.72
	合计	206988.65	29256.49	66504.56

资料来源：审计署于2013年12月30日发布的《全国政府性债务审计结果》公告。

因此可见，政府的职能范围越大，其要承担的支出责任越大，可能形成的债务规模就越大，对财政可持续性的影响也越大。

②宏观经济因素。财政始终是处于整个宏观经济环境中的，受到经济发展速度的影响。经济增长越快，经济建设需要的资金越多，政府可能承担支出规模越大，但同时政府能组织到的税收越多，越容易产生财政盈余而债务规模则不易扩大，政府的偿债压力减少。另一方面，当经济增长率大于政府债务利率增长时，政府债务利息的支付压力也越小，财政可持续性更强。

除此之外，财政系统与金融系统间联系紧密，财政风险会通过银行传导到金融系统而演变为金融风险；同样的，金融风险会通过市场利率影响市场预期，从而影响国债投资者市场信心，导致国债发行和其他政府债务举借受阻，加剧财政资金流动困难的财政风险，影响财政的可持续性。

③社会环境因素。社会环境错综复杂，对财政可持续性的影响因素也比较繁多，比较重要的是人口与环保两个因素。

人口因素主要是人口数量增长与老龄化两个方面的影响。一定规模的人口[①]是国家社会存在和发展的前提基础，人口问题是构成“可持续发展”问题的基础，也是影响财政可持续性的重要因素之一。

首先，人口数量的增长制约着财政运行状况：一方面，人口增长能带来劳动力的增加、劳动生产率的提高，将会促进经济生产的发展，国民收入的提高，从而带来财政收入的提高，有利于财政健康运行，而人口数量的不足则会导致社会劳动力的匮乏，经济发展受阻；另一方面，人口增长又会带来各类资源耗费的扩张，生态环境恶化，从而导致政府治理环境污染的财政支出需求增加，并且人口的增长加大就业压力，教育、健康卫生、养老保障、交通安全、住房等都备受考验，使得政府公共服务负担增重，不利于财政健康运行。

其次，人口老龄化是影响财政可持续最重要的因素，根据国家统计局2015年2月底发布的《2014年国民经济和社会发展统计公报》的数据显示，2014年我国65岁（及以上）人口为1.375亿，老年抚养比已达到13.7%，比上年提高了0.6%，另外全国老龄办预测，2050年我国老龄化水平将会达到在30%[②]，之后将在很长一段时间维持这一水平。我国的人口老龄化速度现阶段明显加快，老龄化成本将激增，经济和财政会因此承受巨大压力（余珊和周小林，2015）。一方面，人口老龄化会导致劳动力人口比重下降，劳动生产率降低，进而经济增长乏力，影响政府的财政收入（税收）的能力；另一方面，人口老龄化社会中退休人口比重提高，养老金支出增加，机关事业单位养老金缺口拉大，

① 按马克思的经典定义，“人口（population）是生活在一定社会生产方式、一定时间、一定地域，实现生命活动并构成社会生活主体”。

② 联合国的预测数据44%，详细数据见第7章。

此外，退休人员的医疗费用和包括长期护理成本（生活无法自理老人的护理）在内的卫生服务支出需求均大幅提高，财政支出压力大。可见人口老龄化导致未来财政收支矛盾激化，而老龄化又是不可扭转的必然趋势，对财政可持续性是一个巨大的考验。

环保因素是另一重要因素。我国于2015年1月1日起正式施行新《中华人民共和国环境保护法》，第一次将保护环境作为基本国策，可见政府推行环保的决心与信心。推行环保是防治污染和其他公害，保障公众健康，改善民生，推进生态文明建设，促进经济社会可持续发展的必要工作，但在环保推行的早期，政府必将承受相当的财政压力。环保的财政压力来自于两方面：环保要求的节能减排对一些传统工业性如电媒、造纸等产业影响较大，可能在短期影响工业增加值，导致税收减少；推行环保必然要求配套的污染治理成本，这就要求有相应的财政额外补贴（环保成本）[①]，财政支出压力增加，影响财政可持续性。

④其他因素。财政可持续发展又与政治体系密切相关，不同的政治体系决定着财政体制与不同级次政府间的财政关系，财权与事权不同的界定也决定着政府的支出与债务承担情况，从而影响财政可持续状况。另外，如果一国（地区）政局动荡或爆发战争，财政支出必然增加，政府债务规模急剧增加，而社会应债意愿下降，政府将会陷入偿付危机。因此政治因素是财政可持续性的影响因素之一。

另外，自然灾难等非人为不可抗力因素给社会带来巨大危害，政府出于社会职能与社会政治压力，都必须要有必要的财政救助，这种不可预期与不可控的干扰与冲击也会影响到财政可持

① 据马骏等人（2012）估计，从2014年开始，政府每年都必须以0.7% GDP的额外财政支出来治理污染，才能确保环境不会持续恶化。

续能力。

（2）政府的政策制定与执行能力

如果政府预期到未来长期财政压力将不断增加，可能会面临财政危机而陷入不可持续的境况，只要政府能及时地采取措施，进行财政调整与改革，政府将可能扭转局势，改善财政状况，但这成功与否与政府政策的制定与执行能力相关。

首先，政府要能够及早地对财政压力进行预判，并制定出相关的财政调整政策。公共选择理论中讨论了政府中政治家与官员的行为反映，作为政治人与经济人双重身份的政治家与官员都有各自的政治利益和经济利益诉求，加上“人”本身的非理性因素，导致政府决策在干预市场失灵过程中失效，出现政府失灵。当政府失灵时，政府无法及时预警到财政危机的到来，即便及时判断到财政风险增加，但是也无法制定出正确的应对政策，因而陷入财政不可持续。

其次，政府制定出的应对政策需要政府强大的执行能力。抛开前一点，政府在制定财政危机的财政政策与财政调整上没有出现政府失灵，但如果执行能力薄弱，政策推行不下去，政策效果将难以显现，无法增强政府偿债能力，财政还可能陷入不可持续。因此为避免财政危机而制定与调整财政政策不光是主观意识问题，还要客观的实践，这考验的是政府的政策执行能力。

（3）政府的融资能力

政府融资能力是决定政府偿债能力的最关键的因素，只要政府能及时获得资金，及时偿还债务（利息），不会陷入债务违约，财政将可持续。政府能否融资主要取决政府是否能增加税收、是否有足够的国资抵债、是否顺利举借新债以及是否获得外部援助。

①增税。税收是政府最主要的收入来源，税收是否增加取决于经济的增长能力与政府征税能力。生产力发展，宏观经济增

长，企业与国民收入增加，这是税收增长最主要的动力因素。政府的征税能力一方面取决于政府能否通过合理的税收政策的调整，扩大征税权，获得新的税源，扩大税基，增加税收；另一方面取决于税务机关的征管能力。如果政府在面临未来财政风险加大境况时，能及时地进行宏观经济调整，促进经济增长，配合以合理的税收政策调整，严格税收稽核与征管，则税收将增加，政府的偿债能力将增强。不过，经济增长与税收政策调整都不是短期内能实现的，在财政危机逼近，短期财政将不可持续之时，增税是不现实的，因此只能适用于未来长期的财政可持续发展中。

②出售可变现国有资产以抵债。从资产负债角度来看，政府债务风险不能就债务而论债务，必须要和其清偿的资源联系起来。理论上，只要政府有足够的政府公共资源（资产存量与收入流量，上文已讨论了收入问题，这里主要讨论资产问题）作为债务的保证，在必要的时候出售资产，将其变现，可以增强政府偿债能力，抵消政府债务。在 2009 年欧债危机中，多个国家的债务负担率飞速上涨，为了化解债务，希腊、比利时、意大利、英国、法国、美国等多个国家都采取了出售国有资产的方法，帮助政府融资①。但实际上，出售政府资产只是增强政府融

① 债务问题最早曝光的希腊在 2010 年出售铁路公司下属 TRAINOSE 的 49% 股份、雅典水务公司 10% 股份、萨诺尼卡水务公司 23% 股份及希腊邮政 39% 股份，以获取 10 亿欧元的还债资金。比利时出售其持有的 BNP Parisbas Fortis 银行 25% 的股权，价格为 32.5 亿欧元。意大利政府在降低公共债务的选择中，考虑出售国有房地产企业。2014 年 7 月法国政府出售政府手中约合 1000 亿欧元的企业股份（但保证出售部分企业的股份不会影响政府在战略型企业中的决定性地位）。2011 年美国财政部向投资者出售政府在金融危机期间获得的大量抵押贷款担保证券及其部分非军用房产。2009 年，英国政府出售包括部分学生贷款、国有博彩机构 Tote、政府所持核燃料 URENCO 公司股份以及政府所持英吉利海峡隧道连接铁路和达特福大桥股份等价值 160 亿英镑的多项国有资产和房地产把巨额债务削减（但政府不允许大规模出售或减价出售资产）。

资能力的方法之一，且不能作为主要依靠的方法。

首先，目前我国尚未摸清政府资产规模，偿债资源不确定。我国目前尚没有官方编制的“政府资产负债表”①，也没有对政府资产类别与规模的权威统计。家底未摸清前出售政府资产，容易导致国有资产的流失，因此出售政府资产目前也只能是临时救急举措，解燃眉之急，非长久之计。

其次，有足够的政府资产与政府债务对应并不意味着这些资产就能用于抵债，能出售的只能是其中可流动变现的一部分。和微观主体抵押贷款一样的道理，债务人当无法还贷时，银行将拍卖转让抵押资产偿清贷款，但前提是银行在放贷前确定抵押物的价值与变现性。同样的，出售政府资产以抵债的前提是这些资产是可变现且易变现的资产。政府职能履行必需的公共行政与事务的资产是不能变现的；国有经营性资产是隶属于国家经济命脉、国家安全的大型企业，尤其是金融行业的国有资产，其出售决策将关系到金融和经济稳定；另外，要非常谨慎地出售在全国产业规划发展中有战略性地位的企业股份，要保证不能影响政府在战略型企业中的决定性地位。综上，以上几类大型国有企业的出售是受限的，更可行的是出售非金融行业的中小国有企业。

再次，计算出售国有资产市场价值是很困难的，它不同于账面价值的统计数据，而且国有资产（国有企业）自身还存在负债。在国有企业自身改制重组转让时，可将其资产变现的资金用于偿付企业自身的负债，但是政府为抵债务而出售转让国有企业，是在变现资金偿债自身债务后再为政府债务偿债，这样政府

① 马骏博士、李扬博士、曹远征博士三位学者各自带领科研团队在 2012 年发布了各自编制的“政府资产负债表”作为一种学术上的尝试，一些地方政府近年来尝试在编制，但是官方尚未正式推出。

可用于偿债资金也是低于其账面价值的。另外，国资市场价格总是随行就市的，随时面临着市场风险。如俄罗斯的矿产资源存量丰富，矿产储量是全球总量的 21%，其总价值是该国 GDP 总量的几十倍，但在 1998 年由于国际大宗商品价格狂跌，经济受损而财政收入下降，资产不仅没能帮助俄罗斯偿付债务，反而使经常项目由盈余状态变为赤字状态，最终外债和内债均违约，而像南美的委内瑞拉、巴西，非洲的尼日利亚、苏丹、南非、安哥拉等资源产地国都曾发生过类似的债务危机。

最后，出售政府资产还要考虑这种行为对于公众会有什么样的心理影响，如出售规模过大，或者出售黄金储备等会引起民众的恐惧与丧失信心，进一步将政府推入融资困境。

另外，出售国有资产在短期内难以实现，因为出售要经历在市场上和需求方多次的磋商、进行市场价值核实、资产交接等众多烦琐事宜，实际操作战线较长。

③举借新债务。当政府无法通过增加税收融资时，举借新债务偿还旧债务是各国常用且高效的一种方法。如前文所述，政府举借新债务能否成功取决于社会的应债能力与应债意愿，即公众有没有钱和愿不愿把钱借给政府。

除此外，融资利率是影响政府发行新债务的重要因素。融资利率，则高债权人的收益率高，对债权人有利，能吸引资金投入，债券市场活跃性高，发行债务成功率越高；但是利率高则到期支付的利息增加，政府的融资成本也相应提高，增加后期债务量和偿付难度，相当于用高利率将当期支付困难推迟到后期。融资利率低，政府的融资成本低，利息支付可控，新增债务风险可控，不会陷入新的支付危机，但低利率降低了公众债券收益，影响公众应债意愿，债务发行困难。对于政府来说，以低利率吸引公众持债是最理想的状况，因为融资成本可控且能顺利融资，如日本在长期处于净资产为负而净负债规模巨大（2008 年年底为 2.9 万亿美元）的情况下，日本国内银行和公众都愿意持有利率超低的日本政府债券，因此日本政府始终能通过举新债还旧债，没有出现偿付危机。

④获取外部援助。增税、出售国有资产和举借新债务都是政府的一种内源融资方式，政府也可以通过外源融资方式增加偿债资金，一国政府的外源融资包括发行外债和向国际组织、机构获取外部援助等。发行外债除了国际债券市场的经济因素外还要受到政治因素的影响，而向世界银行、IMF、联合国等国际组织和其他国家获取外部援助与本国的经济发展水平、经济稳定性、国际地位、偿债信用及国际组织援助计划等因素相关。一国经济发展水平越高，经济越稳定，国际地位越高，偿债信用越高，则越容易受到援助方的信任，容易获得相关的援助贷款。援助贷款的批准及规模还与国际组织本身的援助项目计划相关（项目计划的目的、实际区域等），包括同一援助项目计划，对发达国家与发展中国家、不发达国家的援助规模都可能存在较大的差异。

第4章

财政可持续评估的国际经验与借鉴

2008 年以来，发达国不同程度上受到次贷危机的影响，经济上行压力大甚至出现经济停滞增长，而欧洲部分国家又陆续陷入债务危机，各国逐渐意识到未来财政将面临的巨大挑战，思考财政可持续与否的问题。同时，部分国家（尤其是发达国家）、经济体（如欧盟）、国际组织（如世界银行，OECD）等都以政府（或受政府之托的第三方独立机构）的名义撰写并公开发布了关于“财政可持续性”（或“债务可持续性”）报告。这些报告中，有的是一份独立报告如英国、中国香港、德国、加拿大、瑞士等，有的是其财政或经济运行综合报告或某专题报告中的一个部分，如澳大利亚、荷兰等。不管形式上是独立报告的还是附属于主体报告的一个子报告，都凸显出各国

(地区)、经济体及国际组织对这个问题的重视程度。本章将主要介绍中国香港、英国、德国、美国、加拿大共5国(地区)[①]官方对该国(地区)财政可持续性的评估，从财政可持续性评估机构、财政可持续性含义界定及评估方法、财政可持续性评估结论及对策建议(可得的最新情况)三个方面介绍这些国家(地区)官方对其财政可持续性评估的经验，并结合这些国家(地区)经济财政发展的特点，总结归纳财政可持续性分析方法的共性特征，提炼出对建立评估我国财政可持续性体系的启示。但要注意的是，从各国发布的报告包括前文所述的众多文献来看，目前对于“财政可持续性”的概念及分析方法都存在较大差异，而且各国由于数据来源及统计方式[②]的差异，这给本章的跨国国际比较分析设置了较大的障碍，一定程度上影响了经验借鉴等的全面性和准确性。

4.1 中国香港特别行政区[③]

中国香港特别行政区是一个典型的小型、开放经济体，具有容易受到外界环境影响的特点，自1997年回归中国以来，经济

① 这里所选的国家和地区都有一定的代表性和一定的意义。中国香港是所选国家(地区)中最后发布报告的地区(2014年3月发布第一期)，而且也是中国特别行政区，和中国大陆的经济、财政有千丝万缕的联系，其对财政可持续性的评估有一定的借鉴性。英国是其中唯一的单一制国家，其他联邦制国家中，美国的评估方法比较特别，德国联邦政府与地方政府的关系与美国差别较大，且债务状况相对较好，瑞士目前财政状况较好。由于篇幅原因，澳大利亚、瑞士、荷兰等的情况没有详细介绍，但也放在国际比较表格中，见表4-10中各国在财政可持续评估中的比较。

② 很多数据来源于该国的“国家资产负债表”，而各国报表的编制的形式体例差别大，所涉及的内容差异也大，所以披露的数据计算方式存在差别。

③ 本节的内容主要来源于中国香港长远财政计划小组在2014年3月发布的《中国香港长远财政计划报告》。

发展良好，财政收入不断增长。中国香港政府财政以“收支平衡”为基本目标①，在 1997～2014 年跨度的 17 个财政年度②仅有 5 个财政年度出现财政赤字现象③，其他年度均保持财政基本平衡或盈余。尤其是 2004～2005 年度以来，中国香港政府多年饱有财政盈余，其中 2007～2008 财政年度盈余达到 1236 亿港元，且财政开支与 GDP 基本保持同水平速度增长。另一方面，中国香港政府的财政储备④达到 7500 亿港元左右，相当于 21 个月的政府开支水平，处于历史中间水平。从中国香港政府财政综合情况的基本面上来看，其财政状况基本稳健，似乎没有财政不可持续的担忧。

但是从动态变化水平来看，中国香港政府收入增长乏力，而支出增长迅速，总体财政状况不容乐观的。自 2011～2012 年度以来，中国香港政府财政盈余已经逐年下滑。从收入来看，由于中国香港政府收入主要依靠直接税（如利得税、薪俸税）及地价收入，收入来源比较单一且易经济波动影响，因此财政增长的空间狭窄。从支出角度，中国香港政府财政经常支出中 70% 是社障支出、行政管理支出（含政府及相关机构的人员经费及机构运行费），压缩这类支出现实操作难度较大，尤其在经济逆行期。根据政府财政预算案，在 2013～2014、2014～2015 年度财政预算盈余将会下降至 120 亿港元和 91 亿港元，且将会延续财

① 中国香港政府《基本法》第 107 条规定：中国香港特别行政区的财政预算以量入为出为原则，力求收支平衡，避免赤字，并与本地生产总值的增长率相适应。

② 由于中国香港曾经是英属殖民地，其财政年度也和英国一样为每年 4 月 1 日至次年 3 月 31 日为一个完整的财政年度。

③ 由于受到东南亚金融危机影响，中国香港经济在 1998 年出现下滑，财政状况较之前恶化，在 1998～1999、2000～2001、2001～2002、2002～2003、2003～2004，5 个财政年度均出现财政赤字，其中 2001～2002 财政年度赤字规模最大为 633 亿港元，2000～2001 财政年度财政赤字规模最小为 78 亿港元。

④ 这里的财政储备指的是政府的现金结余，可用作政府投资。

政开支增长水平高于财政收入增长水平的局面。另一方面，中国香港社会面临着严重的老龄化的社会变革冲击。65 岁以上人口在总人口中的占比在 2012 年已达到 13.7%，根据预测，这个比例在 30 年后的 2041 年将会达到 30.2%，这意味着工作人口比例下降，劳动力的萎缩会让整体经济变缓，而财政状况面临长期挑战。

在这种局面下，中国香港特别行政区政府开始重视制定中国香港长远财政的计划，并着手撰写财政可持续性报告。

4.1.1 财政可持续性评估机构

中国香港特别行政区财政可持续性状况的评估工作由“长远财政计划工作小组”承担。“长远财政计划工作小组”是于 2013 年 6 月成立的附属于财经事务及库务局的一个政府部门，它的主要任务是推算基于现行财政政策及未来人口迅速老龄化（预测）背景下政府未来若干年（30 年）公共财政支出、收入的变化情况，审视其他经济体应对未来公共财政挑战采取的行动，并提出政府应采取的措施，即为政府面临的长远财政挑战做预测与规划。

该工作小组虽隶属于财经事务及库务局，但其小组成员①是由政府官员和非政府官员共同组成。该工作小组成员中，政府官员委员来自财经事务及库务局、政府经济顾问，而非官方委员来自高校科研机构、保险公司、会计师事务所。这样的成员结构囊括了官员、学者、专家等不同社会角色的高级知识精英，这群拥

① 第一届（即现任）小组成员共 10 人，工作小组主席由财经事务及库务局常任秘书长稿曼怡担任，其他有 3 名官方委员，分别是库务署署长、政府经济顾问，财经事务及库务局副秘书长，非官员委员包括中国香港中文大学“全球经济及金融研究所”教授、中国香港科技大学“经济学发展研究中心”教授、友邦保险控股公司“集团策略及企业发展”总监、毕马威（前）合伙人、罗兵咸永道高级顾问共 5 人，秘书由财经事务及库务局首席助理秘书长担任。

有着政府管理、经济学、会计财务实务、精算实务等专业知识及丰富经验的智库团体能在一定程度上确保对中国香港长远财政做出理性分析和预测，增强报告的说服力及执行力。

4.1.2 财政可持续性含义的界定及评估方法

(1) 含义界定

贯穿长远财政计划小组发布的“长远财政计划报告”（实质就是中国香港公共财政可持续性报告）的基本理念是：“只有当长期的经济发展、政府收入及政府支出三个项目的增长速度相适应时，公共财政才得以均衡地持续发展”，这也正是《基本法》第 107 条所规定的财政“力求收支平衡，并与本地生产总值的增长率相适应”的内涵，事实上近 40 多年来中国香港历届财政司制订财政预算所遵守的基本原则。因此可见，中国香港政府所认定的“财政可持续性”是指 GDP 增长率、财政收入增长率、财政支出增长率三者的匹配，特别强调公共财政支出增长率不能超过财政收入增长率或 GDP 增长率。

(2) 评估方法

基于以上中国香港官方对“财政可持续性”的含义界定，评估公共财政是否可持续性关键在于比较 GDP 增长率、财政收入、财政支出 3 个值在未来若干年期间的大小关系。因此该报告中对财政可持续性的分析分为三个步骤：第一步分别推算从当前到 2041 年中国香港政府（约 30 年）的经济增长（GDP 增长率）、财政收入与财政支出 3 个主要变量的值；第二步，在前一步推算值的基础上，比较分析 3 个变量的关系，预测公共财政的前景，做出财政是否可持续性的判断；第三步，针对前一步做出的财政可持续否的结论及对未来公共财政前景的判断，对政府的下一步作为提出对策建议。其方法体系可总结为图 4－1。

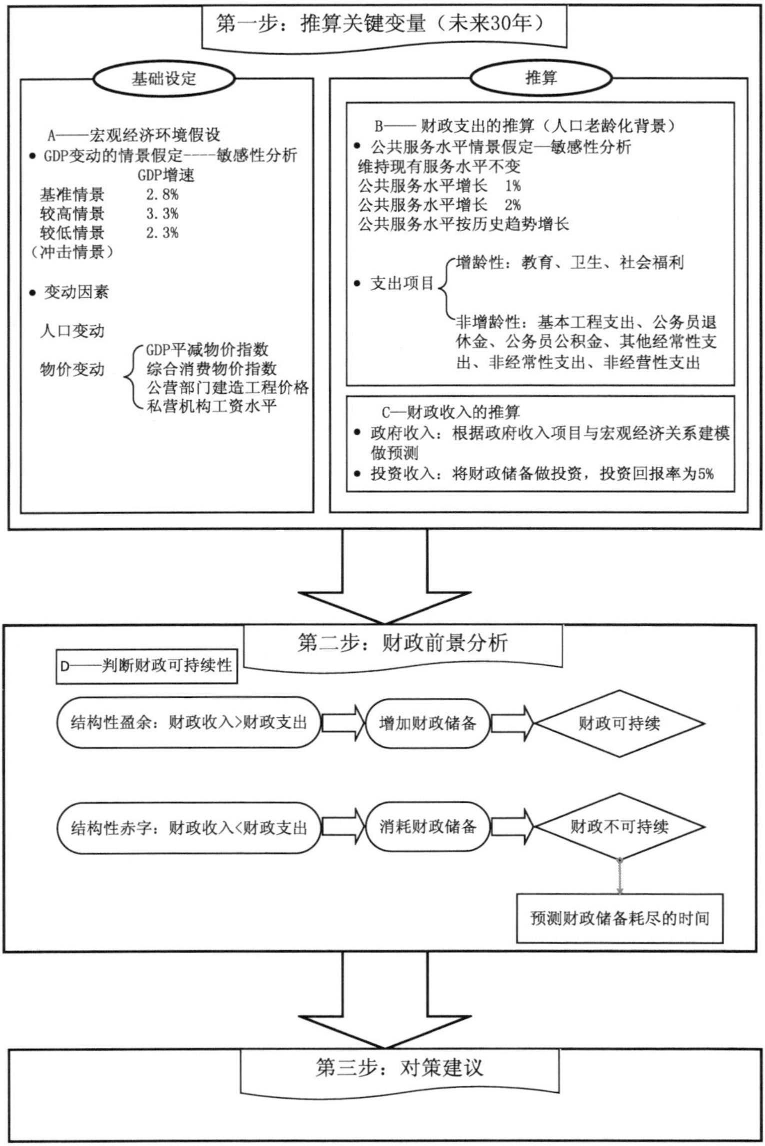

图 4－1　中国香港“公共财政可持续性”评估步骤

A——宏观经济假设：

对 GDP 增长率、财政收入、财政支出 3 个变量的预测首先是建立在对未来宏观经济假设前提下的。其假设条件主要包括人口变动、GDP 增长和物价变动。人口变动是在假定现行人口政策不变的情况下，预测人口老龄化下劳动力的变化情况，以分析其对经济发展的影响。GDP 的增长是在假定每年逐步放缓的基调上进行敏感性分析，将 GDP 增长的估测分为基准情景、较高情景、较低情景 3 种，在这 3 种不同情景下，GDP 增长率被分别假定为 2.8%、3.3%（2019 年以后）和 2.3%，另外还考虑到了如果 2015 年起 5 年间经济受到严重外来冲击可能出现经济急速下滑的冲击情景。对物价变动的假定所涉及的价格指数包括 GDP 平减物价指数、综合消费物价指数、公营部门建造工程价格、私营机构工资等。

B——财政支出的推算：

考虑到冲击财政可持续性最大的因素——人口老龄化问题，所推算的未来公共财政支出分为两个部分：一个部分是增龄性支出，即非常容易受到人口变化影响的支出项目，包括教育支出、社会福利支出、卫生支出；另一部分是增龄性相对较弱或无关（后文简称为“非增龄性”，但并非完全否定其与人口年龄结构的关系）的公共支出项目，主要包括基本工程支出、公务员退休金、公务员公积金/强制性公积金贷款、其他经常性支出、非经常性支出和非经营性支出。另外对政府所提供的公共服务水平做了敏感性分析，将所提供的公共服务水平的变动分为维持现有公共服务水平不变、公共服务水平年增长 1%、公共服务水平年增长 2%、公共服务水平按历史趋势增长四种情景，结合前面宏观经济基础面的假设分别推算在这四种情景下的各类支出及其变化情况。

C——财政收入的推算：

公共收入的推算分为对政府收入与政府投资收入两部分的推算。政府收入采用计量经济模型通过对以前主要收入项目与宏观济周期的关系来预测；而政府投资收入则是通过假设财政储备平均余额按每年5%的投资回报率来计算的。

D——判断财政可持续性：

在A设定的各种情景及公共服务水平基础上，根据未来30年财政收入、支出推算值，比较财政平衡状况。如果未来财政收入大于财政支出，财政呈现结构性盈余，收多于支的部分形成财政储备，财政处于可持续状态；相反，如果财政收入小于财政支出，则是结构性赤字，会消耗财政储备，财政处于不可持续状态。同时根据未来财政支出水平，测算财政储备全部耗尽的时间，以推测在什么时候会进入财政不可持续状态。

4.1.3 财政可持续性分析的结论及对策措施

根据以上步骤的估算，预测在GDP按2.8%的增长速度及现有服务水平不变的情况下，只考虑人口和物价两个因素的变动，从2029～2030财政年度开始，中国香港政府会持续地出现财政结构性赤字，收不抵支，到2041～2042财政年度赤字规模将达到2710亿港元；而一旦服务水平还在增长，这种非因经济周期循环因素而是由于政府收支失衡导致的结构性赤字将会提前出现，而且其规模将会相当严重。如图4－2所示。

长远财政计划小组对此分析认为，如果中国香港特别行政区政府还不断增加财政支出，使其增长速度快于财政收入增长或经济增长速度，则公共财政不可持续，因此，中国香港政府为降低结构性赤字风险的可能性或推迟结构性赤字风险的发生，必须重视政府长远的负担能力和保持财政可持续性，着手加强财政纪

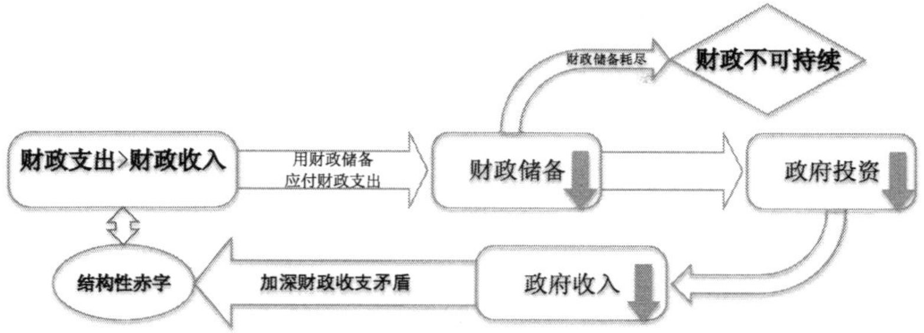

图 4－2　结构性赤字恶性循环陷阱图

律，提前做好财政整顿的准备。

面对严重的预期结构性赤字问题，长远财政计划小组提出其最根本的解决方法是要继续推动中国香港经济增长，控制政府支出增速，保障收入的增长，即回归到“财政支出增长（在可考察的中长期内）不能超过经济增长速度”的轨道上来，因此该工作小组建议政府应该采取的具体措施包括：

第一，严格控制支出增长，在每个财政年度之前制定财政预算时应从考虑未来财政负担能力而设定该财政年度预算总支出的上限，继续执行“公共支出占 GDP 20%”的准则。首先，要削减现有服务；其次，加强对支出项目的审核，对于支出较大的部门要全面审视支出情况[①]；最后，政府要厉行节约，保证公务机构要精简高效等。

第二，在保持稳定的收入基础上扩宽收入来源。首先，维持“财政收入占 GDP 20%”的准则，确保财政收入与 GDP 同步增长；其次，优化税制和税收结构，重视间接税的筹资能力，增强税收能力，避免过多依赖直接税及地价收入，缓解未来财政压

① 该报告还建议涉及 1 亿港元及以上重大经常支出项目，要从负担能力、成本效益和衡工量值三个方面来评估财政可持续性。

力；最后，实行“收回成本”“用者自付”和“污染者自付”的原则，调整税收以外的其他收入来源，拓宽组织财政收入的渠道，即可考虑增加收费项目。

第三，设立储蓄计划作为财政储备之外的储备基金，可将土地基金及财政盈余划入这块储备基金以防不备之时支出，平时则用以投资增加政府收入。

第四，分开处理经营账目与非经营账目，以两者均达到收支平衡为目标。

第五，厘清财政储备的涵盖范围①，尤其是土地基金结余、基本工程储备基金、创新及科技基金、贷款基金和奖券基金等基金，并向公众公布并解释其用途；

第六，加强政府资产管理②，特别是政府企业的经营管理，适时可变现政府资产或实现资产证券化；

第七，改进并完善房屋委员会③的经营模式，维持其财政稳健。

① 中国香港政府的财政储备账目包括土地基金和具有指定用途的基金。截至2014年3月31日，财政储备共7459亿港元，其中土地基金有2197亿港元，具有指定用途的基金有1319亿港元，后者的基金项目包括基本工程储备基金、资本投资基金、公务员退休金储备基金、赈灾基金、创新及科技基金、贷款基金、奖券基金7项。

② 中国香港政府的资产主要包括在中国香港铁路有限公司、机场管理局，国际主题乐园有限公司等政府企业的投资、收费隧道和政府楼宇等固定资产，相对中国大陆而言，项目少而简单，在管理上有其优势。

③ 中国香港房屋委员会是1973年4月成立的一个法定组织，主要负责制定、推行公屋计划，为低收入家庭解决住房问题，是政府改善社会福利的辅助机构。事实上，房屋委员会的收支并没有计入政府的财政收支，但是房屋委员会推行的公屋计划项目通常很受政府的重视并会被优先安排处理，因此房屋计划的支出承诺对政府财政有实质性的影响。

4.2　英国[①]

英国是世界上实行单一制财政管理体制的典型国家，体现出中央高度集权化的特征，即财政收入主要集中在中央，中央政府通过财政转移支付补助地方政府，而地方政府也能在中央允许的事权范围内行使权力。英国也是欧债危机的重灾区，曾经在2010 年年初受英磅暴跌的影响，财政赤字飙升，政府债务规模迅速扩大。在 2013 ~ 2014 财政年度，英国债务负担率达到76.1%，也达到历史较高水平，而且这个水平还会持续上涨，财政的可持续发展受到挑战。

4.2.1　财政可持续性评估机构

在英国，评估本国公共财政可持续性情况的机构是“预算责任办公室”（Office for Budget Responsibilit，OBR）。OBR 于2010 年 5 月成立，是独立于政府的一个机构，其主要任务之一就是监测本国公共财政的可持续性，并形成相关报告。在 OBR成立之前，财政状况的预测与展望都是由财政部制定的。这种做法的客观合理性受到质疑，因为它容易受到政治因素的影响，如财政部门官员包括更高级次的官员出于仕途考虑，在临近大选的政治周期更倾向于做出有利于美化经济前景、淡化财政危机的预测，从而扭曲了财政预算案的准确性。而 OBR 是以政府之外的

① 本部分的内容主要是参考英国预算责任办公室在每年 7 月左右发布的“财政可持续性报告”（Fiscal sustainability report），可在 https：//www. gov. uk/government/publications 上获取相关报告。

第三方人身份监督英国政府财政开支计划与税收征管情况，督促政府削减赤字，确保其向国会呈交的“公共财政可持续性分析报告”（Fiscal Sustainability Report）[①] 中对公共财政状况分析的独立性和权威性。

预算责任办公室自从 2011 年 7 月发布第一期“财政可持续性分析报告”以后，每个财政年度[②]都会发布一份报告，到目前已公开了 4 期报告，且其评估方法也在不断地完善。

4.2.2 财政可持续性含义的界定及评估方法

（1）含义的界定

OBR 认为如果公共部门从日益增长的国民收入中取得的财政收入仅仅能够支付所积累的债务利息（无法偿付债务的本金，从而陷入“庞氏骗局”），则这种财政状况被称为是一般意义上的“财政不可持续”。

（2）评估方法

OBR 对财政可持续性的评估是从时间维度入手的，即将政府活动按分析时刻划分过去的政府活动与未来的政府活动，分别采取了存量分析与流量分析[③]两种方法。

将政府活动划分为过去的和未来的，主要原因是这两个时间

① “预算责任与国家审计法案（2011）”（Budget Responsibility and National Audit Act 2011）规定了预算责任办公室的基本职责，要求其每年财政年度都要对财政和经济做出预测（为做预算提供依据），评估财政状态、分析公共财政可持续性状况，并且必须形成相关年度报告呈交给国会。

② 英国的财政年度与英国议会活动周期有联系，实行的是跨年制，即从 4 月 1 日起至第二年 3 月 31 日止为一个财政年度。

③ 流量分析和存量分析是现代西方经济学常用的一种分析方法。流量分析是对一定时期内相关经济变量的变动及对其他变量的影响进行的分析；存量分析是对一定时点上已存在的经济总量的数据和其他经济变量的影响进行的分析。

维度的政府活动的财政收支是不一样的。其中政府过去活动的收支所积累的（有形的和金融的）资产和负债，主要反映在公共部门的资产负债表上，当然，政府过去的活动也会产生未来的资金流动和或有负债（贷款担保之类的）等。政府未来的活动产生未来的财政支出（一部分是资产投资，大部分是公共服务支出及转移支付）和财政收入（主要是税收[①]），这些活动的潜在财政影响实际是预测未来 50 年所有财政支出、财政收入及重要的金融活动（如提供助学贷款）等。

这里的存量包括已存在的资产与负债，加上预期未来财政收支的现值；而流量是未来财政收入与财政支出，同时包括现存的资产与负债所产生的未来财政收支。其中存量分析主要是建立在公共部门的资产负债表基础上，它能反映在过去任何时点上政府的活动结果，它仅限于过去，并不能包括未来的，但是对财政可持续性的分析更强调未来的流量。对财政收支流量分析的另一个优势在于它有提供更多的潜在政策指导：如保持可持续性在于增收/减支而不是出售资产或直接减少负债。存量分析的资产负债表能提供政府过去活动合理可靠的资产负债估计值，但它们是不完整的，因为它并不考虑未来活动。然而流量分析对未来预测又有太多的不确定性。因此，在存量与流量的分析中，需要在完整性与确定性做一个权衡。

如图 4－3 所示，实际上，对政府过去活动的财政影响的分析就是运用存量分析法，而对政府未来活动的潜在财政影响分析就是运用的流量分析法。

① 鉴于税收对财政的重要性，OBR 专门对税收做了长期可持续性的预测，尤其是一些特别的税收，如对运输税、石油、与天然气收入等进行了新的展望估测。

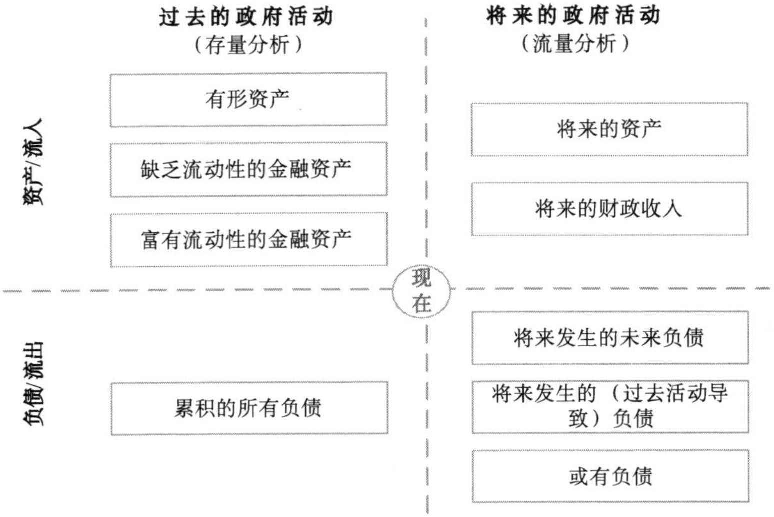

图 4－3　政府过去活动与将来活动的存量与流量

①分析过去政府活动的财政影响。OBR 用资产负债表来审视政府过去的活动，资产负债表包括两种，一种是国家账户（National Account，NA）①，一种是政府账户（Whole of Government Account，WGA）②。但是 NA 的资产负债表只有反映出过去政府活动的影响，无法显示将来政府活动产生的财政支出的现值，如卫生、教育、退休金等国家要承担支出责任。WGA 是用商业审计的规则来计算的，它会部分反映政府过去的活动在将来会带来的负债，如政府部门人员的退休金。

“公共部门净债务”（Public Sector Net Debt，“PSND”）是公共部门负债与流动性金融资产的差额（这里的资产是易变现出售的资产），是衡量财政健康度的关键指标。“公共部门净财富”

① 国家账户是由英国国家统计局（Office for National Statistics）制定的。

② WGA 在英国已经连续发布了 4 个年度。

(Public Sector Net Wealth，“PSNW”) 包括了公共部门负债减去所有的固定资产和金融资产（含流动性和非流动性金融资产），范围更宽泛，但是因为涉及估价，所以使用起来不方便。当然它也没有包括将来会征收的税收。这都意味着对于在 PSND 与 WGA 资产负债表中显示的负债大于资产的结果也不能过分夸大。

②分析将来政府活动的财政影响。对于将来政府活动的分析主要两个步骤，第一步是推算相关变量在将来较长时期的值及其变动情况，第二步则是用“财政缺口”的方法来评估财政可持续性。

第一步，OBR 在“政策不变”的假定①下，通过推算长期的财政收入、财政支出、金融交易来估测将来政府活动的潜在财政影响（即将来政府活动的流量）。在长期值的预测上采取“先细节后总体”的准则，对财政各项支出项目及收入项目在 GDP 中的比重进行预测②，再加总各支出项目、收入项目分别汇总为财政支出与收入，再加上预测的将来金融交易（financial transaction）。其中前 5 年（中期）的预测主要来自于“经济与财政展望”(Economic and Fiscal Outlook，EFO)。但是长期预测则与 EFO 的预测是不同的，因为要会根据人口的变化和其他因素计算 PSND，而不是预测将会发生什么事情。在支出方面，也会考虑非人口因素引起的支出变化和长期收入流的影响。

① 假定政府政策十年不变是不太现实的，但是在无法确定未来长期政策的情况下，以“不变政策”为前提假定又是必要的。

② 根据英国官方发布的“经济与财政展望”(Economic and Fiscal Outlook)，最近一期发布是在 2014 年 3 月。

OBR 设定的“不变政策”[①] 是假定 2018～2019 财政年度[②]以后政策不变，各种财政支出在 2015～2016 财政年度以后都按比例下降，增龄性的支出项目如卫生支出与教育支出（在 GDP 中的比重）在 2015～2016 至 2018～2019 财政年度会分别减少 1.1% 和 0.7%。OBR 也做了另一种假定，即在这三个财政年度卫生支出与教育支出在 GDP 的比例是固定，其他的财政支出（在 GDP 中的比重）则下降 1.9%。收入方面主要考虑石油和天然气收入、运输税等的影响。宏观经济假设：假定 GDP 按平均 2.2% 的速度增长（与平均利率持平），CPI 通膨率为 2.0%（英格兰银行设定的通膨目标），GDP 平减物价指数为 2.2%。英国在 2019～2020 财政年度以后各主要收支项目长期政策预测与假定如表 4－1 所示。

表 4－1 英国在 2019～2020 财政年度以后各主要收支项目长期政策预测与假定

收支项目	长期的政策预测假定
税收	从 2019～2020 财政年度起，直接税与间接税与收入成正比
支出项目	从 2019～2020 财政年度起，支出与名义 GDP 增长成正比
退休人员福利	退休年龄：到 2018 年 11 月退休年龄提高到 65 岁，2020 年 10 月将提高到 66 岁，2026～2028 年将会提高到 67 岁。
其他福利（在岗工作人员）	从 2019～2020 财政年度起，所有在岗工作人员的福利与收入成正比
学生贷款	从 2019～2020 财政年度起，贷款额度与收入成正比；贷款利率维持不变
公共服务养老金	继续之前的改革政策：将该项养老金的覆盖面再增加 3.2 个百分点，并剔除掉 CPI 的变动因素。

① 政府政策很少在长期是非常明确的，如果将中期的政策认定为是 50 年及更长期的政策是非常不现实的。

② 因为 2015～2016 财政年度的支出计划现在已有预算案，是可知的。

人口变动是财政面临长期压力的主要因素。由于平均寿命延长、相对低水平的出生率、战后“婴儿潮”一代人的退休等原因，英国也会在接下来的几十年面临人口老龄化问题。OBR 使用的人口预测数值主要来源于国家统计局（Office for National Statistics，“ONS”）每两年对英国人口做的预测。OBR 的“财政可持续性报告 2014”是以 2012 年人口数量为基期，采用敏感性分析方法来设定不同的人口变动率。

第二步，用“财政缺口”来评估财政可持续性。

“财政缺口”（Fiscal Gap）是指为在特定的时间达到债务负担率目标值而要在财政收支上做的调整程度①。如果该值为正，则说明存在财政缺口，财政不可持续，需要通过财政调整（整顿）来回到可持续的轨道上来；如果该值为负，则财政是可持续的②。OBR 用“财政缺口”来判断财政的可持续性否③，并根据此值计算要确保国债负担率（债务余额/GDP）在将来特定的时期达到一个特定的水平所需要的“财政立即调整（immediate adjustment）”和“财政永久调整（permanent adjustment）”的力度。

① “财政缺口”分析方法的最大优势在于它非常直观，而且其含义是容易解释的。如《马斯特里赫特条约》（下文简称《马约》）里对欧盟国家债务的规定要求每个成员国的债务负担率不得高于 60%，即可认为欧盟在《马约》中将 60% 约定为债务负担率目标值，从而非常直观地判断成员国的债务风险。但是各个国家地区官方、学者对于最优债务率水平却没有达成共识，同时对于一国（地区）公共财政脱离该轨道后应该多快回到该指定水平上也没有一个一致的说法，因此 60% 只是目标值，而非最优值。

② 注意的是：当财政缺口为零时，这只是说明该其公共财政在给定的时间及给定的债务目标水平情况下是可持续的，而并不意味着此时的财政政策的设定的是最优的。

③ 很多专业文献都沿用的是前文曾提到的“跨期预算约束”（Inter - temporal Budget Constraint，IBC）条件来判断财政的可持续性，而当 IBC 无法满足的时，则会产生跨期预算缺口。跨期预算缺口从理论上分析的是无限期，而财政缺口法通常会设定目标年限，较少使用无限期。

4.2.3 财政可持续性分析的结论及对策措施

(1) 对政府过去活动分析的结论

用国家账户 (NA) 与政府账户 (WGA) 两种不同的资产负债表分析方法对于政府过去活动的相关衡量值计算得出的结论是不一样的。

首先，两个方法计算的 PSND 在 GDP 中的比重 (简称 PSND 负担率) 是不同的。根据 NA 的资产负债表的计算，PSND 负担率在 2012 ~2013 财政年度提高了 3 个百分点，达到了 74.2%，推算到 2016 ~2016 财政年度将会提高到 78.7%。而因为 WGA 的负债包括公共养老金和 PFI 资本成本及或有负债等，PSND 负担率在 WGA 中显示的增长速度慢得多。

其次，两个方法计算的财政赤字也不同。在 WGA 中，自 2009 ~2010 至 2012 ~2013 年 4 个财政年度间的赤字率 (/GDP) 都保持在 11.4% 水平不变。而在 NA 中，这 4 个财政年度下降了 2.2 个百分点。

总之，用这两个方法对资产负债表的分析能显示出过去政府活动对财政的影响，但对总体财政可持续性的评估是非常有限的，还需要对未来的政府活动进行分析。

(2) 对政府未来活动分析的结论

在对英国未来长期财政收、支的推算预测值及一系列假定基础上，OBR 通过计算财政缺口分析财政可持续性，所计算的财政缺口结果如表 4 -2 所示。

以将 2063 ~2064 财政年度设定为目标年限，60% 为债务负担率的目标值为例。

在债务真实偿债利率比 GDP 增长率高 0.4% 的情况下，财政缺口为 0.5%，则意味着在 2063 ~2064 财政年度之前必须做

表 4-2　OBR 在不同情景下对英国财政缺口的分析结果

财政基本平衡的调整（单位：% GDP）				
目标时间（财政年度）	2063～2064	2063～2064	2063～2064	2053～2054
目标债务负担率	20	40	60	40
真实偿债利率的基准水平（比 GDP 高 0.4%）	1.3	0.9	0.5	0.7
真实偿债利率比基准水平高 1%	1.4	1	0.6	0.8
真实偿债利率比基准水平低 1%	1.3	0.8	0.3	0.6
老龄化社会	1.1	0.7	0.2	0.3
年轻化社会	0.4	0	-0.5	0.1
高-移民（移入）率	0.5	0	-0.4	0
高-卫生、教育支出（增龄性财政支出项目）	1.6	1.2	0.8	1
低-卫生部门生产率	3.9	3.5	3.1	2.6

备注：①OBR 在 2012 年的"公共财政可持续性报告"的附录 B 中给出了关于"卫生部门生产率"的计算，在 2014 年的报告中显示英国的真实卫生人均支出年增长率为 3.4%，相当于每年卫生部门生产率为 1%。

（永久）财政调整，以达到增税或节支（或组合）的额度在 GDP 的比重为 0.5%（即 83 亿英镑）；当真实偿债利率比基准水平高 1% 或低 1% 时，财政缺口会提高到 0.6% 或降低到 0.3%，即财政缺口和真实偿债率与 GDP 增长率的利差是呈现正相关关系的。

当目标债务负担率为 40% 或 20% 时，财政缺口则为 0.9% 或 1.3%，随着目标债务负担率的降低（更苛刻）而加大财政调整力度。同样情况下，如果政府债务利率水平更高，则财政缺口越大，相反亦然。

社会人口结构的不同对财政缺口的影响是不同的，如果社会处于老龄化状态，则财政缺口增加0.2%，如果社会是年轻化状态，则财政缺口缩小0.5%，可见两种状态对财政缺口的影响差额达到了0.7个百分点，差别是比较大的。其次，人口流动也是一个重要的影响因素。当到英国的移民多，人口流动表现为高流入时，财政缺口会缩小0.4个百分点。另外，卫生部门的生产率对财政缺口的影响也是非常大的。按英国目前真实的人均卫生支出年增长3.4个百分点来计算，如果卫生部门的生产率较低，则在2063～2064年，要实现60%的债务负担率的目标，则需要3.1个百分点的财政调整。

关于债务负担率目标值的选择，将会决定政府究竟要以什么的方式和强调力度来实现其目标。在当前欧债危机下，包括英国政府在内的多个欧洲国家都采取了紧缩的财政政策为人口老龄化的成本而筹集资本，这也在不同程度上降低了净债务负担率，这样做的目的是当老龄化成本累积时，政府可以允许债务率的再次提高，而非要强制的减支或增税。

综述所述，OBR对英国财政可持续的评估结论为：其财政前景的结论为英国的公共财政在长期都会承受巨大的压力，其中最主要的原因是人口老龄化。无法提高流转税税收或无法减少支出有朝一日都会加大财政赤字，将公共部门的负债引向不可持续的轨道上来，这提醒政府有必要增加新的收入渠道以维持总收入与GDP同步增长的需要，缓解人口老龄化带来的财政支出压力。

4.3　德国[①]

德国自二战后一直实行联邦制，联邦与州政府各自的权限明确，专有立法权与共同立法权并存，税收体制以共享税为主体税。但与美国不同的是，德国的联邦政府相对强势，能一定程度上影响州政府的行为。

在被欧债危机笼罩的欧洲，德国毅然保持了良好的经济发展状态，为此德国政府也付出了政府债务快速增长的代价。德国在 2007 和 2008 年度保持了财政基本平衡，但之后财政支出飞速增加，2009 年和 2010 年财政支出在 GDP 中的占比达到 48%，已经接近近几十年的最高位，财政赤字率也突然增长到 3.2% 和 4.3%，政府债务负担率也达到了 71.4% 和 81.2%，已经超过《马约》对欧盟成员国赤字率上限（3%）、债务负担率 60% 的规定。德国在 2011 年，德国联邦政府启用了旨在保证财政可持续性的“新宪法预算准则”，在该财政准则指导下实施了有效的改革和财政紧缩计划。在 2014 年德国财政赤字减少到 0，恢复财政平衡状态，财政支出在 GDP 中的占比也下降到 2007 年 44% 的水平，联邦政府减少新借贷 300 亿欧元，财政运行情况有了明显好转，但是德国经济增速减缓还是给财政的可持续发展设置了障碍。

4.3.1　财政可持续性评估机构

德国联邦财政部（Federal Ministry of Finance，FMF）负责对

---

① 本部分内容主要参考由德国联邦财政部 2011 年发布的财政可持续性报告“Third Report on the Sustainability of Public Finances”。

德国的财政可持续性进行评估，并委任独立经济学家——波鸿鲁尔大学（Ruhr - Universität Bochum）的 Martin Werding 教授——与德国 IFO 研究合作开展评估工作，并于 2005 年、2008 年和 2011 年相继公开发布了公共财政可持续性报告（“Report on the Sustainability of Public Finances”）。

财政可持续性评估的主要目标是对财政风险做早期预警，揭示在当前有多大必要采取措施以保证财政的稳定运行。

4.3.2 财政可持续性含义的界定及评估方法

（1）含义界定

FMF 认为的财政可持续是指所有级次的政府对包括养老金、劳动力市场、健康卫生部门等所有债务都具有偿还能力。因此 FMF 对财政可持续性的评估包含了联邦政府、州政府、市政府以及社保项目的总和[①]。

（2）评估方法

FMF 的评估方法是在欧盟[②]测算“可持续性缺口”（sustainability gap）的评估方法基础上进行了一定的修正。“可持续性缺口”是在对未来长期经济与财政指标数据预测的基础上，为在设定的目标年份达到目标债务水平（60%）且保持财政收支平衡，在这期间每年减支或增税（调整）的规模大小[③]。

在欧盟评估体系中，S_1 和 S_2 是按时期来划分的，S_1 是中期指标，是对 10 年、20 年、50 年等有限期的财政可持续性评估，而 S_2 是指无限期的评估指数。FMF 中也用 S_1 和 S_2，其中 S_1 是

① 只是数据的汇总，并没有在报告中显示政府层次分类的评估结果。

② 沿用的是欧盟 2009 年财政可持续报告中分析技术，欧盟报告中称为“财政缺口”（Fiscal Gap）。但是欧盟的分析方法在 2012 年有变动。

③ 该计算技术上和欧盟的计算是一样的，见附录。

指针对 2011 ~2060 年德国所有州政府的总债务而计算的，目标债务负担率为 60%，S_2 是针对每个州未来长期的隐性负债和显性债务计算的指数，它是满足跨期预算约束的，目标债务负担率为测算之初（2011 年）的债务负担率实际值。

由于债务现值对利率（折现率）是非常敏感的，且危机后经济和财政形势是非常态化的，充满了不确定性，因此 FMF 设定多情景做敏感性分析，以提高评估的可靠性与有效性。如表 4 –3所示。

表 4 –3　　预测未来人口结构变化、劳动力市场、总体经济水平变化的悲观与乐观情景假定

悲观情景：							
年份▶ 影响因素▼		2010	2020	2030	2040	2050	2060
人口结构	人口（百万）	81.6	80.2	78.2	75.2	71.4	66.9
	老年抚养比（%）	31.2	37	50.5	60	64.3	68.5
劳动力市场	女性参与率（15 ~64）（%）	74.5	76.3	76.9	78.8	79.7	80.5
	男性参与率（15 ~64）（%）	83.8	84.1	84.3	85.5	85.8	86.5
	经济活动人口（百万）	43.3	42	38.2	35.5	33.4	30.9
	总就业人口（百万）	40.5	39.7	36.1	33.6	31.5	29.2
	失业人口（百万）	3.2	2.8	2.5	2.3	2.2	2
	失业率（%）	6.8	5.8	5.8	5.8	5.8	5.8
总体经济	劳动产出率（%）	0.5	1.5	1.7	1.5	1.4	1.4
	GDP（%）	0.9	1.3	0.7	0.8	0.8	0.6
	人均 GDP（%）	0.9	1.5	1	1.2	1.3	1.3

续表

<table>
<tr><td colspan="8">乐观情景：</td></tr>
<tr><td colspan="2">年份▶
影响因素▼</td><td>2010</td><td>2020</td><td>2030</td><td>2040</td><td>2050</td><td>2060</td></tr>
<tr><td rowspan="2">人口结构</td><td>人口（百万）</td><td>81.6</td><td>80.8</td><td>80.2</td><td>78.8</td><td>76.7</td><td>74.5</td></tr>
<tr><td>老年抚养比（%）</td><td>31.2</td><td>36.1</td><td>47.5</td><td>53.5</td><td>54</td><td>54.9</td></tr>
<tr><td rowspan="6">劳动力市场</td><td>女性参与率（15～64）（%）</td><td>74.5</td><td>76.6</td><td>77.9</td><td>79.4</td><td>80.1</td><td>80.9</td></tr>
<tr><td>男性参与率（15～64）（%）</td><td>83.8</td><td>84.8</td><td>85.7</td><td>86.2</td><td>86.6</td><td>87.2</td></tr>
<tr><td>经济活动人口（百万）</td><td>43.3</td><td>42.7</td><td>40.2</td><td>38.5</td><td>37.9</td><td>36.8</td></tr>
<tr><td>总就业人口（百万）</td><td>40.5</td><td>40.8</td><td>38.8</td><td>37.3</td><td>36.7</td><td>35.7</td></tr>
<tr><td>失业人口（百万）</td><td>3.2</td><td>2.3</td><td>1.7</td><td>1.5</td><td>1.5</td><td>1.4</td></tr>
<tr><td>失业率（%）</td><td>6.8</td><td>4.7</td><td>3.7</td><td>3.4</td><td>3.4</td><td>3.4</td></tr>
<tr><td rowspan="3">总体经济</td><td>劳动产出率（%）</td><td>0.5</td><td>1.6</td><td>1.9</td><td>1.8</td><td>1.7</td><td>1.7</td></tr>
<tr><td>GDP（%）</td><td>0.9</td><td>1.6</td><td>1.4</td><td>1.4</td><td>1.5</td><td>1.4</td></tr>
<tr><td>人均 GDP（%）</td><td>0.9</td><td>1.7</td><td>1.5</td><td>1.6</td><td>1.8</td><td>1.7</td></tr>
</table>

4.3.3 财政可持续性分析的结论及对策措施

按照 FMF 的测算，在 2060 年德国财政可持续性缺口情况如表 4－4 所示：

表 4－4　不同因素在不同情景下对财政可持续性缺口的影响测算结果

缺口类型▶ 不同情景▼	财政可持续缺口		悲观情景与乐观情景的差距	
	S1	S2	S1	S2
悲观情景总缺口	2.80	3.83	2.19	1.60
预期寿命增加 （男性 87.7，女性 91.2）	2.32	3.03	－0.48	－0.80
净移民（每年 10 万人）	1.81	2.37	－0.51	－0.66
出生率增加 （每位妇女生育 1.4 个小孩）	1.93	2.13	0.12	0.01
工作时间（延长 1 年）	1.70	1.48	－0.23	－0.25
失业率降低 I（2022 年为 5.8%）	1.08	1.05	－0.62	－0.65
失业率降低 II（2035 年为 3.4%）	0.69	0.89	－0.39	－0.43
卫生支出因素			与基准情景的差距	
工资指数	3.54	4.83	0.74	1.0
各年龄段发病率	1.96	2.50	－0.84	－1.33
医疗/技术进步	4.48	6.70	1.68	2.87
乐观情景总缺口	0.61	0.89		
预期寿命增加 （男性 85.0，女性 89.2）	1.84	2.23		
净移民（每年 20 万人）	1.30	1.71		
出生率增加 （每位妇女生育 1.6 个小孩）	2.05	2.39		
工作时间（延长 2 年）	1.47	1.88		
失业率降低 I（2022 年为 4.6%）	0.46	0.83		
失业率降低 II（2035 年为 2.2%）	0.3	0.62		
卫生支出因素			与基准情景的差距	
工资指数	0.93	1.29	0.32	0.40
各年龄段发病率	－0.18	－0.39	－0.79	－1.28
医疗/技术进步	2.28	3.90	1.67	3.01

从上表可见，到2060年德国的财政可持续性缺口始终是存在的，财政可持续性面临挑战，在情景乐观时，财政可持续性缺口较小。在不考虑卫生支出因素时，对财政可持续影响比较大的因素是预期寿命的增长与净移民，并且这两个因素在悲观与乐观情景下的差距也比较大。生育率提高会增加教育、家庭福利支出，对财政可持续性缺口的影响不小，但由于生育率一开始只是影响人口数据，而不影响社会工作人口，因此在悲观与乐观情景下的差距是比较小的。而在考虑卫生支出因素，其医疗技术的进步对财政可持续性缺口的影响是最大的。如表4－5所示。

表4－5 2008年与2011年两份报告中财政可持续性缺口测算结果比较

（单位：%）

缺口类型▶	S1				S2			
年份▶ 不同情景▼	2008	2011	2010	变化	2008	2011	2010	变化
乐观情景	－0.8	0.6	1.8	1.4	0.0	0.9	2.1	0.9
悲观情景	0.8	2.8	4.1	2.0	2.4	3.8	5.2	1.4

注：①2010年FMF并没有出财政可持续性报告，该列的值是估计值。

②“变化”是指2008年报告结果与2011年报告结果的变化值。

从上表的比较结果来看，在乐观情景假定下，财政可持续性缺口从2008年的－0.8%提高了0.6%，增加了1.4个百分点，说明自2008年以来，在金融危机影响之下，德国的财政可持续状况在逐渐恶化。当然，危害公共财政可持续发展的不仅是由于金融市场走弱及经济危机带来的债务激增，还有其他长期的挑战，如人口结构变化等。然而，再考虑到对2010年财政可持续性缺口的估计结果，2011年比2010年财政可持续性水平有所提高，德国财政还是在正确的轨道上运行。

FMF 对缩小财政可持续性缺口，维持财政可持续发展的建议如下：

（1）对政策的基本指导性原则包括：①财政可持续性的政府是综合性的也是促进经济增长的，即是说在长期要采取限制支出以和税收相匹配，为经济增长和就业创造条件；②政策应该不只局限于财政政策领域，而应该整合其他多种政策，确保财政支出的必要性与有效性，及更好的应对人口老龄化的挑战；③应该立即采取行动，否则延迟采取措施的成本会很高；④实施的政策也要考虑其风险，因为预测的情景与事实可能存在差异，从而导致政策的不正确。

（2）财政措施：①继续实行新财政预算规则，将财政结构赤字的增量控制在 GDP 的 0.35%，并对每年的净借款设上限，以确保联邦政府与地方政府能减少债务在中期实行财政可持续性；②一系列的措施，如限制政府的消费、削减补贴、提高教育与研究支出的优先度等；③收入政策上，政府厉行节约并提高税收，并实施“简化税收 2011 方案”以简化税制，开启了公司税税制改革。

（3）其他政府措施：①推迟退休年龄至 67 岁，以增加更多的劳动力；②鼓励更多妇女进入劳动力市场；③联邦政府采取更为开放的移民政策，鼓励更多移民到德国发展；④推行社会保险制度改革；⑤施行更有利于培养家族责任的家族政策，如促进年轻父母在工作与生活平衡，以便他们有更多的时间和精力照顾好后代，而让这些后代在他们父母年迈时能照顾他们，提高妇女生育率。

4.4 美国[①]

美国是典型的联邦制国家，划分有联邦、州和地方三级政府层次，且三级政府的财税制度与法规、预算的编制与审批都是独立的。三级政府有各自的税收立法权、征收权和征收机构。在财政支出方面，州政府对本州和地方政府支出进行限制，如规定年支出增长率或将支出与个人所得增长率等因素挂钩的方式。

美国经济在2007年遭受次贷危机的重创，经济增长持续下滑，财政状况也随之恶化。政府在拯救经济的过程中，财政支出急剧增加，政府债务也连连攀升。2014年的美国政府债务负担率达到74.1%，是2007年的两倍，也是美国20世纪50年代以来的最高位，据美国国会预算办公室预测，这一指标在今后几年还要上涨，到2025年会达到78.7%。而伴随着婴儿潮出生的那代人逐渐步入老年，医疗保险支出与健康卫生支出的增加，以及联邦政府债务利率的提升等因素的综合影响下，美国的财政支出（在GDP的比重）还要继续增加，而财政收入增长缓慢，未来财政运行困难重重，因此美国政府近年来一直很关注对未来财政可持续的估测[②]。

4.4.1 财政可持续性评估机构

在美国，由美国政府责任办公室（United Statess Government

① http：//www. gao. gov/products/GAO－15－224SP.

② 数据内容主要参考美国国会预算办公室于2015年1月26日发布的《预算与经济展望：2015～2025》（The Budget and Economic Outlook：2015 to 2025），http：//www. cbo. gov/publication/49892。

Accountability Office，GAO）负责评估美国的财政可持续性情况。GAO 认为“财政可持续性报告”这一术语是财政基本状况、信息披露及在美国联邦法规（Code of Federal Regulations，CFR）中所需要的补充信息等的一个简称，但是 GAO 并不发布单独的财政可持续性报告，而是将财政可持续性情况反映在“州与地方政府财政展望”（State and Local Government's Fiscal Outlook）报告中（下文简称“展望报告”）。从 2007 年开始 GAO 每年在该报告中发布对州与地方政府未来长期的财政走势的模拟情况披露，并将普通市民与中介机构（如媒体、公共利益团体等）视为其主要的阅读者，因此该报告以阅读者易于理解和学习其中相关信息为写作范式导向。

4.4.2　财政可持续性含义的界定及评估方法

（1）含义界定

GAO 认为财政可持续性是指在对联邦政府当前的公共服务与税收政策不变的假定下，政府未来的预算收入来源是否能够承担起政府的公共服务支出，并满足其履行职责的需要。

（2）评估方法

在 2007 年到 2008 年 7 月发布的“州与地方政府财政展望”中主要采用了“净借贷法”（net lending or borrowing measure）、“经营收支平衡法”（operating balance measure），和“财政缺口法”（fiscal gap）三种评估方法，其中以“经营收支平衡法”为主[①]。

---

① 事实上，在 2007 和 2008 年的报告中 GAO 用了净借贷法，但是之后的报告都没有再提到净借贷法，而是用“经营收支平衡法”，三个年份的报告中简单提到了计算的财政缺口法的结果。

①净借贷法。净借贷法是 GAO 常用的一种判断政府财政状况的方法，其计算公式为：

净借贷 = 所有收入 - 所有支出

其中收入与支出是州政府与地方政府所有的收入与支出，支出包括现金支出和资本支出（不含固定资本折旧的现金支出），这样计算的净借贷近似于联邦政府的财政盈余或赤字。

②经营收支平衡法。经营收支平衡法是 GAO 近年提出并发展的一种方法，其测算的“经营收支缺口”是作为 GAO 对财政可持续评估主要依靠的指标，其计算公式为：

经营收支缺口 = 当前总收入 - （总投资 + 非生产性资产净购买 - 未偿还的短期市政债券） - （当前支出 - 政府固定资本总消费） - 当前政府所有企业盈余 - 社保资金净值

其中总收入扣除掉投资支出与中长期债务利息之差后的收入是可承担当前支出的收入，而支出则是扣除投资支出与折旧，在这个计算政府预算的方法中扣除掉了政府企业、社保资金，类似于地方政府营运预算计算方法。实际上，这种方法是在未来税收结构及政府提供的公共服务水平不变的前提假设下，评估政府部门用当前收入来承担当前支出的能力。通常 GAO 会模拟未来 50 年的政府经营收支状况。

③财政缺口。财政缺口是指在一定时期内，维持（或低于）目标债务负担率且保持财政平衡而要做的财政调整，即未来预计支出与预计收入差额的净现值，需要通过公共债务减少或增加来调整。财政失衡是指现存的联邦政府债务加上预计的非利息支出减去预计收入后的净现值，也就是将目标债务负担率设置为零时的财政缺口。而在美国并没有对债务负担率设定目标值或给予限

制，鉴于众多经济学家的意见，将目标政府债务负担率设定为100%①。

4.4.3　财政可持续性分析的结论及对策措施

GAO在每份展望报告中都给出了“经营收支缺口”值，在2014年4月发布的最新一期展望报告中显示，据GAO的计算，营运收支缺口自2005年以来一直为负，在2014年为-2%，之后持续拉大，预计到2060年缺口会拉大到4个百分点，如图4-4所示。

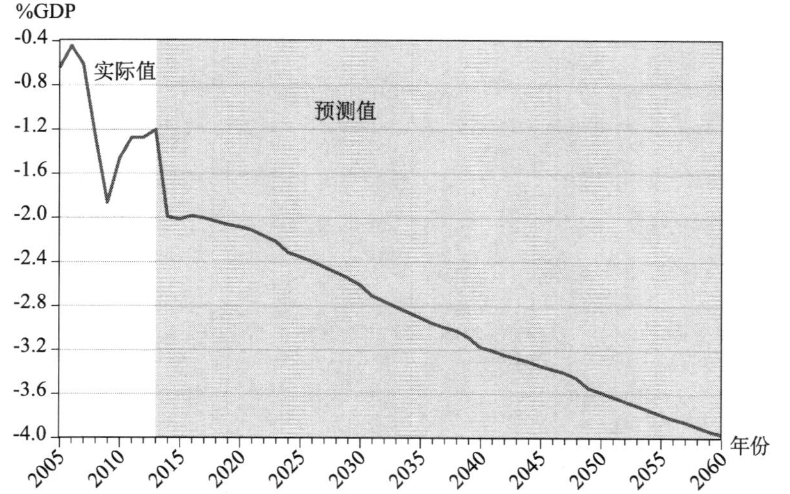

图4-4　GAO预测2014~2060年美国经营收支缺口结果

① 次贷危机之前美国历史上最高的债务负担率出现在1946年，债务负担率达到109%，在2007年为36.8%，但之后会持续高涨，预测到2025年左右这个值会达到100%，如果不采取措施的话，到2070年左右会增长到700%。另外在2008年的报告中，GAO的目标债务负担率为“现在的债务负担率水平”。

从图 4－4 的预测结果可见美国政府面临的长期财政挑战。

从财政收入的角度来看，增税的经济压力和政治压力都很大。自 2009 年第二季度以来，以所得税和销售税增加幅度增大为动力，美国税收已增长 9 个百分点，但自 2013 年第二季度到 2014 年税收总收入又出现下降态势，GAO 预计到 2058 年按当前的税率税收政策，税收收入都不可能到回到 2007 年的历史最高水平，因此通过（或仅通过）增税来缓解财政困难不是切实可行的救急措施。

从财政支出角度来看，支出不断增长让财政举步维艰（见表 4－6 和图 4－5）。实际上导致这种财政困难局面的主要原因是州政府与地方政府在医疗补助计划（Medicaid）中涉及与健康卫生支出相关的费用，和政府雇员和退休人员医疗补偿支出增长速度较快，而且 2007～2009 年的经济衰退导致州与地方政府养老金资产价值下跌，GAO 建议在经济低迷时联邦政府要通过医疗补助计划加大给州政府提供补助的力度。因此，减少财政支出比增税在缩小财政缺口上更实际有效。

表 4－6　　GAO 估测联邦政府财政缺口结果

		缩小财政缺口的调整力度（%）			
		立即采取措施		推迟到 2023 年采取措施	
	2013～2087 年的财政缺口（% GDP）	仅增加税收	仅减少支出（非利息）	仅增加税收	仅减少支出（非利息）
基准情景	3.9	20.4	17.4	24.3	20.4
其他情景	8.0	44.4	31.5	53.2	36.3

注：GAO 根据 2013 年春季相关数据计算“The Federal Government's Long－Term Fiscal Outlook Spring 2013 Update”。

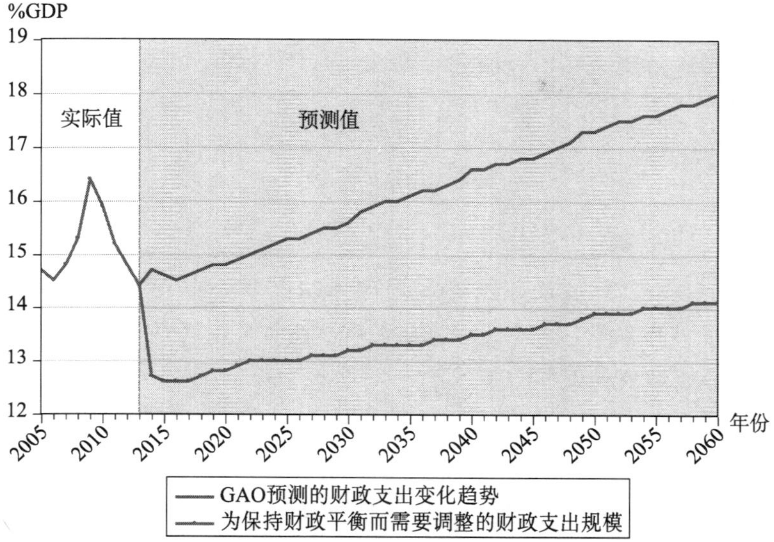

图 4－5　GAO 预测的财政支出变化与为保持财政平衡而需要调整财政支出的规模

结合表 4－6 和图 4－5 数据，在基准情景下，GAO 推测在未来 50 多年，美国的财政支出会持续增长，到 2060 年财政支出会增长到 GDP 的 18%，比当前又要提高 3.5 个百分点，导致财政缺口进一步拉大，为缩小财政缺口，美国政府控制并不断减少财政支出（如上图所示，到 2060 年财政支出要控制在 GDP 的 14% 才能维持财政平衡）。另一方面，从采取财政措施时间差异对措施力度（难度）的影响上来看，到 2087 年美国财政缺口为 3.9%，如果现在立即措施的话，需要增加税收 20.4%，或者减少支出 17.4%；但如果目前不采取任何措施而拖延到 2023 年才增税的话，则需要增税 24.3%，或者减支 20.4 个百分点，均比现在立即纠正缩小财政缺口需要更大的财政政策调整（增税多 4 个百分点，减少多 3 个百分点），缩小财政缺口维持财政平衡的难度更大。因此，GAO 建议美国政府应当从现在起就要实施有效的措施避免未来财政的不可持续。

4.5 加拿大①

加拿大实行的联邦制财政管理体制由联邦、省（地区）和地方（城市和学区）三级政府构成，加拿大宪法规定了联邦和省区两级政府的财权与事权。

加拿大的公共债务负担率水平在20世纪90年代一直处于历史高位运行，但2000年以后则持续下降，2007年政府债务负担率达到近几十年最低值。但由于受到经济危机影响，2008年以后政府债务规模一度扩大，到2010年联邦政府和地方政府的（净）债务负担率分别达到40%和30%左右。之后加拿大进行了有效的财政整顿，降低公共债务规模，并取得了阶段性的成功。在2013年年末，联邦政府与地方政府的（净）债务负担率分别为35.1%和31.8%，公共财政运行状况不断改善，到2014－15财政年度基本实现财政预算平衡。但是面对人口快速的老龄化，地方政府将在今后承受巨大的财政压力，联邦政府（净）债务负担率会持续下降，而地方政府（净）债务负担率会持续快速上涨，据估计到2088年会达到338%，地方政府的财政状况的恶化使加拿大的财政可持续能力备受考验。

① 本节主要参考由加拿大国会预算办公室（PBO）每年发布的“财政可持续性报告”，最近一期是2014年9月30日发布的“Fiscal Sustainability Report 2014”，报告的获取网址为：http：//www.pbo－dpb.gc.ca/en/search/index/？keyword＝fiscal＋sustainability＋report。

4.5.1　财政可持续性评估机构

加拿大的“财政可持续性报告”由加拿大国会预算办公室（Parliamentary Budget Officer，PBO）负责撰写。PBO 主要对国家财政状况、国民经济状况进行估测，同时反映对议员、国会委员的各种诉求，及对国会实施的措施财务成本的估测，这些都最终形成一份独立分析报告，并呈交给加拿大参议院和下议院。PBO 在每年 9 月底会发布前一个财政年度[①]的“财政可持续性报告”（Fiscal Sustainability Report），自 2011 年 9 月发布以来，现已经连续发布 4 期财政可持续性报告。

PBO 发布的“财政可持续性报告”主要是 PBO 对加拿大多个政府级次的长期财政可持续性估测，包括联邦政府、地方政府（包括省级政府、地区政府、地方政府及原住民政府），加拿大及魁北克的养老金计划的财政可持续性估测。

4.5.2　财政可持续性含义的界定及评估方法

（1）含义的界定

PBO 认为财政可持续性是指在未来设定目标年限的债务负担率不高于当下的债务负担率，则财政政策是可持续的；如果在设定目标年限的债务负担率高于当下的债务负担率，且呈现出加速增长的态势，则政府的财政政策是不可持续的，这就需要实施一定的纠正手段。

由此定义可见，PBO 对财政可持续性的关注还是放在了债务问题上，实际上，只要债务的增长率不高于利率则认为是满足

① 加拿大的预算年度也是跨年制，每年的 4 月 1 日至次年的 3 月 31 日为一个完整的财政年度。

财政可持续性的条件的。

（2）评估方法

PBO 是用 Blanchard 等人（1990）及 Auerbach（1994）提出的“财政缺口”（Fiscal Gap）方法来评估财政的可持续状况的①。PBO 的评估方法分三步：第一步，对关键变量做长期预测；第二步，计算财政缺口；第三步，做敏感性分析。

①对关键变量做长期预测。在后两步计算财政缺口及对其做敏感性分析中，需要用到利率、债务负担率、经济增长、财政基本平衡等关键变量，因此在第一步需要对其进行长期预测。值得一提的是，PBO 的长期预测设定的时间较长，长达 75 年，在其 2014 年发布的报告中以 2013 年为基期（当下），其评估目标年限为 2088 年。选择 75 年水平作为长期预测的时期是考虑到“婴儿潮”出生的一代人，及其他们的孩子和孙子两代人，这样三代人 75 年的时间长度足以顾及老年抚养比的稳定性。

首先，PBO 对人口及老龄化程度进度预测。因为加拿大也正在经历一个巨大的人口结构的转型期，主要是“婴儿潮”出生的一代已经陆续进入了退休年龄，而这对于加拿大的整个劳动力市场和经济发展都有重要的影响。因此在对总出生率、（出生时的）预期寿命及移民率假定的基础上预测人口的变动。如在“财政可持续性报告 2014”中，PBO 根据加拿大统计局的基础数据假定到 2088 年，加拿大的总出生率维持在 1.67% 左右，（出生时的）预期寿命男性为 87.4 岁，女性为 90.0 岁，移民率为 0.75%（到 2061 年以后会下降到 6.2% 左右），因此 PBO 预测加拿大的人口增长率会持续下降，从而导致老龄化加深，老年抚养比会从 2013 年的 22.3% 增长到 2023 年 30.8%，到 2033 年为

① 财政缺口的推算公式见附录。

38.8%，2088 年为 44.8%。

其次，PBO 对长期经济情况进行预测。在前面对加拿大人口预测的基础上，PBO 推算从 2018 年到 2088 年[①]间 GDP、CPI 通胀率、GDP 通胀率、3 个月国库券利率、10 年期国债利率等值。其中，PBO 推算的 CPI 通胀率、GDP 通胀率均为 2 个百分点，与加拿大中央银行（Bank of Canada）的目标通胀率保持一致；3 个月国库券利率为 4.2%；10 年期国债利率为 5.3%。另外，GDP 的推算则在劳动力投入及劳动力生产率的基础上计算。如表 4－7 所示。

表 4－7　PBO 推算的 1983 至 2088 年的年均 GDP 真实增长率与年均 GDP 名义增长率

单位：%

	1983～2013 年（真实值）	2014～2018 年	2019～2088 年
真实 GDP 增长率	2.6	2.2	1.5
劳动力投入增长	1.5	1.0	0.5
劳动年龄人口增长	1.3	1.0	0.7
就业率	0.3	－0.3	－0.2
每周平均工作时间	－0.1	0.3	0.0
劳动生产率增长	1.1	1.1	1.1
名义 GDP 增长率	5.3	4.2	3.6

再次，推算债务及其利率。因为 PBO 对财政可持续性的关注点在于债务上，所以债务规模及其利率是关键性的变量。PBO 主要通过“加拿大政府金融统计”中的资产负债表来获取相关

① 2018 年前的数据可以在 PBO 的“经济与财政展望 2014”（Economic and Fiscal Outlook 2014）中获取。

的基础数据，并将“债务”锁定为“净债务”，即其总债务①减去金融资产②。PBO 根据（联邦政府和地方政府）每年财政基本平衡的流量及债务存量来推算未来的债务量，当然不仅取决于债务名义存量，还要受到 GDP 变动的影响。PBO 所用的利率是指“有效利率”，即政府债务利息支出除以之前带息债务③的余额（存量）。

②计算财政缺口。财政缺口是指为使得目标年限的债务负担率达到（不高于）基期（预测之初）时水平而需要对财政基本收支平衡做的立即和永久的调整（改善整顿）。PBO 关于财政缺口的具体定义与计算见附录。

③敏感性分析。因为 PBO 所设定的目标年限期为 75 年后，时间跨度较大，不确定性因素较多，因此 PBO 又尝试在人口、经济、政策假定方面做了敏感性分析。第一，在人口方面，考虑了两种情况：一种是低出生率、高寿命预期、低移民率下的高老龄化成本；另一种是高出生率、低寿命预期、高移民率下的年轻化低成本。第二，真实 GDP 增长率也分为在基准情景下高、低 0.5 个百分点的两种情景。第三，利率在基准情景下分为高、低 50 个基点的两种情景。第四，在增加老年人福利方面，将福利的增加情况分为：按人均 GDP 增长率一半的水平和按人均 GDP 增长率两种情景。第五，在中期地方财政支出方面，将地方财政支出的增长情况分为：按 GDP 增长率一半的水平和按 GDP 增长率两种情景。第六，在“加拿大卫生转移支付”（Canada Health Transfer，CHT）方面，设定了 CHT 累进增长率为 6%（2016 年

---

① 政府的总债务包括货币黄金、特别提款权（SDRs）、现金、存款、债券、贷款、保险、养老金、标准担保计划及其他。

② 金融资产也是政府的债务工具，但是政府是债权人的身份。

③ 带息债务包括短期和长期的市场债务及非市场债务。

以后）和按 2025 年人口老龄化速度两种情况等。

4.5.3　财政可持续性分析的结论及对策措施

PBO 对加拿大的联邦政府、地方政府和公共养老计划的财政可持续性做评估，其目的是在人口变化及经济形势的各种情景下，预判是否需要以及在多大程度上进行政策调整以确保财政处于可持续性状态。根据以上方法，在对基础变量的推算基础上，POB 测算出来的加拿大联邦政府与地方政府财政缺口值如表 4－8所示。

表 4－8　　财政缺口的估测结果（基准情景下）　（单位：%/GDP）

	以 2013 年债务负担率为基准设定不同的目标年限			设定的不同目标债务负担率水平				
	25 年	50 年	75 年	0	25	50	75	100
联邦政府	－1.1	－1.2	－1.4	－1.1	－1.4	－1.6	－1.8	－2.0
地方政府	0.5	1.3	1.7	1.9	1.8	1.6	1.5	1.3

总体上，一方面，当目标年限增长时，财政缺口值会同方向拉大，即原本财政缺口为负，财政处于可持续时，预测的年限越长，其财政可持续的状况会继续优化；相反，当原本财政缺口为正，财政处于不可持续时，随着预测年限的增加，其财政可持续的状况是持续恶化的，即财政缺口逐渐增大。另一方面，当设定的债务负担率越高，则财政缺口越小。从政府层次来看，加拿大的联邦政府的财政缺口为负值，即联邦政府还有财政空间来应对人口老龄化的冲击，地方政府的情况相反，其财政缺口为正值，即面临在人口老龄化挑战下，地方政府财政不可持续。

表 4－9　不同情景下财政缺口的敏感性分析的结果（单位：%/GDP）

a 人口变动			
	基准情景	老龄化情景	年轻化情景
联邦政府	-1.4	-0.8	-2.0
地方政府	1.7	2.1	1.4
b 真实 GDP 增长率			
	基准情景	低 GDP 增长率	高 GDP 增长率
联邦政府	-1.4	-0.8	-2.0
地方政府	1.7	1.7	1.8
c 利率			
	基准情景	低利率	高利率
联邦政府	-1.4	-1.7	-1.2
地方政府	1.7	1.7	1.8
d 联邦政府老年人福利增加			
	基准情景	人均 GDP 一半	人均 GDP
联邦政府	-1.4	-1.2	-0.9
e 地方政府中期地方财政支出			
	基准情景	GDP 增长率的一半	GDP 增长率
地方政府	1.7	2.6	3.5
f“加拿大卫生转移支付”的累进			
	基准情景	6%	按 2025 年老龄化成本
联邦政府	-1.4	0.4	-1.1
地方政府	1.7	0.1	1.4

资料来源：加拿大 PBO 于 2014 年 9 月发布的财政可持续性报告“Fiscal Sustainability Report 2014”。

如表 4－9 所示，从敏感性分析结果来看，联邦政府的财政可持续情况较好，而地方政府则存在财政缺口。将联邦政府和地方政府的财政缺口值加总得到的总财政缺口是为负值，即财政总体上是不可持续的，但是联邦政府的财政空间能抵销大部分的地方政府财政缺口。

因此，PBO 给出的政策建议为：

第一，联邦政府因为有一定的财政空间①，在维持财政公共债务的可持续性的同时，可以适当增加支出或减少税收。

第二，虽然地方政府的财政缺口较大，但只要地方政府做大幅度的财政变革，其财政状况也是可以改善的。如果省级政府能控制支出成本的增长，CHT 上的累进与人口老龄化速度同步，就能在很大程度上消除财政缺口，并给联邦政府留下相当的财政空间。当然对地方政府财政可持续性的最根本是温和地限制支出与增税两个措施的结合。不过从不同目标期限假定下地方政府的财政缺口值来看，25 年和 75 年的财政缺口值分别为 0.5% 和 1.7%，说明尚不要立即进行大力度的调整，可以逐年的进行，但是一旦对此进行拖延，越到后期其调整力度则越大，难度也就越大。

4.6　财政可持续性评估的国际比较

前文分别从各国（地区）对财政可持续评估的评估机构、

① 事实上，根据 PBO “财政可持续性报告 2013”，联邦政府的财政空间（基准情景下）是 1.3%，到 2014 年的 1.4% 有 1 个百分点的提高，政府原来所预测的实现进入净资产状态提前了 4 年，这主要是因为政府采取了措施加强约束了中期直接项目的支出。

评估方法和评估结果三个方面论述了各国（地区）财政可持续性评估实践经验。下面将对此进行比较分析，剖析各国在评估实践中的共同点与不同点，提炼对我国开展这项评估工作的经验借鉴，如表4－10所示。

4.6.1　相同点

第一，都有专门的评估机构。上述各国家（地区）政府都意识到未来长期财政运行面临的巨大挑战，都非常关注未来财政走势，重视对财政可持续状况的评估工作，因此均采取政府牵头或由政府的财政部门（财政预算司）或成立专门的评估工作小组（办公室或局）、评估机构方式开展评估工作，为确保评估的客观与科学性，除了政府官员外，评估机构还邀请了经济学家或相关专家参与评估。这种评估机构设置在机构上从属于政府，但是工作上独立于政府，其优势在于：一是能有更好的渠道取得详细、全面且权威的数据；二是能直接与政府相关部门沟通，更能掌握与理解政府的政策，而不用像完全独立的第三方研究机构去猜想政府的政策走向及政策意图；三是不完全依附于政府能更独立客观的做评估工作，其评估结果不用为满足某些政治需要而被随意扭曲；四是提出的建议更容易被统治当局体察到并用于实际参考。

第二，都在官方网站上公开发布相关评估报告。前述各国（地区）的评估工作小组完成评估工作后，都形成了关于财政可持续性的报告，并在其官方网站上及时公开发布全文，供全世界公众随时阅读。

第三，都侧重于对未来长期财政的可持续性状况分析。所有国家（地区）的评估小组均按照各国（地区）经济、财政发展实际情况，预测未来长期经济与财政运行态势，并估算了相关变

表 4-10 各国（地区）的财政可持续评估实践比较

			中国香港	英国	德国	美国	加拿大	澳大利亚[1]	瑞士[2]	荷兰[3]
评估机构及报告发布	评估机构	政府				√	√	√	√	√
		独立机构（人）		√						
		政府与独立机构（人）合作	√		√					
	独立报告/子报告		独立报告	独立报告	独立报告	子报告	独立报告	子报告	独立报告	子报告
	第一次发布报告的时间（发布几期）		2014年（1）	2011年（4）	2005年（3）	2007年（8）	2011年（4）	2010年（1）	2008年（2）	2000年（3）
评估方法及内容	分析的时期	分析过去（当前）活动	×	√	×	×	×	×	×	×
		分析未来长期财政活动	√	√	√	√	√	√	√	√
	评估方法		比较财政收、支及GDP增长率三者是否同步变化	财政缺口	可持续缺口	经营收支平衡法；净借贷法；财政缺口	财政缺口	财政缺口	财政缺口	可持续性缺口
	评估目标年限		30年	50年	50年	经营收支平衡法-50年；财政缺口法-70年	75年	40年	48年	95年

续表

			中国香港	英国	德国	美国	加拿大	澳大利亚[①]	瑞士[②]	荷兰[③]
评估方法及内容	债务负担率目标值		×	三个：20%、40%、60%	两个：初期实际值、60%	100%	五个：0%、25%、50%、75%、100%	×	60%	×
	是否有中长期预算规划		√（本报告顺带）	√	√	√	√	√	√	√
	政府级次	全国（地区）	√	√	√	√		√	√	√
		中央（联邦政府）				√	√		√	
		地方（州和地方政府）				√	√		√	
评估结果	财政可持续否（不采取任何措施的情况下）		×	×	×	×	×	×	×	×

注：①澳大利亚没有专门的针对“财政可持续性”的分析报告，但是在2010年澳大利亚的联邦司库（Treasurer of the Commonwealth of Australia）发布的“代际间分析报告”①中有一个章节对其财政可持续性进行了简述，主要对澳大利亚由于人口老龄

① 相关内容主要参考澳大利亚于2010年发布的“Australia to 2050: future challenges”报告的第3章内容（http://archive.treasury.gov.au/igr/igr2010/）。

化在未来 40 年经济社会环境可能面临的挑战的分析，并没有财政可持续性分析详细的论证过程。是用“财政缺口”（Fiscal Gap）来评估财政可持续性的，指剔除掉利息收支后的政府收支的差额。由此可见，它对财政可持续性的界定实际上就是是否保持财政基本平衡，如果收大于支，则财政可持续，反之则财政不可持续。这个概念相比其他国家都要简单和单纯的多。这个定义与其他国家和地区的含义不一样，因此没有债务负担率目标值。

②瑞士的财政可持续性报告①是由瑞士联邦财政部（Federal Department of Finance，FDF）发布，最近一期是在 2012 年发布的。瑞士是欧洲国家经济财政运行情况较好的国家之一，在经历了世界金融危机与欧债危机后，2012 年其债务负担率仍然保持 40% 水平以下低位运行，财政可持续性能力强，但是它同样面临着人口老龄化这个巨大的社会人口结构变革，因此瑞士政府当局非常重视地未来财政可持续性的评估。

③荷兰经济政策分析局（Bureau for Economic Policy Analysis，CPB）在 2000 年、2006 年及 2011 年分别发布了关于荷兰可持续发展的相关报告②，财政可持续性评估只是报告中的一个部分。CPB 主要通过预测荷兰财政未来长期变化趋势，测算其基本盈余，其财政基本盈余目标值为 4. 8% GDP，但是从 2011 年以后该指标均低于目标值，甚至未来长时间为负值，CPB 认为如果现在不采取任何措施的话，荷兰的财政将不可持续。

---

① 相关内容参考瑞士的财政可持续性报告“Report on the Long - Term Sustainability of Public Finances in Switerland ”（http：//www. efd. admin. ch/dokumentation/00737/00782/02444/? lang = en ）。

② 相关内容参考“Ageing and the Sustainability of Dutch Public Finances”（http：//www. cpb. nl/en/node/62）和“Sustainability Monitor for the Netherlands 2011”（http：//www. cpb. nl/en/publication/sustainability - monitor - netherlands - 2011）。

量指标取值。在预测值的基础上判断财政可持续性结果，并据此对现行的财政政策进行述评，对今后的财政政策和财政调整给出政策建议，表明了开展财政可持续性评估工作的目的是不光是判断当前的财政运行状况，更主要的是提前预判未来的财政形势，防范和避免未来的财政风险，缓解未来的财政压力，做到未雨绸缪。

第四，各国都不同程度地开展了“中（长）期预算规划”工作。由于对未来的财政可持续评估是建立在对未来经济和财政状况的预测基础上的，所以各项预测值影响着整个评估结果。前述各国的相关经济部门对未来中期（2～5 年不等）的经济、财政进行展望是一种惯例，每年都会发布展望报告，同时大部分国家（地区）财政部门都实施了“中（长）期预算规划”，这些基础工作都给中期财政预测提供了可靠的数据，并为更长期的经济与财政预测奠定了基础。

第五，都有自己国家的政府资产负债表。财政可持续性的评估的一个核心是政府债务问题，首要的是要掌握政府的总（或净）债务规模，这些数据主要来自本国的政府资产负债表。上述几国都编制了自己的一套相对比较成熟完善国家资产负债表，为评估工作提供了客观的数据参考来源。

第六，都采取了“敏感性分析”方法减少评估结果的误差。在对未来经济、财政情况的预测中存在很多的不确定性因素，因此在分析时各国都按照不确定因素的具体情况，设定了各种情景，再在不同情景下评估财政可持续状况，即测算的结果不是唯一的，而是在既定未定下的各种可能，以更加全面地反映可能的真实情况，减少由不确定性带来的误差。

第七，都重视人口老龄化给财政可持续带来的压力。由于各国都正在经历着人口快速老龄化的社会结构变革，且这个变化将在几十年都会持续，在这个过程中对劳动生产率、养老金、与人口相关的健康卫生教育等费用支出都有直接并深刻的影响。人口老龄化成本的激增会给未来的长期财政支出带来巨大的压力与挑战，影响政府的债务状况与维持财政的可持续能力。

第八，评估结果都呈现“未来长期财政不可持续”的状态。各国均不同程度地遭受到次贷危机及债务危机影响，又面临经济增速放缓、人口老龄化加速等类似实现挑战，财政收支矛盾突出，财政风险加大，未来债务与财政支出持续攀升，包括现在财政状况较好的瑞士也做出了相同的评估判断，即未来长期财政不可持续。各评估机构均认为本国（地区）应该从现在起采取适当的财政调整以缓解未来的财政压力。

4.6.2 不同点

第一，评估机构和组成人员不同。各国评估机构的设置及人员构成有一定的差异：第一类是现有的政府机构，组成人员主要是供职于这些职能部门的政府工作人员，这种类型较为普遍，如美国、加拿大、澳大利亚、瑞士、荷兰等多国（地区）均是直接由政府现有的机构如财政部、预算部门（司）、政府责任办公室或经济分析局承担评估工作；第二类有为该项评估工作而专门成立的政府机构，组成人员主要是政府工作人员和部分经济学者、专家，其中以政府工作人员为核心，如中国香港的“长远财政计划工作小组”，这种一般出现在小经济体国家（地区）或其政府机构较为简单、职能范围较窄的国家（地区）；第三类是为该项工作专门成立的并独立于政府的评估机构，组成人员同样包括政府官员与学者、专家，以自由独立的经济学者与专家为核心人员，如英国的“预算责任办公室”。

第二，完成报告的形式不同。上述国家完成的“财政可持续性报告”形式主要分为两类：一类是一份关于财政可持续性的独立报告，即报告的目的、宗旨都是评估财政可持续状况，内容比较完整且详细，如中国香港、英国、德国、加拿大等国家（地区）；另一类是对财政可持续的评估结果不是以独立报告形式展现，而是放在其他综合性或专题性报告中以子报告或一个章节的方式呈现评估过程与结果，其评估内容相对简单，过程偏简略，甚至略去计量方法的介绍，如美国的财政可持续性评估是融入在对“长期财政状态展望报告”中，澳大利亚的财政可持续性评估则是在一份名为“至2050年的澳大利亚：未来的挑战”的“代际间分析报告”中，荷兰是在“可持续性监视报告”中关于经济可持续性问题的一个子问题涉及财政可持续性评估。

第三，评估的时期不同。这里所指的评估时期包括两层意思，一是以当前为分界线，分为过去财政活动时期和未来财政活动时期，二是未来财政活动时期的目标年限长期的设定上。大部分国家（地区）均只对未来财政活动与财政风险进行分析，判断财政可持续状况，如中国香港、德国、美国等，但像英国、欧盟少数国家或经济体不仅要分析未来的财政状况，也会对过去的财政可持续情况进行分析，欧盟还注重对当时短期（1年内）的财政风险预警。另外，各国（地区）根据本国（地区）实际的老龄化速度、人口社会结构变革节奏、经济预测能力和不确定性程度等设定了不同的评估目标年限，以30～50年普遍选择，如英国、中国香港、瑞士等，另外有国家将年限设置的偏长如美国和加拿大为70年和75年，而荷兰则选择了95年的超长年限。

第四，评估方法有差异。综观各国（地区）的评估方法，大多数都采用了国际上流行的以债务负担率为核心的“财政缺口”法，如英国、加拿大、瑞士、澳大利亚等，都是测算在目标年限和设定的目标债务负担率下，计算基本财政收支缺口，以判断财政可持续能力，及调整财政政策的方向及力度。另外德国和荷兰采取的是“可持续缺口”法，基本思路和“财政缺口”法大同小异，只是测算重点上略有差异。比较特别是美国，美国政府责任办公室除了计算财政缺口外，主要是通过“经营收支平衡”预测值来分析财政状况。尽管这些方法上存在差异，在思路上都有异曲同工之妙，都是从更宏观、综合的情况来考虑财政（债务）问题，而并没有采用流行的财政收支或债务负担率简单指标上的单位根检验或各种协整技术。

第五，债务负担率目标值设定不同。在利用财政缺口法评估财政可持续的国家中，各自现存的政府债务规模及未来政府债务规模估计都存在差异，因此设定的债务负担目标值也不同。由于欧盟的《马约》对欧盟成员国有债务负担率不超过 60% 的规定，之后这个值被很多国家借鉴，因此欧盟国家多以 60% 债务负担率的目标值，如瑞士、英国、德国、欧盟等，但是英国、德国等国家并不仅仅设定了 60% 一个目标值，而是设定了多个参考值，如 20%，40%，避免将 60% 认为是最优值的误解。有的国家包括欧盟国家并没有局限于《马约》的规定，没有把 60% 作为（唯一的）目标值，如美国选择的是 100%，德国加入了评估当期实际值，加拿大更是选择了 0、25%、50%、75%、100% 共 5 档目标值，即五种债务规模的情景分析。

第六，评估的政府层次不同。前述全部国家（地区）都将全国总体财政状况作为了评估对象，但是有个别国家还专门针对该国家中央（联邦）政府和地方政府不同层次进行了评估，如加拿大、美国和瑞士，明确了不同政府层次财政运行状况的差异，为中央政府更好地帮助地方政府实施不同的政策指明了方向。

4.7 国际经验对我国的启示与借鉴

第一，成立“财政可持续评估工作小组”。财政是否可持续性不是一个主观判断的问题，它既需要定性分析又需要定量分析，要在能够把握宏观经济及财政形势的基础上，用科学的方法和专业计量分析技能展开评估。因此这项工作不是任何个人就能够胜任，而它必须要受到国家政府的重视与支持。而我国现在的财政部门机构体系相对比较完整，且有财政部财政科学研究所、中国社科院财经战略研究所等国家级学术智库和高校科研机构做智力储备，完全有能力成立评估工作小组。以财政部牵头，以预算司为主力，联合第三方独立学者或研究机构，成立评估工作小组，专门负责对我国未来中长期财政变化态势做分析，以评估我国财政的可持续状况。

第二，形成独立报告并适时公开发布。我国是一个经济大国，财政、经济情况异常复杂，一份独立的财政可持续报告方能更加详细、全面的展现我国面临的财政形势，能直接客观的反映评估结果。独立详尽的报告既有利于我国历年财政状况的纵向比较，也有利于在经济全球化下与其他国家地区财政状况的横向比较，更好地了解自己国家的发展情况与在世界上的处境。同时，该报告应该一方面向国务院提交，另一方面对公众公开，让公众能直接通过报告来了解国家财政状况，尤其把握未来长期财政趋势，判断未来国家财政政策和经济政策形势。这也有利于现代财政制度建设中要求的财政公开化、透明化和接受公众的财政监督。

第三，要客观科学地设置未来财政状况评估的目标年限。我国同样也处于人口老龄化的社会人口结构变革时期，在未来 40～50年内有更多的人口进入老龄阶段，养老金、退休人员的卫生健康医疗支出等都会急剧增长，财政压力持续上行。因此在设置评估的目标年限时，不宜过短，应该把人口老龄化的因素考虑进去，从更长远的时期分析才能反映更真实的财政运行状况，把握将来的大局；但同时也不宜过长，因为未来不确定性因素的存在，时期过长，影响判断，其评估结果的可靠性和准确性就越差，误差越大，其参考价值越低。综上所述，目标年限设置在 40～50 年较为合宜。

第四，推进“中（长）期财政规划”工作的实行。对未来财政可持续的评估离不开对未来财政形势的预测，我国目前缺乏类似发达国家的中长期经济展望之类的权威报告，也没有中长期财政规划，难以展开对未来财政、经济状况的预测。我国的 3 年期滚动的“中期预算规划”于 2015 年 1 月才刚刚开始启动，还在尝试编制中，尚没有可直接利用的数据资料。作为财政可持续性评估工作的重要基础，“中期预算规划”必须要不断完善，并推进到“中长期财政规划”管理工作的落实。

第五，加快推进“国家资产负债表”的研究与编制。政府债务规模、债务负担率等指标是财政可持续性评估工作的核心指标，按国际惯例应该来源于“国家资产负债表”。目前我国官方尚没有发布权威的“国家资产负债表”，财政部也没有发布对政府债务的完整的数据①，而国家资产负债表的缺失也让我们对政府总负债与政府资产、政府净负债等没有核心数据的统计，无法做到宏观把握，也难以避免资产负债表风险。

① 2011 年、2013 年中国审计署曾两次在全国范围内审计政府债务规模，并公开了审计结果，其中有当期的政府债务规模。

第六，采用科学、客观、合理的财政可持续评估方法。目前针对财政可持续评估的方法很多，我国既要学习国外的先进的做法，又要立足于国情，选择并完善一套符合我国实际的评估方法体系。

第七，评估应该以全国财政为主要对象。我国财政可持续评估工作一开始应该以全国财政运行状况为评估对象，每年都进行相关评估，在早期不断地完善方法、累积经验。当该评估方法体系比较成熟时，可以考虑分别对中央政府和地方政府不同政府层次展开评估，丰富评估内容。

第5章

我国财政可持续性评估的体系架构

财政可持续性是对财政运行状况的一个定性描述，但目前国内对财政可持续性的定量分析并不多，现存的分析都比较的零散，尚未形成系统理论。本章尝试用规范研究的方法构建财政可持续性的评估体系，为第 6、7 章的实证研究奠定基础。财政可持续性评估体系内容包括两部分：第一部分分析财政可持续性评估的基本理论体系，回答“财政可持续性评估是什么”的问题，即介绍财政可持续性评估的必要性与目的，评估的类型划分、评估的思想原理以及评估的原则；第二部分分析财政可持续性评估的实证体系，回答“怎么进行财政可持续性评估”的问题，包括对财政可持续性评估的方法体系和指标体系的介绍。

5.1 财政可持续性评估的理论体系架构

5.1.1 财政可持续性评估的必要性、重要性与目的

(1) 财政可持续性评估的必要性

次贷危机爆发后，各国通过政府注资等方式对金融体系及市场实体展开金融援助，配合以积极的财政政策企图带动经济走出阴霾，导致公共债务激增、债务负担率与财政赤字不断走高。次贷危机之殇尚未抚平，希腊的主权债务危机又揭开了欧债危机的帷幕。“政府是否有能力偿还债务？政府是否会走向破产？财政是否可持续?”一度成为人们关注的话题。

同时期我国国内，随着地方政府融资平台债务问题逐渐曝光，地方政府性债务风险突显。尽管国家审计署通过 2011 年和 2013 年两次对政府性债务摸底，并申明中国目前的政府性债务风险总体可控，但是少数居心叵测的国外媒体还是趁机炒作唱衰中国，遗憾的是国内部分媒体也跟风，加之近年来国际三大信用评级机构相继下调中国信用评级展望，不免营造出一种“内忧外患”“谈债色变”的舆论环境。

因此，面对如此错综复杂的国内外环境，正如原财政部部长金人庆所言“与其被动买单，不如主动请客”，我国有必要进行财政可持续性评估，适时发布相关报告以正视听，一来堵住坏人的嘴，二来擦亮自己的眼睛。

“堵坏人的嘴”依靠的是在“财政可持续性分析报告”中呈现客观准确的数据、理性地分析方法，让公众对我国的财政形势和前景的判断有据可依，防止被别有用心之人夸大其辞，危害我

国社会经济的稳定与安宁。

“擦亮自己的眼睛”是要让我们自己在“财政可持续性分析报告”中认清我们所处的经济环境，深入而又全面地剖析我国现在的财政形势及将来的财政前景，判断我国的财政可持续状况。

（2）财政可持续性评估的重要性

首先，我国官方已意识到保持财政可持续的重要性，但缺乏财政可持续的量化结果。我国财政部部长楼继伟多次在公共场合讲话上提到“要确保财政可持续性”“要实现财政可持续”等，但因为我国目前尚没有一套完整科学的财政可持续性评估方法，所以这些说法都是定性方式的阐释，没有一个定量的分析结果，不足以支撑他们的言语。通过对财政可持续性评估的定量分析，能更直观、明确的分析财政运行的状态。

其次，和国际接轨的举措。世界银行在 2005 年发布了《财政可持续性理论与实践手册》（Fiscal Sustainability in Theory and Practice）并于 2009 年又修订了该手册，而各国、经济体（欧盟、OECE）等都纷纷尝试建立了自己国家的财政可持续性评估体系，构建我国的财政可持续性评估体系有利于和国际接轨，与其他国家的财政状况进行横向比较，同时也是我国纵向比较的依据。

再次，建立财政可持续评估体系，有利于全面、动态的监测我国财政可持续运行的过程，评估财政发展状态，为财政可持续的科学决策与现代财政制度建立提供理论支持。财政可持续性评估指标体系能够客观真实地衡量财政运行的状况，帮助人们判断财政未来发展趋势与预定目标实现程度，并可根据实际情况提出财政政策与财政整顿的参考建议。

然后，财政可持续性评估提醒着当代政府要从更长远的角度思考政府的生存，是一种新的政府价值观。政府的官员的任期是有时间限制的，官员的行为也是短期的，但是政府这个界体是永存的，所以必须要考虑官员短期行为带来的长期影响。不能为了解决当前的经济问题、福利问题，或者为了获得政绩上的肯定而主观性地背负着巨大的政府债务，透支子孙后代的税收，导致后代政府公共债务压力大，甚至陷入无法维持生存的状况。因此财政可持续性不仅是一种社会经济理论，而更应该成为政府决策者的行为准则，是保证政府能够永续存在，政府职能能够正常发挥的必要条件，政府应该树立起这样的价值观。但财政可持续性的理论要具体到实践中，就需要必要的技术支持，构建财政可持续性评估体系，并以此监督、鞭策政府行为。

最后，将财政可持续性状况记入对官员的绩效考核因素中，减少政府活动与官员决策的短视行为，增强政府的治理能力。现在以 GDP 为导向的政府官员政绩考核方式导致了政府官员决策和行为的短期性，而将财政可持续程度纳入对政府官员政绩考核的因素之一对于官员的政绩考核有特定的导向意义。单纯以 GDP 为考核政府官员政绩硬指标，过分强调与依靠经济增长，另一方面，地方政府官员以完成上级规定的财政收入任务为目的，在完成任务有困难时，甚至采取寅吃卯粮的做法，提前透支了下一年度的财政收入。这些做法都会导致政府官员，尤其是地方政府官员将其精力更多放在招商引资追求产值的增长，从而放任地采取粗放型经济增长模式，积极热衷于上马“短”“平”“快”的项目，甚至对这些项目不惜举债经营，对招商进来的企业肆意减税增补、贱卖土地等做法导致了政府财政收支矛盾突出，背负沉重政府债务，严重地影响了政府财政的可持续性。尤其是地方官员在地方任职流动性较大的情况下，更不用为短期决策与行为负责，造成严重的长期债务积累，对后继任者留下一个烂摊子，而后继任者只能举新带旧，继续举债，这个债务雪球越滚越大，陷入“庞氏骗局”，直到它的债务利息都无法偿还时，债务链断裂，债务危机爆发。因此，将财政可持续性作为考核政府官员政绩的因素之一，有利于政府官员考虑短期和未来长期的政府持续能力，和其他有效措施配合共同纠正当前以 GDP 为导向的官员绩效标准带来的政府官员扭曲执政、执法等现象，对其急功近利的行为进行约束，逐渐减少政府活动与官员决策的短视行为，有利于财政的可持续性，增强政府的治理能力。

总之，财政可持续评估体系是一想复杂的系统工程，科学构建财政可持续性评估体系，并适时公开发布相关报告，展现财税改革与政府财政治理绩效，有利于财政预算公开与财政监督机制的形成，推进现代财政制度的建设与国家治理的现代化，促进社会经济的可持续发展，维护社会稳定和国家的长治久安（余珊和周小林，2015）。

（3）财政可持续性评估的目的

构建财政可持续性评估体系，对我国的财政可持续状况进行评估主要有以下几个目的：

第一，做预判。研究财政可持续性不能只停留在判断当前政府是否有偿债能力是否会面临财政风险的问题上，财政可持续性更侧重于回答未来的财政是否稳健，是否存在财政压力或财政风险及其程度等问题。这些前瞻性的问题都建立在对未来财政形势预测的基础上，只有科学客观地认识当前形势、把握未来走势，才能辩证地、预见性地预判长远的财政状况，对宏观经济形势变化及人口老龄化带来的财政压力引起重视。

第二，做约束。在现行的年度预算编制方式下，化解财政风险通常采取“头痛医头，脚痛医脚，一年一治”的应急措施，不利于国家宏观经济长远发展战略规划和财政政策目标的实现。

建立财政可持续性评估体系，实时而动态的呈现财政状态，才能更好地监督与考核政府活动及财政政策效果，严肃财经纪律并有效约束政府行为，提高财政透明度，减少政策的随意性，破解财政短视行为，确保财政政策的连续性与稳定性。

第三，对财政风险做早期预警并提供决策建议。构建财政可持续性评估体系的终极目标还是为政府实施财政政策提供决策参考，通过预判长期财政形势，对可能面临的财政风险做早期预警，防止债务负担率滑出安全限值，维持财政的可持续发展，为国家长治久安和可持续发展服务。

第四，与国际接轨。中国的大国财政地位决定了我们必须要有高瞻远瞩的目光，以正视当前和今后要面临的财政经济问题。出于对识别及防范长远债务风险长效机制的考虑，我们也应当紧跟世界银行、欧盟及众多发达国家的脚步，建构符合我国国情的财政可持续性评估体系，实现与国际财政管理的接轨，对大国地位有所担当。

5.1.2 财政可持续性的类型划分

“财政可持续”这个概念从字面意思上来说，是与“财政不可持续”相对的一个概念，“不可持续”是一种状态的否定，即政府处于无偿债能力，无法按时足额偿债，发生违约的最糟糕的局面。因此只要财政不处于这个最糟糕的局面，或者只要把还债条件放松，如采取适当延期、先偿还部分、发行新债券置换旧债券等方式，政府还是有偿债能力的只是时间向后推迟，财政还是可持续的。

按这样的理解，财政可持续则不是一个“非白即黑”的状态，而可以政府偿债能力和面临违约风险程度划分为弱可持续、一般可持续、较强可持续性、强可持续财政、弱不可持续、一般不可持续、较强不可持续与强不可持续八种类型（详见第 6 章）。弱可持续是指政府偿债能力非常弱，财政风险较高，必须依靠政府及时采取有效的财政调整和增资措施，政府才能支付大部分的债务利息，而不至于马上陷入资金困境必须违约；一般可持续是指存在一定的财政风险，政府可以支付大部分利息，但如果采取了财政调整后能有效提高其融资能力，不存在债务本息的偿还问题，财政可持续；较强可持续是指政府的财政状况比较健康，发生财政风险的可能性非常小；强可持续则指政府的财政状况非常健康，有足够的偿债能力，不存在财政风险，不需要财政调整都能保持财政的持续性。

5.1.3　财政可持续性评估的思想原理

财政可持续性评估的首要与主要目的是对未来财政状况与财政风险的预判，因此财政可持续性的评估最重要的是就是对财政风险做早期预警，根据政府债务状况与财政收支状况分析发生风险的可能性。

（1）财政风险早期预警思想

中外历史经验证明，化解已爆发的财政危机以及危机后处理残留危害和重振经济是非常困难且成本颇高的事情，而且一旦化解不成功甚至会导致国破人亡。因此，如果能提前预判到危机的到来，或理性地感受到财政压力，则可以给政策制定者留下充足的时间来做预案，及时阻止，减弱即将到来的危机或沉重的压力带来的各种财政冲击与危害。

任何危机的爆发都是风险积累到一定程度的后果，即先有量变再有质变，因此要对危机进行预判，可以根据之前隐藏的风险来进行分析。而风险在积累过程中，会有一些变量出现异常的表现与反映，对这些变量的分析为早期预警提供了可能性。在风险早期预警研究方面，金融风险与宏观经济风险早期预警研究成果比较丰富。

相对于宏观经济危机与金融危机的预警研究来说，在财政风险预警方面的研究还是比较薄弱的，目前所建立的各类财政风险预警模式，预测的成功率非常不稳定。在成功的预测中，能帮助学者辨识危机前发出重要信号的变量，有的模型能相对较好地预测出危机的程度，为是否要进行政策调整或改革能提供参考意见，但是财政在什么时点上走上危机的临界点，财政危机爆发时机的预测上仍然是一个难题。

（2）财政平衡思想

财政可持续的核心是政府保有偿债能力，当政府债务积累到政府无法通过再融资来负担时，政府面临违约风险，财政陷入不可持续。在这个逻辑里暗含了这样一层意思：政府债务是可以存在的，而且在现实中确实是存在的，财政可持续性并不意味着消除债务，但是债务规模（债务负担率）在未来长期能够控制在稳定的债务水平（上限水平以内），并且能够保持财政基本平衡，没有出现大规模的财政赤字，则财政可持续。当然这里所谓的保持稳定的债务负担率水平并不是一个非常严格的条件，在受到经济波动、政治波动甚至战争或自然灾害等因素冲击的情况下，债务规模可能会发生大幅度的变动，债务负担率也会随之提高。但是只要在随后一段时期，政府可以通过增税减支等方式调整财政，提高偿债能力，债务负担率从高位逐渐回复到之前水平，都可以认为在长期债务水平是稳定的。

因此对财政可持续的评估可以通过考查未来长期内，在设定的稳定债务率水平上，财政收支状况，如果财政能保持基本平衡，财政缺口小（零缺口是理想化的状态）则财政可持续，财政失衡，财政缺口大则财政不可持续，即是说将通过对财政平衡状况的评估来判断财政可持续状况。

5.1.4　财政可持续性评估的原则

（1）“静态评估”与“动态评估”相结合

“静态评估”主要是针对当前财政收支运行状况，分析政府的偿债能力和财政压力（风险）事件的发生可能性，评估当前政府维持财政可持续的能力水平。“动态评估”是根据社会结构变化、宏观经济发展和政府活动规律，预测经济与财政运行趋势，分析未来财政收支平衡状况和政府债务负担水平的动态变动，指导现在到未来的财政政策制定与执行的方向，进行有效地财政调整以防范财政危机。财政可持续性的静态评估侧重对当既成事实的评价，而动态评估则侧重于对未来发展趋势的评估，两者的结构有从纵横两维度综合反映财政可持续状况（余珊和周小林，2015）。

（2）“短期”与“长期”相结合

我国有学者以在国际流行的政府跨时预算约束基础上，运用单位根检验或协整技术对我国过去的债务负担率水平或财政收支进行了实证分析，得出我国财政整体健康，财政可持续的结论（郭庆旺、吕冰洋和何乘才，2003；周茂荣和骆传朋，2007；王志刚，2012）。但这些分析只能针对过去情况，而事实上自新中国成立以来政府没有发生过财政危机，单位根检验和协整技术的分析只是验证了过去的事实，但几乎无助于预测未来财政状况，因此从构建财政可持续性评估体系来说意义不大，评估体系本身更应该着眼于对未来的预测分析。财政可持续性评估体系对未来的评估分为未来的短期可持续评估与中长期可持续性评估。短期评估主要立足于现在，中长期评估则要着眼于未来，两者的评估思想原理、指标、经济模型均不同，评估的意义也不相同（余珊和周小林，2015）。

一方面，要建立短期评估体系，根据过去及当前财政、社会经济及政治环境相关指标，总结过去发生财政风险的经验教训，分析当前财政运行状况，预警短期（通常是一年）可能发生的财政风险，政府据以可决策应急措施。另一方面，从长远战略思维角度，要重视长期可持续评估，在对未来长经济与财政预测基础上，估算财政可持续水平，预判政府未来所承受的财政风险，以便政府有针对性的做财政调整，为政府应对财政风险预留充足的时间（余珊和周小林，2015）。

5.2 财政可持续评估的实证体系架构

5.2.1 财政可持续性评估的方法体系

如前文思想原理部分所述，能够对财政可持续性进行评估是源于可以对财政风险做早期预警，以及分析未来长期财政收支平衡状况，因此本书将采取的评估方法也是由这两种思想而来，结合“静态与动态结合”和“短期与长期结合”评估原则，将采取“信号法”对一年内的财政风险进行早期预警，评估短期（一年内）财政可持续，以及采取“财政缺口法”分析未来40年财政平衡状况，评估长期（40年）财政可持续（如图5－1所示）。

（1）“信号法”（signalling approach）财政风险早期预警

①方法概述。建立“早期预警体系”（Early－Warning System，EWS）最需要的是在风险加大、危机酝酿之时，会有相关有效信号发送出来，让人察觉到危机的到来，因此信号法也

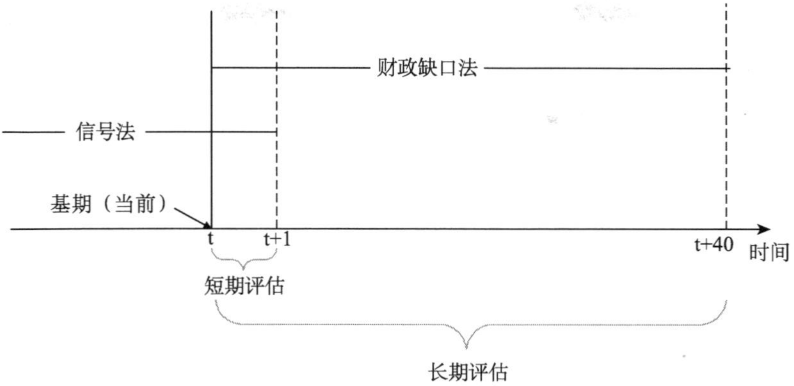

图 5－1　财政可持续性评估的方法体系

是早期风险预警的主要方法之一。用信号法对财政危机进行早期预警最主要的原理是：监测大量有同样经济和财政背景的国家（地区）在历史上爆发财政危机事件前期相关指标数据的变动，对财政、经济发展的轨迹进行分析，寻找财政、经济指标数值异常变化中的共同症状，以此作为危机发生前的预警信号，再通过这些信号对未来财政风险进行预警。

我国 20 世纪经历的晚清、北洋、南京三个政权时期由于遭受到鸦片战争、内战及对外战争等对社会经济的破坏，三个政权阶段都发生过严重的财政危机。自新中国成立以来，我国在不同时期经历过财政紧张的时期，但没有发生过财政危机，和我国经济发展与转型、制度改革等情况非常相似的其他新兴经济体国家在近 30 多年来大部分因不同原因而发生过财政危机。因此可以通过分析这些和我国有着相似背景的国家财政危机爆发情况，以此作为经验数据，再结合我国财政、经济、政治的实际情况来识别我国的财政运行的脆弱性和预警财政风险。

当然这种早期预警思想也有一些现实漏洞。首先，要找到一个财政危机爆发的共同模式是几乎不可能的，但是共同的症状是可行的，如某个变量的变化有大抵相同的趋势，当然这当中不排除偶然巧合的因素，这也是预测工作在所难免的，不可能做到极致。预警系统只能做到监测变量，而中间可能的巧合或者必然趋势则需要谨慎的解释。其次，在对各国历史数据观察时，可能会出现这种情况：市场的微观主体在危机爆发前已经有一定的预期并自发地做出应对举措，或者政府也做了一些短期应对措施，即便有这样的防范还是未能阻止危机的爆发，但这些行为会对爆发前观察变量的变动有影响，可能会弱化危机前症状从而误导预警信号。

②基本思路与技术路线。“信号法”考虑到了财政风险的内生性，因此主要依靠与财政相关的主要变量指标的值进行判断财政风险（压力）情况，其中早期监测指标（early - detection indicator）S_{short}是短期财政可持续测试指数，后文称之为“短期财政可持续性指数”。“信号法”进行财政风险早期预警的基本思路是：先确定与危机（压力、风险）相关变量值的限值，如果考察期间的变量值临近或超过该变量的限值，则意味着该变量发出了危机临近的信号，如果变量值低于这个限值则比较安全，也不会发送危机信号。然后根据一定的原则将这些变量限值进行加权计算出 S_{short}的限值（$S_{short}{}^{*}$），与真实变量值的 S_{short}值，将两者做比较，如果 S_{short}真实值超过 $S_{short}{}^{*}$，则意味着变量指标体系在发送危机（风险、压力）信号，预示着该国家或地区危机将爆发，否则则安全。

其技术线路是：第 1 步，先定义财政压力（危机）事件；第 2 步，选择相关的指标；第 3 步，根据所选国家在过去（一定时期内）发生财政危机前指标变量的变动趋势，测算每个变量限值；第 4 步，将所有指标的限值汇总为一个短期财政可持续性指数，根据指标真实值与短期财政可持续性指数的比较来判断短期风险大小，分析短期财政可持续状况。

③方法的优势与局限：第一，这种方法将对短期财政可持续性面临的挑战程度只用一个指标 S_{short} 来衡量，简化了预警工作，并且清晰明了，操作性强。

第二，使用大量的变量及数据，可以在不平稳面板中处理数据，比面板检验更为合理。

第三，信号法计算出来的变量限值可以直接用于政策监测与分析。

但是信号法的缺点在于缺乏对不同变量间的相关关系的考虑，而且必须是使用大量国家的相关经验数据来做验证，无法就针对一个国家来做预警。

（2）财政缺口

①方法概述。财政缺口（Fiscal Gap）是由 Alan Auerbach 在 1994 对美国赤字分析时提出来的一个概念，是指政府在设定目标时间内达到目标债务负担率水平且保持财政基本平衡所需要做的财政调整程度，反过来说，是指政府在目标债务负担率水平上，未来支出（财政支出和政府未偿付的债务）的现值与未来所有收入（税收和其他收入，包括由政府当前拥有的金融资产的未来收益）现值的差额①（它与代际核算②（Generational Ac-

① Auerbach A. J. The US fiscal problem: where we are, how we got here, and where we're going [M] //NBER Macroeconomics Annual 1994, Volume 9. MIT Press, 1994: 141 ~ 186.

② 代际核算方法也是由 Alan Auerbach 等人（1991）提出来主要用于分析财政政策（含代际间福利分配）在短期及长期的影响，反映代际间福利的变化情况，“政府将来所有的消费的现值减去政府现在的净财富必须等于现存所有代的社会成员在其剩余的生命周期内所缴纳的净税支付总额的现值与未来所有社会成员在生命周期内缴纳的净税支付总额的现值之和”，其理论模型是政府跨期预算约束模型（任若恩，蒋云赟和徐楠楠等，2004）。

counting）的概念非常相近）。财政缺口方法实际上是对未来长期财政平衡的研究，是衡量财政可持续性或代际财政负担的主要方法之一，现在为 IMF、世界银行和其他国际机构，以及近 40 个国家的财政部门、中央银行使用，如第 4 章的国际经验借鉴中多个国家都使用了这个方法，国内姚东旻等人（2013）使用该方法计算了中国未来 30 年的财政缺口。

②基本思路与技术路线。财政缺口是以政府跨期预算约束模型为基础，假定未来长期政策不变，分析未来该国的财政收支、债务负担、债务利率、经济增速等变动情况，考核未来长期的财政盈余是否满足现在和未来的支出（含债务、养老金等）负担。在满足政府跨期预算约束的条件下，未来长期财政收入与支出之间的财政缺口，如果财政缺口大则说明财政不可持续，如果财政缺口在可控范围则财政可持续。

其技术路线是：第 1 步，设定一个目标年限与目标债务负担率，如在未来 50 年（2065 年）时目标负担率为 45%；第 2 步，基于官方发布的未来经济展望或者中长期预算规划及当前经济状况，对未来长期的财政与经济运行状况进行分析，对财政收支、债务负担率、利率、GDP 等几个关键指标进行预测；第 3 步，在政府跨期预算约束模型基础上计算财政缺口；第 4 步，对几个敏感指标设置不同场景做敏感性分析；第 5 步，根据财政缺口程度判断财政可持续程度。

③方法的优势与局限。传统的财政可持续性评估方法较多的是在静态政府跨期预算，对债务负担率进行单位根检验或财政收入的（多重）协整，主是对过去财政收支及债务时间序列数据的分析，分析过去的财政可持续性状况，意义不大，对未来的财政可持续判断没有太大参考价值。而财政缺口是对未来的财政可持续性进行预判，其计算出来的财政缺口大小也可以为未来财政

政策调整力度及时间进程提供参考。

该方法也存在一定的不确定性，首先，该方法评估的结果受到设定的目标年份与目标债务负担率的影响，目标年份与目标债务负担率设置的合理程度决定了评估结果的优劣；其次，因该方法是基于对未来财政、经济状况的预测基础上的，所以预测的准确性关系到最终实证结果，不过针对此点，最后对关键指标设置不同场景进行敏感性分析是对此缺陷的一个弥补。

5.2.2　财政可持续性评估的指标体系

指标的英文“indicator”，源于拉丁文 indicare，其本意“意味、指出、估计、表明、确定”等含义，现代意义上的指标是指某参数导出的值。“指标来源于价值观（我们测算我们所关注的），而且他们又会创造价值（我们关注我们所测算的）”（Meadows，1998）。由于指标能将大量复杂性动态经济活动概括、聚焦并浓缩为可管理的大量有意义的信息，因此各种评估方法体系中广为采用。财政可持续评估评价指标则是用一系列的相关指标辅助评估财政可持续性状况，并将其作为评估财政可持续实现状况的尺度或标准。通过指标工具，并建立模型来度量目前及未来财政活动的可持续状态与程度，并将其明确清晰地表达出来已成为共识。

“体系”在汉语词典里的解释是指“若干有关事物或某些意识互相联系而构成的一个整体”。这也意味着“指标体系”不是零散指标的简单汇总，而是依照某种规则将一系列有着内部联系的指标汇集形成一个有机整体，以更科学完整的描述某件事物或某现象。

财政可持续性评估指标体系是将财政可持续性定量化研究的手段，增强评估工作的具体性和可操作性。

(1) 财政可持续性评估指标体系建立的重要性

高培勇等人(2012)在《中国公共财政建设指标体系研究》一书将“可持续性”作为衡量公共财政运行绩效层面的指标之一。他们认为可持续性包括两层含义,一是“财政补偿度”即财政对经济社会可持续发展的贡献,二是“财政的可持续性”即财政自身的稳定与抗风险能力的状况。他们将财政可持续性的考虑重点聚焦在于政府债务状况与偿债能力上,根据“独立性、经济性、重要性、精确性”的指标筛选原则,在通常反映债务状况和偿债能力的赤字率、赤字依存度、国债负担率、国债借债率、偿债率、外债负债率、外债偿债率7个指标中,选择了赤字率(流量)和国债负担率(存量),没有选择与财政风险关联度小的外债指标及隐性债务和或有债务(中国政府当前的隐性负债和或有负债情况非常复杂,很多债务也非常隐蔽,选用这样的指标则不符合精确性的原则)。

这种传统的评估方法通常用的指标是单一指标且是静态指标,难以准确动态地描述全局状况,单一指标无法满足评估财政可持续性所需要的全面信息,而且完全只能就债务而论债务,无法体现其他环境变化对债务的影响,只能是概括性、绪论性的描述,而不是细致地描述财政状态,无法包含更多的细节性因素。

财政可持续性评估指标体系的优点在于:较单一指标而言,指标体系包含的信息全面丰富,综合了影响政府公共债务的主要宏观经济、社会人口结构、政治环境因素,增强了结论的可靠性、可读性与计算的操作性,而且有效涵盖细节信息,描述更加细致。指标体系中多个指标是按照一定的规则组合而成的,包括财政类、宏观经济类、政治类等多个类别的指标群,本身各成子系统,相对独立的体现这些子部分对最终结论的影响。因此指标体系并非是简单的、杂乱无章的汇总,子系统指标群反映的信息又汇集为有机整体，总体上呈现出富有逻辑的系统性。

（2）指标体系构建的原则

①科学性。财政可持续评估的指标体系必须建立在科学的基础上，要充分体现财政可持续性的内涵及对财政运行状况评估的目的性，反映财政可持续的内在机理。其指标的物理意义是明确的，是有一定的理论支撑的，如此才能确保测算结果的真实性、客观性和科学性（张新平，2000）。

②动态性。财政可持续发展既是一个静态的目标状态，又是一个动态的运行过程（张新平，2000），指标体系也应该反映出动态性，存量与流量指标的结合可以展现趋势发展的特点。

③可比性。财政可持续评估的指标体系要尽量采取国际上认可、通用且标准的指标，包括名称、概念与计算方法（张新平，2000），这样指标与计算的财政可持续评估最终结果才能和其他国家（地区、经济体）或国际组织评估的指标与结果有一定的可比性，才更加规范。

④可得性。财政可持续评估的指标体系的指标要求全面性，但是这必须是在可得的前提下，有的指标看似很有作用，但是数据不可得，对最后评估测算没有任何实际意义。

⑤全面性。财政可持续评估的指标体系一定要能够跳出“就债务论债务”的圈子，要有全面地反映宏观经济环境、社会人口结构环境、甚至政治环境等对财政收支、政府债务影响的指标，且有指标还能反映这些环境因素相互联系、相互协调的关系。

（3）指标体系构建

设计并构建一套完整、科学的财政可持续性评估指标体系是一个系统工程，不可能一蹴而就，一劳永逸，而要根据经济、财政发展的现实状况及可能遇到的新情况而不断地完善。

①短期财政可持续性评估。因为对短期财政可持续性进行评估使用的是“信号法”，信号法是要考察在财政危机爆发前国家的异常表现，这种异常表现受到财政本身环境、社会经济环境和政治环境的综合影响（如图 5－2 所示）。因此在构建指标体系时应该要综合考虑财政指标、社会经济指标、政治指标三大类指标。

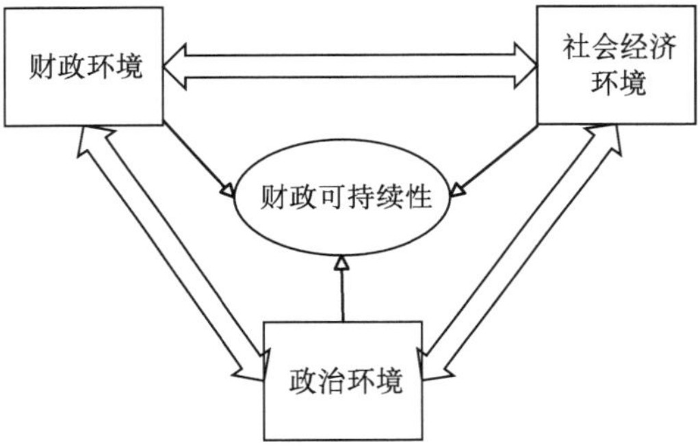

图 5－2　短期财政可持续性评估的指标体系结构

构建合理完整的指标体系，结合上述原则，在筛选指标时应当要注意以下几点：一是要注重理论含义与现实含义的融合，理论上能准确地体现中国财税制度的特征，现实上能动态地反映财政运行状况和政府债务负担水平。二是要考虑经济、社会、政治等综合环境因素，筛选能反映经济发展状况的指标，如 GDP 增长率、通货膨胀率、居民人均收入等；能体现社会人口结构变化情况的指标，如人口总出生率、老年抚养比等；以及反映政治环境的指标，如政府清廉指数、政治风险指数等。三是要重点突出对财政风险的衡量，既要包括描述基本财政运行情况的指标，如财政基本平衡、财政支出变化率、税收变化率等，更要突出能够直观展现债务状况、衡量财政债务的指标，如债务负担率、逾期债务率、国债依存度等。四是要结合存量指标与流量指标，流量指标反映一段时期经济、财政运行的变化过程，如财政收入、财政支出；存量指标反映指标在某时点上对象运行的结果，如债务余额、居民人均储蓄率（余珊和周小林，2015）。综上所述，在不考虑指标数据的可得性的情况下，预警短期财政风险的指标分类及详细如表 5－1 所示。

表 5－1　　　短期财政可持续性评估指标体系

编号	指标	来源	备注	指标的作用
财政基本指标：				
与债务相关的指标：				
①	总债务负担率（% GDP）	WEO	政府性总债务在 GDP 中的比率。按 IMF 的统计口径，政府性总债务包括了政府所有负债，包括以特别提款权（SDRs）形式存在的，现金、存款、债券、贷款、保险、养老金，各种担保承诺等	反映政府总债务规模，直接影响政府的偿债能力，总债务负担率越高，说明债务规模越大，财政风险越高
②	净债务负担率（% GDP）	WEO	政府性净债务在 GDP 中的比率。净债务是指政府性总债务中减去与债务工具对应的金融资产如黄金储备、SDRs 等（IMF 的统计口径）	反映政府净债务规模，直接影响政府的偿债能力，净债务负担率越高，说明债务规模越大，财政风险越高
③	赤字依存度	WEO	赤字依存度是财政赤字在财政支出中的比例	反映政府总支出中依赖赤字支出实现的比例，赤字依存度越高，可能的债务规模越大，政府的偿债能力越弱，财政风险越高

续表

编号	指标	来源	备注	指标的作用
④	债务借债率	BIS	当年新增政府性债务在GDP中的比重	反映债务的积累速度，债务借债率越高，新增债务规模越大，政府的偿债能力越弱，财政风险越高
⑤	逾期债务率	BIS	逾期债务率是指年末逾期债务余额占年末债务余额的比重	反映到期不能偿还债务的规模，逾期债务率越高，政府负担越重，财政压力越大，政府的偿债能力越弱，财政风险越高
⑥	偿债率	BIS	当年债务还本付息额与当时财政收入的比率	反映当年政府偿债压力情况，用多少收入来偿到期债务，偿债率越高，政府负担越重，财政压力越大，财政风险越高
⑦	融资总需求（% GDP）	Fiscal Monitor	融资总需求是上年度财政赤字加上当年到期需偿还的债务	反映政府应当发行的债务规模，融资总需求率越高，政府债务规模越大，财政风险越高
⑧	短期债务比率	WEO，IFS	短期债务在总债务的比重	反映短期内财政债务压力，比率越高，财政压力越大，财政风险越高
⑨	政府性债务的平均期限	Bloomberg，Dealogic		反映政府的债务结构，期限越短，短期偿债压力越大，财政风险越高，期限越长，短期偿债压力向未来转移，存在一定的长期风险

续表

编号	指标	来源	备注	指标的作用
其他财政变量：				
⑩	结构性财政平衡（% GDP）	WEO	IMF 常用的指标，在经济周期中对非结构性因素进行周期性调整后的财政基本平衡，非结构性因素包括临时性（一次性）的财务调整或者资产价格变动	反映常规性财政收支情况
⑪	财政基本平衡（% GDP）	WEO	财政基本平衡是指在财政收支差额的基本上加上支付的净债务利息	
⑫	政府总资产（% GDP）			反映负债的偿债能力，但因没有更确切的可变现抵债资产数据，所以实际用途不大
⑬	政府财政支出的变化率（% GDP）	WEO		反映政府支出责任的变化，影响政府债务规模变化趋势
综合环境变量：				
⑭	真实 GDP 增长率	WEO		反映经济发展速度，直接影响政府财政收入水平和偿债能力，GDP 增长率越高，则政府偿债能力越强
⑮	通货膨胀率			反映市场经济发展状态

续表

编号	指标	来源	备注	指标的作用
⑯	老年抚养比	UN	人口中非劳动年龄人口数中老年部分对劳动年龄人口数之比，通常表达为 ODR =（65 岁以上人口数 / 15 ~ 64 岁人口数）* 100%	反映社会人口老龄化程度，间接反映老龄化成本，老年抚养比越高，未来财政支出压力越大，债务积累水平越高，财政风险越大
⑰	总出生率	UN		反映社会人口结构变化情况，间接反映劳动生产率，影响经济增长速度，总出生率越低，经济发展越慢，老年抚养压力和财政支出压力越大，财政风险越大
⑱	总（居民）储蓄水平（% GDP）			反映社会的应债能力，储蓄水平越高，社会应债能力越强，财政风险越小
政治环境变量：				
⑲	全球贪腐印象指数	透明国际报告		反映政府资金的使用效率，全球贪腐印象指数越高，说明政府资金投入到经济建设与社保的越低，越容易形成债务，财政风险越高
⑳	国际政治风险指数	国家风险国际指南（ICRG）	国家风险国际指南（ICRG）中对各国政治风险的评估	反映政治环境的安定程度和社会信心，政治风险指数越高，政府政局越不稳定，社会对政府的信心越低，社会的应债意愿越低，政府举新偿旧的能力越低，财政风险越高

以上三大类 20 个指标构成的短期财政可持续性评估的指标体系，但是在数据收集中，可能会有一些数据缺损，有的指标会放弃或被相似功能的指标替代（详见第 6 章 6.2.1）。

②长期财政可持续性评估指标体系。对长期财政可持续性评估是运用的财政缺口方法，该方法主要需要的指标包括财政收支基本平衡（财政盈余或赤字）、债务负担率、赤字依存度、赤字依存度的变化率、利率、GDP 增长率、利差（名义利率与名义 GDP 增长率的差额）几个主要指标。

第6章 短期财政可持续性评估实证分析

本章是在第5章财政可持续性评估体系基础上对我国短期财政可持续性评估的实证分析，第5章财政可持续性评估的风险早期预警思想启示我们可以通过对财政风险进行时期预警，根据短期（一年）内我国财政风险发生的可能性来判断短期的财政健康状况。本章将采用前面所介绍的“信号法”及构建的指标体系，通过筛选出来的11个新兴经济体国家相关指标的历史经验数据，计算短期可持续性指数，分析我国在短期内的财政风险程度，判断短期财政可持续性。

6.1 模型与方法设计

信号法是“早期预警体系（Early - Warning System，EWS)”的一个重要方法，主要是用于揭示于由财政、宏观经济及其他经济竞争力引发的财政压力而可能带来的短期财政风险（通常是一年），该方法最早是用于对金融风险的预测。1998 年的 Kaminsky，Lizondo 和 Reinhart 对样本国家货币危机的研究主要解决三个问题：第一是计算每个变量在危机条件下发出信号的概率，第二是统计在危机前第一次发出信号所提前的平均时间（按月计），第三是统计危机前变量发送信号持续的时间。信号法在金融危机的预测中取得了一定的成功，近年来被引入到对财政风险的早期预警中，监测大量有同样背景的国家（地区）在历史上爆发财政危机（压力）之前相关指标变动轨迹，寻找财政、经济运行的异常变化的共同症状，以此作为爆发危机的信号建立预警系统，最后将所有指标的信号汇总成短期财政可持续性的指数 S_{short}。用信号法的原因之一在于对短期财政压力评估没有更好的方法，之二在于通常短期的财政压力也是由经济危机或金融危机恶化了当前财政情况而导致的，因此笔者将用信号法来对短期财政可持续性进行评估。

当然，并不能完全指望靠信号法这类风险早期预警体系来精确地预测危机，这也超过经济模型的能力，这类风险早期预警体系更准确的用途是通过识别经济、金融和财政系统的脆弱性，揭示可能潜在的风险。在脆弱的经济、金融或财政系统中，一些事件会成为危机的导火索，虽然这些危机爆发点是难以预测的，但是潜在的、能激发危机的系统脆弱性是可以识别的。

6.1.1　财政压力的定义

按第 3 章笔者对财政压力、财政危机与财政可持续性的关系分析，可以知道财政压力程度非常大，且又没有及时采取有效的财政调整时，财政将不可持续，而财政压力包括了发生财政危机（无偿债能力）与偿债能力薄弱两种状态，因此这里将使用财政压力的范畴，来作为对风险的判断。

根据第5章对信号法技术路线的陈述，首先要对财政压力（危机）进行定义。在第3章中，笔者介绍了Baldacci（2001）对财政压力进行的重新定义，而且该定义是考虑对新兴经济体国家的适用性，因此本节将借鉴该定义展开分析，如表6-1所示。

表6-1 发达国家与发展中国家财政压力事件场景的界定

事件	判断标准	发达国家	发展中国家	数据来源
显性公债违约	到期政府无法偿债	标准普尔的界定	标准普尔的界定	Standard & Poor's Default Study: Sovereign Defaults And Rating Transition Data
隐性公债违约	高通胀率	通胀率超过35%	通胀率超过500%	IMF/IFS
大规模融资	IMF的大规模的援助计划	援助规模超过了全部配额	援助规模超过了全部配额	IMF Financial Data/IMF Lending Arrangements
主权债券融资受限	主权债券收益压力	利差比特定国家的平均水平高出2倍标准差	利差比特定国家的平均水平高出2倍标准差；或者利差高出1000个基点	IMF/IFS

资料来源：Baldacci，Petrova 和 Belhocine 等．Assessing fiscal stress［J］．IMF Working Papers，2011：1～41.

如上表所示，发展中国家发生财政压力事件的场景主要包括四种情况，政府债务的显性违约与隐性违约，政府大规模（外源）融资及主权债券融资受限。其中，政府债务显性违约即是政府无法偿付到期公债，本书主要借鉴标准 & 普尔（Standard &Poor's）的判断标准及统计数据；政府债务隐性违约是指政府以高通胀来消化债务，发展中国家的通胀率超过 500% 则判断为隐性违约；政府大规模（外源）融资是主要是指政府从 IMF 取得大规模的援助计划，发展中国的援助规模超过全部配额；主权债券融资受限主要是指主权债券的收益面临压力，发展中国家的债券利差比特定国家的平均水平高出 2 倍标准差，或利差高出 1000 个基点。

6.1.2　财政压力限值

财政压力限值是指标体系中相关指标的安全限值，即最佳限值，是判断财政脆弱性的阈值，限值的计算是整套信号法的核心。其计算是基于财政压力前期各变量观察值系统性的行为变化轨迹来决定的，而这些变量的观察值是由多个国家、地区或经济体的多个变量在过去时期内时间序列值组成。该变量在某期的真实观察值超过（或低于）限值，则称该变量发出了下一期会发生危机的信号，否则则没有发送信号①，如表 6 - 2 所示。

如上表呈现的，财政状态可分为财政压力时期（Fiscal Stress Episode，即有财政压力事件爆发）与非财政压力时期（Non - Fiscal Stress Episode，没有财政压力事件发生）两种；指标发送了信号为“积极信号”（Positive signal），指标没有发送信号为“消极信号”（Negative signal）。

① 这里观察值是超过限值还是低于限值发送信号是依据指标来具体确定的，如债务负担率（债务/GDP）的值的比较则选用“超过限值”则危险的标准，而“财政盈余/GDP”超过限值是安全的，低于限值是安全的。因此，这个真实观察值与限值的比较视具体的变量含义，与财政压力的关系情况而定，但为了论述上的方便和简洁，后文都用“超过限值则发送信号”这种说法。

表 6-2　t 期状态与 $t-1$ 期指标变量发送风险信号出现错误的类型

	财政压力时期（*FS*）	非财政压力时期（*NFS*）
发送财政压力信号	正确的积极信号（*tps*）	*Type*1：错误的积极信号（*fps*）
没有发送财政压力信号	*Type*2：错误的消极信号（*fns*）	正确的消极信号（*tns*）

资源来源：Graciela Kaminsky，Saul Lizondo 和 Carmen M. Reinhart 的本书“Leading Indicators of Currency Criss”。

如果 t 期处于财政压力时期，而在 $t-1$ 期（提前一个时期，本书以年为单位）该指标发送了信号，意味着信号发送是正确的，称为是“正确的积极信号”；如果 $t-1$ 期该指标没有发送信号，则认为指标在应该发送信号时没有发送信号导致遗漏了危机，称为“错误的消极信号”，这类错误归为二类错误，简称为“*Type*2”（遗漏危机）。类似的，如果 t 期是处于非财政压力时期，而在 $t-1$ 期该指标却发送了信号，意味着在不该发送信号时却多余地发送了信号，称为是“错误的积极信号”，这类错误归为一类错误，简称为“*Type*1”（错误预警）；如果 $t-1$ 期该指标没有发送信号，则认为该指标判断是正确的，称为“正确的消极信号”。

根据以上定义，可推测的是如果该指标的限值很低，则变量的观察值容易超过限值，即发送信号的“积极性”高。一方面，这种情况不易遗漏发送压力信号，*Type*2 犯错率会降低；但是另一方面这样也会在非财政压力期前发送的错误信号，*Type*1 的犯错率会增高。同理，如果变量的限值很高时，则大多变量的观察值不会超过限值，即发送信号呈现“消极性”，虽然在非财政压力期前不会轻易发送的错误信号，*Type*1 的犯错率会降低，但在财政压力时期前也会遗漏信号，*Type2* 犯错率会提高。因此，*Type1* 和 *Type2* 间是有一定的博弈性的，不可能两者同时降到最低。可见，指标限值的确定实际上是寻求在最小化"*Type2*"（遗漏危机）和"*Type1*"（错误预警）两者的一种平衡值。

在信号发送可能性基础上寻求这个平衡点，以决定最优的限值有两种技术方法。一种方法是将两种错误概率最小化（Total Misspecification Error），简称为"*TME*"法，即是说要让"信号能量（signalling power）"① 最大。另一种方法是将"信噪比"（Signal－to－Noise ratio）最大化，简称为"*SNR*"法。

（1）*TME* 法

$$t_i^* = \arg\min_{t_i \in T_i} [TME_i(t_i)] = \arg\min_{t_i \in T_i}\left[\frac{fns_i(t_i)}{FS_i} + \frac{fps_i(t_i)}{NFS_i}\right]$$

$$i = 1, 2, \cdots, n \tag{6.1}$$

或者有：

$$t_i^* = \arg\max_{t_i \in T_i}[SP_i(t_i)] = \arg\max_{t_i \in T_i}\left\{1 - \left[\frac{fns_i(t_i)}{FS_i} + \frac{fps_i(t_i)}{NFS_i}\right]\right\} \tag{6.2}$$

其中，t_i^* 是指标变量 i 的限值，T_i 是指变量 i 在所有国家在所有观察时期内的观察值，指标一共有 n 个，$fns_i(t_i)$ 是所有财政压力事件发生的前一期变量没有发出压力信号的数量（所有国家该变量观察值低于 t_i^* 的数量），$fps_i(t_i)$ 是所有财政压力事件发生的前一期变确有发出压力信号的数量（所有国家该变量

① 所谓"信号能量"是指指标对过往财政压力事件能够发出预测信号能力，当预测结果犯错的可能性最小时，预测的正确性最大即信号能量最大。"信号能量"（*SP*）是单位 1 减去两类错误概率的值，根据后文的界定，$SP = 1 - \left[\frac{fns_i(t_i)}{FS_i} + \frac{fps_i(t_i)}{NFS_i}\right]$

观察值超过 t_i^* 的数量），FS_i 是所有国家所有时期处于财政压力时期的总量，NFS_i 是所有国家所有时期没有没有处于财政压力时期的总量①，但是因为每个变量数据的可得情况是不一样的，因此这两个值是与变量相关的，而不能在所有变量中通用。实际上$\frac{fns_i(t_i)}{FS_i}$就是二类错误 *Type*2 的犯错概率，而$\frac{fps_i(t_i)}{NFS_i}$则是一类错误 *Type*1 的犯错概率。当变量 i 观察值的 *TME* 值达到最小（或 *SP* 值最大）时，此时该指标的观察值即为该变量的最佳限值②。

（2）*SNR* 法

"信噪比" *SNR* 中的"信"（signal）是指在财政压力前期变量 i 能正确发出信号的积极行为的概率，即$\frac{tps_i(t_i)}{FS_i}$，而"噪"（noise）是指在非财政压力前期变量 i 错误发出压力信号的积极行为（被视为是一种噪音干扰）的概率③，即$\frac{fps_i(t_i)}{NFS_i}$。而"信噪

① 因为本书的这个部分是短期的预测，所以把预测观察值定为前一年，即观察危机发生前一年变量的行为轨迹。而有的危机可能会持续两年甚至两年以上，为了把研究更为准确地定位是危机早期的预测，则只选用危机前一年的观察值（后文简称为"前危机值"），而危机持续期间的观察值（后文简称为"后危机值"）已经受到危机的影响，且可能已有政府政策的干预涉入，变量的真实行为被扭曲，而不具有预测下期财政状态的特质。同样的原因，对于时间持续两年以上的危机都只将发生危机的第一年视为危机事件时期，后期时间不列入危机事件，这样的界定能更准确地统计 FS_i 与 NPS_i 值。

② 实际上，发生财政压力（危机）事件只是少数国家在个别年份的事件，即有 $FS_i < NFS_i$，只统计 Type1 和 Typ2 的绝对数量是不合理的，因此该方法加入了权重的因素，这样更加合理地考虑了危机事件背景。公式中的$\frac{1}{FS_i}$是错误消极信号的权重，$\frac{1}{NFS_i}$是错误积极信号的权重，亦有$\frac{1}{FS_i} > \frac{1}{NFS_i}$。而 *Demirgüc - Kunt* 和 *Detragiache* 在 2000 年提出了用决定制定损失函数来确定两类错误的权重

③ 根据表 6－2 知有如下关系：$FS = tps + fns$；$NFS = fps + tns$。

比”SNR 则是正确积极行为概率与错误积极行为概率间的比值，可见它主要是从发送信号这种积极行为来考察信号发送时机正确与否的概率，其值越大，意味着该变量积极发送信号的正确性越高，其预判能力越强。

$$t_i^* = \underset{t_i \in T_i}{\operatorname{argmax}}\left[SNR_i(t_i)\right] = \underset{t_i \in T_i}{\operatorname{argmax}}\left[\frac{\dfrac{tps_i(t_i)}{FS_i}}{\dfrac{fps_i(t_i)}{NFS_i}}\right] \quad i = 1, 2, \cdots, n \tag{6.3}$$

SNR 法是在变量观察值的“信噪比”最大化时，将这个观察值确定该变量的限值。

（3） *TME* 法和 *SNR* 法的比较

两种方法的最大区别是 *TME* 法是基于两类错误的犯错概率之上的，而 *SNR* 则不全是考察犯错概率，而是基于发送信号这种积极行为在正确时机与错误时机的比较。

TME 法的优势：第一，这种方法确定的最佳限值更接近于中位数的分布，当指标值预示着财政压力风险低时，其他限值会处于分布的尾部；第二，数据上的趋势与结构断点很可能是在长期之上；第三，只有 1990 年中期以来的可得的数据是非常可靠的。

SNR 法可作为筛选变量的途径，即变量的 *SNR* 越低（接近于 0），则其预测能力越差，可考虑在信号法指标体系中剔除该变量。

本书主要运用 *TME* 法确定指标变量的限值，即当信号能量最大时的取值为该指标的限值。

（4） 限值说明

首先，所选国家同一个指标变量的限值都是一样的。本书采用的方法是基于所选国家的财政压力（危机）历史经验情况，通过信号法对变量在危机前行为轨迹遴选出来的限值，因此每个变量的限值是针对所有国家的，又称为是“绝对限值”。当然也可以用同样的原理针对某个国家进行计算，这样确定的限值是一种“相对限值”，每个国家计算的相对限值是不一样的，甚至差别会比较大，即是有国别的。但是从技术上看，要计算国别的相对限值，必须是这个国家在可获得统计数据的时间段期间出现过财政压力事件，其变量的行为轨迹才是可观察的。而中国自1970年以来，没有发生过前文所定义过的财政危机（压力），因此无法从过去的经验数据推测变量的相对限值。因此本书将使用绝对限值的概念，它的本质意义在于“以古为镜，可以知兴替；以人为镜，可以明得失”，即通过观察其他国家的财政状态变化，从有共同背景的国家中寻求普遍规律以达到警示自己国家的目的。

其次，这里的最佳限值是上限值，而不是最优值。限值是一个财政变量行为的警界线，这在信号法中作为是否会发送信号的一个判断标准，但不是该变量的最优取值。

6.1.3 短期财政可持续性指数 S_{short} 的计算

S_{short} 是评价短期财政可持续性指数（又称为“早期监测指标”，early - detection indicator），与评价长期（S_{long}）财政可持续性指数共同组成了本书构建的长、短期财政可持续性评估指数。但实际上 S_{short} 的评估方法和 S_{long} 是完全不一样的，它不是预测未来时期的财政调整政策及力度，而是根据一些变量在过去时期的表现评估财政在短期内将会遭遇财政压力（危机）可能性的一个综合性指数。

前面计算出来的最佳限值是每一个指标变量的限值，可能会存在一国某些变量观察值超过了限值，而另一些变量观察值在限值以下，无法从总体上判断财政压力状况，S_{short}则是一个汇总值（Baldacci 等人，2011；Reinhart 等人，2000），$S_{short_{xt}}$表示的是 x 国在 t 时期财政压力系数（程度）。

$$S_{short_{xt}} = \sum_{i=1}^{n} w_{ji} f_{xt}^{i} = \sum_{i=1}^{n} \frac{SP_i}{\sum_{k=1}^{n} ob_{xt}^{k} \cdot SP_k} f_{xt}^{i} \tag{6.4}$$

其中，f_{xt}^{i}是一个虚拟变量，有

$$f_{xt}^{i} = \begin{cases} 1 & \text{如果变量 } i \text{ 在 } t \text{ 期发送了信号} \\ 0 & \text{如果变量 } i \text{ 在 } t \text{ 期没有发送信号或变量缺损} \end{cases}$$

w_{ji} 是变量 i 的权重，且 $w_{ji} = \frac{SP_i}{\sum_{k=1}^{n} ob_{xt}^{k} \cdot SP_k}$，$SP_i$ 是变量 i 的“信号能量”，即单位 1 减去两类错误的概率。

ob_{xt}^{k}也是一个辅助变量，有：

$$ob_{xt}^{k} = \begin{cases} 0 & \text{如果变量 } k \text{ 在 } t \text{ 期值缺损} \\ 1 & \text{如果变量 } k \text{ 在 } t \text{ 期能被观察到} \end{cases}$$

变量 i 的权重 w_{ji}越高，其经验值的预测能力就越大。

在（6.4）式的计算中，$S_{short_{xt}}$实际上是 x 国在 t 时期每个指标的观测值与该指标的限值做大小比较，判断它是否会发送风险预警信号，并将发出信号指标的信号能量值按其权重（该指标信号能量在该国该指标—剔除掉没有可得数据的年份—信号能量之和中的比重）进行加总，$S_{short\,xt}$越高，则意味着该国财政状况越脆弱，未来一年的财政风险程度越高。

同理，用 6.1.2 中计算单指标最佳限值的方法可以计算出总的 S_{short}值（所有国家所有时期所有指标），作为总的监测指标，$S_{short_{xt}}$高于 S_{short}限值（$S_{short}{}^{*}$）的，则意味着短期财政不可持续，

低于 $S_{short}{}^{*}$ 值则财政可持续，并根据与 $S_{short}{}^{*}$ 的差额程度来划分短期财政可持续性的类型。

6.1.4 短期可持续性程度划分

将每个国家在 t 期（通常是当前期）计算的 $S_{short_{xt}}$ 与 $S_{short}{}^{*}$ 作比较，按 $S_{short_{xt}}$ 与 $S_{short}{}^{*}$ 差额的比重大小划分不同程度 8 种类型，如表 6－3 所示。

表 6－3　　短期可持续性程度类型划分标准

短期可持续性程度类型	财政短期可持续				财政短期不可持续			
	强可持续	较强可持续	一般可持续	弱可持续	弱不可持续	一般不可持续	较强不可持续	强不可持续
$(S_{short_{xt}} - S_{short}{}^{*})/S_{short}{}^{*}$	－60%及以下	－40% ~ －60%	－40% ~ －20%	0 ~ －20%	0 ~ 20%	20% ~ 40%	40% ~ 60%	60%及以上

如上表所示，如果 $S_{short_{xt}}$ 大于 $S_{short}{}^{*}$ 则 x 国在 t 期的财政是脆弱的，在未来一年面临不可持续的可能。如果 $S_{short_{xt}}$ 与 $S_{short}{}^{*}$ 的差率界于 0 ~ 20% 之间，则财政在短期处于弱不可持续状态；$S_{short\,xt}$ 与 $S_{short}{}^{*}$ 的差率界于 20% ~ 40% 之间，则财政在短期处于一般不可持续状态；$S_{short_{xt}}$ 与 $S_{short}{}^{*}$ 的差率界于 40% 到 60% 之间，则财政在短期处于较强不可持续状态；$S_{short\,xt}$ 与 $S_{short}{}^{*}$ 的差率大于 60%，则财政在短期处于强不可持续状态，未来一年的财政风险则非常大。同理，如果 $S_{short\,xt}$ 小于 $S_{short}{}^{*}$ 则 x 国在 t 期的财政相对健康的，在未来财政将保持可持续的运行状态，并也做了四个档次的程度类型划分。

6.2 指标与样本

6.2.1 指标

如前文分析，财政运行状况要受到经济环境、社会环境、政治环境等诸多因素的影响，财政也要为经济、社会、政治领域的风险兜底，这些环境的风险也会传导到财政领域来，因此财政与这些因素关系是非常紧密的。反过来，财政风险也会在这些领域有所反映。因此本书将使用3个指标变量组构成整个S_{short}的指标体系，分别是财政变量组、社会经济变量组及政治变量组。根据指标对财政可持续性意义与可得性等原则，笔者在这里选用的指标与前文构建的理想指标体系略有差别（主要是某些数据无法收集），在财政变量组中包括财政收支与债务类的指标共7个指标，社会经济变量组包括经济发展、通货膨胀与人口结构类指标共5个指标，政治变量组有2个指标，3个变量组一共是14个变量，如表6－4所示。

6.2.2 样本

由于信号法是基本有相似背景的国家大量指标的历史数据经验的总结，因此要选取多个国家为样本。日本学者门仓贵史（2007）认为新兴经济体国家有着诸多共同的条件如自然资源丰富、国内政治经济稳定、引进外资积极、年轻劳动人口呈现增长趋势、消费人群不断扩大。因此这些国家逐渐成为接纳全球产业转移的最佳场所，同时带动经济内在动力，促进经济不断增长，对世界经济格局影响不断增强。同时，这些国家大多面积都比较

表 6－4　　　　信号法指标概况

变量大类	指标	缩写	年份	数据来源及说明
财政变量	1. 财政总收入在 GDP 中的比率 General governmen trevenue （/GDP）	RE	1980～2014	主要来自于世界经济展望 WEO，部分数据缺损参照 IMF 的 "A Historical Public Debt Database" 以及 "Public Finances in Modern History database documents two－hundred years of the history of budget deficits and government debts, covering 55 countries over the period 1800～2011." 2014 年数据均为 IMF 预测数。政府总债务是政府的总负债，包括 SDR_s 的债务、政府持有的现金、存款、债券、贷款、保险、养老金、标准担保合约及其他
	2. 财政总支出在 GDP 中的比率 General government total expenditure （/GDP）	EX	1980～2014	
	3. 财政净借款在 GDP 中的比率 General government net lending/borrowing （/GDP）	NL	1980～2014	
	4. 债务利息在 GDP 中的比率 Interest paid on public deb （/GDP）	IP	1980～2014	
	5. 政府结构性收支在 GDP 中的比重 General government structural balance （/GDP）	SB	1995～2014	
	6. 政府总债务负担率 General government gross debt （/GDP）	GD	1980～2014	
	7. 政府基本预算平衡在 GDP 中的比重 Government primary balance （/GDP）	PB	1980～2014 沙特阿拉伯的数据缺损	
社会经济	8. GDP 增长率 Gross domestic product，Percent change	GDP_c	1980～2014	IMF 的世界经济展望 WEO
	9. GDP 平减指数 Gross domestic product，deflator Index	GDP_d	1980～2014	
	10. 总储蓄率 Gross national savings （/GDP）	GS	1980～2014	
	11. 通胀变动率 Inflation，average consumer prices Percent change	IR_C	1980～2014	

续表

变量大类	指标	缩写	年份	数据来源及说明
社会经济	12. 老年抚养比（65 岁以上/20～64 岁）Old - Age Dependency Ratio（Age 65 + / Age 20～64）	ODR	1980～2014	联合国数据库 UN 联合国估计数据，以 5 年为一个阶段
政治环境	13. 清廉指数	CPI	1995～2014	透明国际 Transparency International①，该指数 2012 年前为十分制，2012 年后为百分制，为了让历年数据口径统一，笔者将 2012 年以后的数据除以 10 做十分制处理
	14. 政治风险指数	PRI	1984～2012	美国纽约国际报告集团编制的国家风险国际指南（ICRG）②

大，但都不属于西方文化圈（中心），对世界政治多极、文化多元有强劲的促进作用。此外，这些国家大多是政府主导型市场经济（或转轨经济），财政体制上有更多相似之处。根据这些理

① 透明国际的 CPI（Corruption Perceptions Index）根据国际调查报告中各类腐败指标计算，主要是商人、居民或专家对该国家腐败程度的主观感受，是一个主观指标，满分为 100 分，分数越高清廉程度越高。

② 国际国家风险集团（International CountryRisk Guide，ICRG）指数是基于集团专家对本国官员在各种商业活动中收受贿赂的程度调查评估基础上形成的腐败评价指数，分为 0～6 共 7 个等级，始于 1982 年。ICRG 的风险指标包括“政治风险、金融风险与经济风险 3 类，其中政治风险又是从政府稳定性、社会经济环境、投资情况、内部矛盾、外部矛盾、腐败、军队干预政治、宗教关系紧张程度、法律和社会秩序、种族关系紧张程度、民主问责制、行政机构共 12 项因素来评估的，得分越低风险越高”（危俊，2012）。

由，可判断中国是典型的新兴经济体国家，本书将选取新兴经济体国家群体为样本。

然而，没有一个统一标准对新兴经济体国家进行归类，最早这个概念是英国《经济学家》杂志提出来的，包括中国、巴西、印度、俄罗斯、南非、墨西哥、韩国、南非、菲律宾、土耳其、印度尼西亚、埃及共12个国家；另一个标准是IMF的分类，主要是G20国家中的发展中国家（因为韩国的经济特征更接近于新兴经济体国家的标准，所以也定义为新经济体国家），即阿根廷、巴西、中国、印度、印度尼西亚、韩国、墨西哥、俄罗斯、沙特阿拉伯、南非和土耳其共11个国家。

因为“信号法”早期预警的原理要求的是从这些相关国家的经验中提取对未来风险的预警信号，这些新兴经济体国家的相关指标数据口径应该保持一致，提高实证分析结果的可靠性，笔者本章的数据（包括中国的数据①）主要从IMF的世界经济展望（World Economic Outlook）中获得，新兴经济体国家也以IMF的分类为准。

根据前文对财政压力事件的定义，结合IMF的统计数据，可以获得这些样本国家发生财政压力事件的时间，如表6-5所示。

从上表来看，从1980至今样本国家共发生了38起危机事件，其中，44.7%（17起）是需要从IMF获取大规模援助，31.5%（12起）是发生了标准普尔定义的债务违约事件，高通胀与债券收益压力事件相对较少②，其中中国和沙特阿拉伯在这期间是没有发生财政压力事件的。这些统计的财政压力事件持续

① 在IMF中的数据可能与国家统计年鉴的具体数据有一定的出入，但是这不会很大程度上影响到本部分的分析结果。

② 根据Baldacci（2011）统计数据，发达国家的财政压力事件中最主要的是债券收益压力引发的，而在欧债危机前，政府违约事件是相对较少。

表 6 - 5　新兴经济体国家 1980 ~ 2014 年间经历财政压力事件情况统计

国家	开始年份	债务违约	IMF 大规模援助（第 1 年）	高通胀压力（500%）	债券收益压力	持续时间（年）
阿根廷	1982	∞				12
	1984			∞		2
	1989			∞		2
	1998		∞			1
	2000		∞			6
	2001	∞				1
巴西	1983	∞	∞			12
	1988			∞		3
	1992			∞		3
	1998		∞			7
印度	1981		∞			1
	1989	∞				2
印度尼西亚	1997		∞			4
	2002	∞				1
韩国	1983		∞			2
	1997		∞			4
	1982	∞				9
	1995		∞		∞	3
	1999		∞		∞	1
	2009		∞			5
墨西哥	1982	∞				9
	1995		∞		∞	3
	1999		∞		∞	1
	2009		∞			5
俄罗斯	1991	∞				10
	2009				∞	1

续表

国家	开始年份	债务违约	IMF 大规模援助（第 1 年）	高通胀压力（500%）	债券收益压力	持续时间（年）
土耳其	1982	∞				1
	1999		∞			1
	2002		∞			1
	2005		∞			1
南非	1985	∞				3
	1989	∞				1
	1993	∞				1
中国	无					0
沙特阿拉伯	无					0
合计：38		12	17	4	5	106

资料来源：

1. 2010 以前的数据大部分来自 Baldacci，Petrova 和 Belhocine 等人的 IMF Working Papers "Assessing fiscal stress"，2011：1～41，2010 年以后的数据是笔者自己收集。

2. 2010 年以后 IMF 对这 11 个国家没有大规模的援助计划，只有墨西哥 2009 年的援助计划延期至 2016 年。IMF 大规模援助数据来自 IMF Lending Arrangements http：//www. imf. org/external/np/fin/tad/extarr1. aspx.

3. 债务违约数据来自 Standard & Poor's 发布的数据，其中印度尼西亚 1999 年 5 月 30 日有一次违约，但是只违约了一天，2000 年违约也不到一年，笔者把这两次做忽略处理。http：//www. alacrastore. com/s – and – p – credit – research/Default – Study – Sovereign – Defaults – And – Rating – Transition – Data – 2013 – Update – 1359655.

4. 韩国与土耳其在 1980 年前有两次危机事件发生，且持续到 1980 及以后，这里只计算它在 1980 后的持续时间。

总时间共为 106 年，平均每起财政危机会持续 2. 8 年，但是只有 13 件财政压力事件持续了 1 年，其他事件是持续了 2 年及以上，再剔除掉同一国家同一年份发生的事件，共有财政压力时期 33 个（在每个变量时还要再剔除掉不可得的数据，因此 FS_i 的实际取值是小于等于 33 的）。因为财政压力事件持续期间的指标变量都会比较异常而且后期可能还夹杂着政府干预的结果，而只有事件发生第一年前期指标的变化才能真实地反映危机前奏的异常所以在确定发出信号的事件年份时，只选择发生财政压力事件第一年的前一期，而之后的持续时间内不再计入发送信号的年份，如图 6 –1 所示。

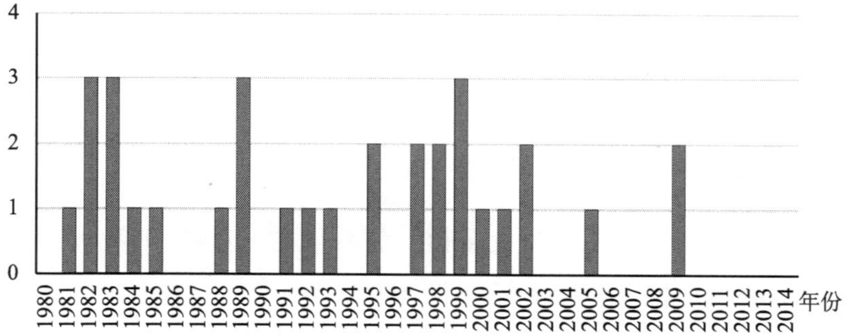

图 6 –1　1980 ~2014 年期间样本国家财政压力事件数量

另外，由于有的指标如清廉指数与政治风险指数都是 1995 年和 1984 年后才编制的，所以没有完整的 1980 ~2014 年的数据；有的国家如俄罗斯、沙特阿拉伯统计数据整体缺损较多，有的国家的某个指标在部分年份数据缺损。但由于总体上样本还是比较丰富的，所以这些数据的缺损不会太大程度上影响变量限值的计算。

6.3　实证结果

本节主要是根据上述模型和方法设计，对阿根廷、巴西、中国、印度、印度尼西亚、韩国、墨西哥、俄罗斯、沙特阿拉伯、南非和土耳其共 11 个国家，包括财政收入在 GDP 中的比重、财政支出在 GDP 中的比重、财政基本平衡在 GDP 中的比重等 14 个指标（除清廉指数与政治风险指数外，其他指标均为在 GDP 中的比重或变化率，详细见表 6－4，本章为了叙述的简洁，直接记为财政收入、财政支出等），在 1980～2014 年 35 年间（部分指标由于数据的不可得或指标较新的编制原因，时间跨度小于 35，另外 2014 年数据大部分为估计值，部分国家数据来源见附录 2 说明）的数据样本，主要运用 Matlab 软件处理计算过程。

6.3.1 各项指标的最佳限值

按照 6.1.2 对财政压力限值计算的设定，11 个新兴经济体国家的 14 个指标计算结果如表 6－6 所示。

表 6－6　　各项指标的限值与信号能力计算结果

序号	指标	数据总量 ①	财政压力时期数量 FS ②	非财政压力时期数量 NFS ③	安全方向属性	限值 ④	一类错误数量 fps ⑤	二类错误数量 fns ⑥	一类错误率 fps/NFS ⑦	二类错误率 fns/FS ⑧	信号能量 ⑨＝1－⑦－⑧
1	**RE**	336	27	309	> =	**22.81**	199	4	0.644	0.148	0.208
2	**EX**	337	28	309	< =	**43.19**	0	27	0	0.964	0.036
3	**NL**	336	27	309	< =	**0.96**	52	20	0.168	0.741	0.091
4	**IP**	330	27	303	< =	**4.95**	73	19	0.248	0.679	0.073
5	**SB**	166	9	157	> =	**－4.02**	41	6	0.261	0.667	0.072
6	**GD**	355	29	326	< =	**44.33**	65	21	0.199	0.724	0.077
7	**PB**	293	30	263	> =	**3.08**	194	4	0.738	0.133	0.129
8	**GDP_c**	372	30	342	> =	**5.25**	184	8	0.538	0.267	0.195
9	**GDP_d**	373	30	343	< =	**345.61**	18	28	0.053	0.933	0.014
10	**GS**	373	30	343	> =	**23.66**	175	11	0.510	0.367	0.123
11	**IR_C**	361	30	331	< =	**10.9**	107	12	0.317	0.400	0.283
12	**ODR**	385	31	354	< =	**8.21**	246	6	0.693	0.200	0.107
13	**CPI**	210	14	196	> =	**3.7**	122	3	0.622	0.214	0.164
14	**PRI**	319	24	295	> =	**44.7**	42	19	0.142	0.792	0.066
S_{short}		**385**	**31**	**354**	**< =**	**0.592**	**140**	**8**	**0.396**	**0.258**	**0.346**

由于数据的不可得等客观原因，（6.1）中的数据总量不总是385（11×35）个，而每个指标不尽相同，其中老年抚养比（为联合国估计数据）最齐全，有385个样本数据，最少的是财政结构性收支平衡指标和清廉指数样本数较少为166个，其他指标均在300个左右。财政压力时期数量为该指标在发生财政压力前一期（前一年）的样本数量，非财政压力时期数量则为该指标在非财政压力时期的样本数量。安全方向属性指的是该指标与限值相比，是大于限值指标安全还是小于限值指标安全，即是判断指标发出风险信号的属性，如总债务负担率的安全方向属性为小于等于，即是说当总债务负担率取值大于该指标限值时是不安全的，应当发送风险的信号。一类错误数量是在非财政压力的前一期该指标发出了风险信号，这样错误信号的样本数量，一类错误率则是该样本数量在非财政压力时期数量的比重，该比重越大，则该指标犯一类错误的可能性越大。二类错误数量是指在财政压力的前一期该指标没有发送风险预警信号的样本数量，二类错误率则是该样本数量在财政压力时期数量中的比重，是犯二类错误的可能性。信号能量是1减去两类错误率之和的差，信号能量值越大，则该犯两类错误的可能性就越小。每个指标的限值就是选取其样本在信号能量最大时的指标值。

根据表6-6的计算结果，在336个财政收入（在GDP中的比重）样本中，其限值为22.81%，即是说这11个新兴经济体国家的财政收入（在GDP中的比重）超过22.81%则未来一年不会陷入财政压力，而当该指标小于22.81%时即预示着财政是脆弱的，未来一年可能会发生财政风险，财政不可持续。财政支出（在GDP中的比重）的限值为43.19%，超过43.19%则未来一年发生财政风险可能性比较大，其他指标依此类推。

如图6-2所示，从两类错误率来看，在非财政压力时期，发送错误的风险预警信号的犯错可能性（即一类错误率）最大的是财政基本平衡、老年抚养比、财政收入等指标，财政支出与GDP平减指数、政治风险指数等犯这类错误的可能性比较小。而在财政压力时期的前一年，不发送预警风险信号的犯错率（二类错误率）最大的是财政净借/贷款、政治风险指数、GDP平减指数与财政支出等指标，财政基本平衡、财政收入等指标犯这类错误的可能性相对较小。由此可见，每个指标犯两类错误的概率差别是比较大的，而且同一指标犯两错误的概率差别也比较大，如财政支出这个指标一类错误率为0，但二类错误率高达96.43%，因此不能单从某一类犯错率来衡量指标的预警能力，而应该综合比较两类错误的犯错率，即比较信号能量。

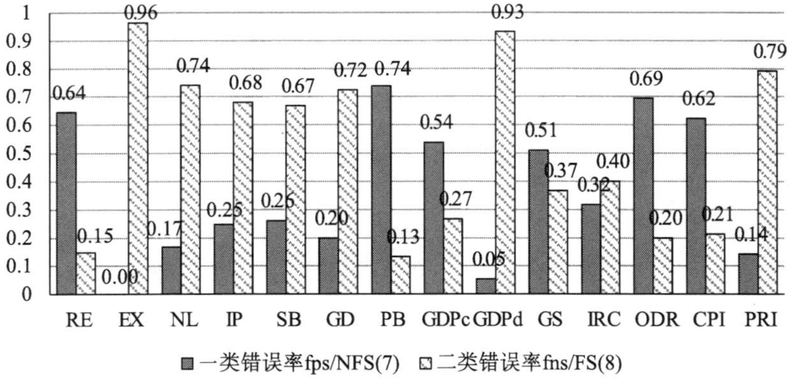

图6－2　各项指标两类错误率

如图6－3所示，根据每个指标限值的信号能量值比较，通货膨胀率变动率的信号能量值为0.283，是14个指标中最大的，说明根据这11个新兴国家的在过去35年间发生的财政压力事件来看，14个指标中该指标预警风险所犯的错误率最小（在非财政压力时期发送预警信号的犯错率为31.7%，在财政压力前期未发送预警信号的犯错率为 40%），风险预警能力最强。财政收入、GDP 增速、清廉指数等指标都有较好的风险预警能力。相对而言，财政支出和政治风险指数的风险预警能力相对较弱，GDP 平减指数在非财政压力时期发送风险预警信号的犯错率为 5.3%，但是在财政压力前期不发送预警信号的犯错率高达 93.3%，因此总体上该指标的风险预警能力最弱。信号能量也可以为我们构建指标体系，筛选指标提供参考。

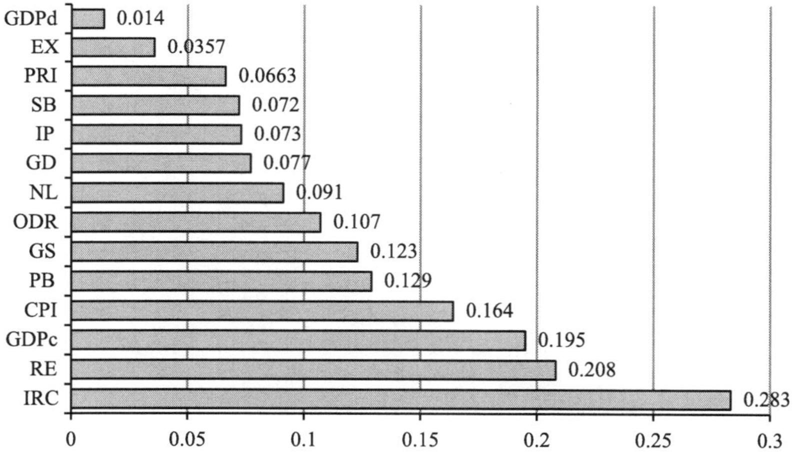

图 6-3　各项指标的信号能量

我们将 11 个新兴经济体国家 14 个指标在 2013 ~ 2014 年两年的数据与表 6-6 计算出来的各指标的限值做比较，判断该指标所揭示的未来一年（2014 ~ 2015 年）财政运行的健康状况，发生财政风险的可能性。

在下表 6-7 中，标注了阴影的部分是该国家本年该指标的取值超过（或低于）指标限值，即发送了财政风险预警信号，未来一年存在财政风险发生的可能性。

表 6－7　　2013～2014 年新兴经济体国家各项指标与其限值的比较

指标序号▶		1	2	3	4	5	6	7	8	9	10	11	12	13	14	预警信号数量▼
指标▶		RE	EX	NL	IP	SB	GD	PB	GDPc	GDP_d	GS	IR_C	ODR	CPI	PRI	
限值▶		22.81	43.19	0.96	4.95	－4.02	44.33	3.08	5.25	345.61	23.66	10.9	8.21	3.7	44.7	
安全属性方向▶		＞＝	＜＝	＜＝	＜＝	＞＝	＜＝	＞＝	＞＝	＜＝	＞＝	＜＝	＜＝	＞＝	＞＝	
国家▼	年份▼															
阿根廷	2013	34.06	36.83	－2.76	2.03	－3.71	40.99	NA	2.94	384.28	17.47	10.62	18.95	3.40	NA	5
	2014	*35.37*	*39.86*	*－4.48*	*3.28*	*－4.81*	*48.91*	*NA*	*－1.70*	*516.27*	*17.14*	*NA*	*18.95*	*3.40*	*NA*	*7*
巴西	2013	37.87	41.12	－3.25	5.14	－3.51	66.24	NA	2.49	409.66	14.50	6.20	11.68	4.20	NA	6
	2014	*38.19*	*42.05*	*－3.86*	*5.16*	*－3.63*	*65.83*	*NA*	*0.30*	*431.86*	*13.48*	*6.29*	*11.68*	*4.30*	*NA*	*6*
中国	**2013**	**28.18**	**29.06**	**－0.88**	**0.47**	**－0.53**	**39.36**	NA	**7.70**	**327.50**	**49.72**	**2.62**	**12.74**	**4.00**	NA	**1**
	2014	*27.36*	*28.37*	*－1.01*	*0.47*	*－0.58*	*40.72*	*NA*	*7.38*	*335.06*	*49.47*	*2.28*	*12.74*	*3.60*	*NA*	*2*
印度	2013	19.76	26.98	－7.22	4.59	－7.15	61.49	NA	5.02	183.27	29.70	9.49	9.20	3.60	NA	6
	2014	*19.47*	*26.70*	*－7.22*	*4.64*	*－7.06*	*60.48*	*NA*	*5.63*	*196.69*	*30.09*	*7.82*	*9.20*	*3.80*	*NA*	*4*
印度尼西亚	2013	17.97	20.06	－2.09	1.24	－2.17	26.11	NA	5.78	327.90	30.30	6.41	8.86	3.20	NA	3
	2014	*17.62*	*20.09*	*－2.47*	*1.34*	*－2.44*	*26.18*	*NA*	*5.16*	*345.61*	*30.17*	*5.98*	*8.86*	*3.40*	*NA*	*4*
韩国	2013	21.57	20.92	0.65	－0.85	0.93	33.90	NA	2.97	103.36	35.11	1.30	16.89	5.50	NA	3
	2014	*21.57*	*21.26*	*0.31*	*－0.75*	*0.56*	*35.44*	*NA*	*3.73*	*104.85*	*34.72*	*1.57*	*16.89*	*5.50*	*NA*	*3*

续表

指标序号▶		1	2	3	4	5	6	7	8	9	10	11	12	13	14	预警信号数量▼
指标▶		RE	EX	NL	IP	SB	GD	PB	GDPc	GDP_d	GS	IR_C	ODR	CPI	PRI	
限值▶		22. 81	43. 19	0. 96	4. 95	-4. 02	44. 33	3. 08	5. 25	345. 61	23. 66	10. 9	8. 21	3. 7	44. 7	
安全属性方向▶		> =	< =	< =	< =	> =	< =	> =	> =	< =	> =	< =	< =	> =	> =	
国家▼	年份▼															
墨西哥	2013	23. 29	27. 13	-3. 84	2. 52	-4. 14	46. 39	NA	1. 07	119. 96	19. 49	3. 80	11. 01	3. 40	NA	6
	2014	*22. 19*	*26. 38*	*-4. 20*	*2. 68*	*-4. 17*	*47. 95*	*NA*	*2. 39*	*124. 80*	*19. 81*	*3. 89*	*11. 01*	*3. 50*	*NA*	*7*
俄罗斯	2013	36. 62	37. 89	-1. 27	0. 37	-1. 49	13. 91	NA	1. 30	153. 65	24. 20	6. 76	19. 90	2. 80	NA	3
	2014	*36. 64*	*37. 58*	*-0. 94*	*0. 52*	*-0. 84*	*15. 70*	*NA*	*0. 24*	*166. 88*	*23. 18*	*7. 44*	*19. 90*	*2. 70*	*NA*	*4*
沙特阿拉伯	2013	46. 45	37. 76	8. 69	-0. 37	NA	2. 68	NA	3. 95	220. 25	45. 89	3. 51	5. 12	4. 60	NA	2
	2014	*45. 26*	*40. 04*	*5. 22*	*-0. 44*	*NA*	*2. 58*	*NA*	*4. 60*	*218. 84*	*45. 83*	*2. 88*	*5. 12*	*4. 90*	*NA*	*2*
南非	2013	28. 77	33. 18	-4. 41	3. 08	-4. 28	45. 19	NA	1. 89	169. 83	13. 54	5. 75	9. 44	4. 20	NA	5
	2014	*28. 80*	*33. 70*	*-4. 91*	*3. 35*	*-4. 55*	*47. 95*	*NA*	*1. 40*	*180. 53*	*13. 62*	*6. 30*	*9. 44*	*4. 40*	*NA*	*5*
土耳其	2013	36. 55	38. 07	-1. 52	2. 84	-4. 37	36. 27	NA	4. 05	1275. 86	12. 65	7. 49	12. 26	5. 00	NA	5
	2014	*35. 30*	*37. 31*	*-2. 01*	*2. 38*	*-4. 27*	*33. 60*	*NA*	*3. 03*	*1400. 57*	*14. 02*	*9. 04*	*12. 26*	*4. 50*	*NA*	*5*
2013 年合计		3	0	1	1	4	4	NA	9	3	5	0	10	5	NA	
2014 年合计		*4*	*0*	*1*	*1*	*5*	*5*	*NA*	*9*	*3*	*6*	*0*	*10*	*5*	*NA*	

如图 6－4 所示，从国家来看，2013 年巴西和墨西哥都有 6 个指标发出风险预警信号，在 2014 年，墨西哥和阿根廷均有 7 个指标发出了预警信号，是 11 个样本国家中是最多的；而 2013 年中国发出预警信号的指标为 1 个，是 2013 年最少的，2014 年中国和沙特阿拉伯有两个指标发出预警信号，为 2014 年发预警信号最少的国家。

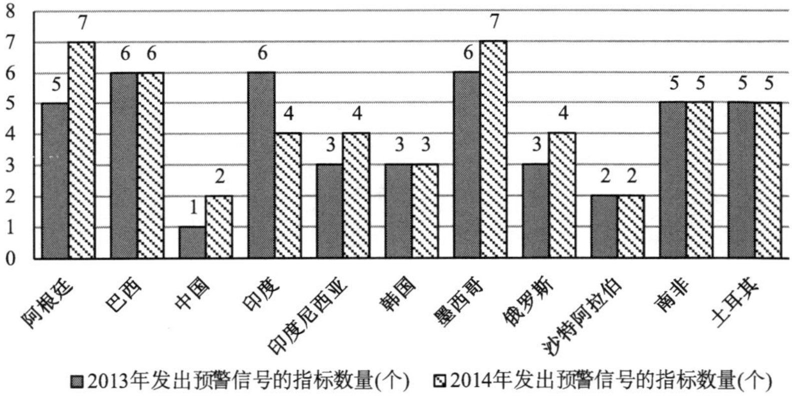

图 6－4 各国 2013～2014 年发出预警信号的指标数量统计

如图 6－5 所示，从指标来看（剔除掉财政基本收支平衡和政治风险指数两个没有数据的指标），2013 年和 2014 年 GDP 平减指数和老年抚养比两个指标都分别有 9 个和 10 个国家发送了风险预警信号，而财政支出（在 GDP 中的比重）与通货膨胀变动率两个指标在近两年均没有发送任何风险预警信号。

6.3.2 短期财政可持续指数 S_{short} 值

根据 6.1.3 中公式（6.5），可计算新兴经济体国家在 1980～2014 年 35 年间每个时期的短期财政可持续指数 S_{short} 值，并计算

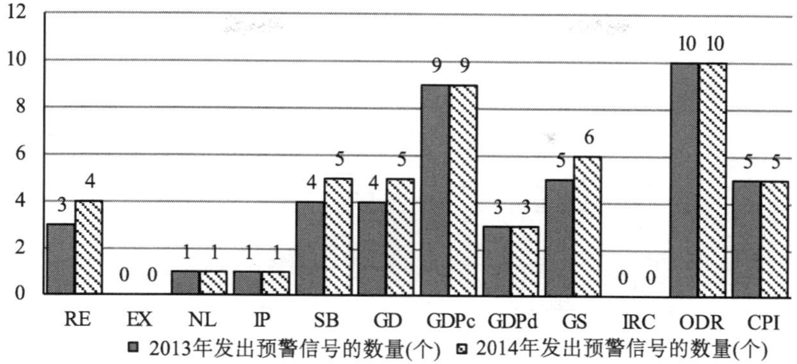

图6－5　各指标在2013～2014年发出预警信号数量统计

出总体 $S_{short}{}^{*}$ 值（如表6－5最后一行数据）。$S_{short}{}^{*}$ 为0.592，是新兴经济体国家在1980～2014年间所有 S_{short} 值中的最佳限值，即犯两类错误概率最低的指数，其中在非压力时期发送错误信号的概率为39.55%，在压力时期前一年不发送预警信号的概率为25.8%，信号能量为0.346，比所有具体指标信号能量显示更高，说明 S_{short} 指标是对未来一年财政风险预警能力最强的指标。

从表6－8及图6－6可见，与计算出的 $S_{short}{}^{*}$ 相比较，阿根廷、印度、墨西哥3个国家在2014年的 S_{short} 为0.648，高于 $S_{short}{}^{*}$，其他国家都低于 $S_{short}{}^{*}$。中国除了1993～1996年，其他时期的 S_{short} 都低于0.592，尤其是近年来中国的 S_{short} 还在不断降低，大大低于0.592的最佳限值，在2014年仅为0.361，是11个新兴经济体国家中最低的，如表6－9所示。

表 6-8　　1980~2014 年新兴经济体国家的 S_{short} 值

国家▶ 年份▼	阿根廷	巴西	中国	印度	印度尼西亚	韩国	墨西哥	俄罗斯	沙特阿拉伯	南非	土耳其
1980	0.782	0.608	**0.485**	0.651	0.651	0.557	0.651	0	0.410	0.651	0.651
1981	0.782	0.808	**0.485**	0.651	0.492	0.627	0.752	0	0.410	0.651	0.651
1982	0.782	0.808	**0.308**	0.569	0.651	0.475	0.766	0	0.410	0.651	0.651
1983	0.840	0.798	**0.308**	0.692	0.651	0.545	0.667	0	0	0.651	0.651
1984	0.792	0.621	**0.284**	0.592	0.622	0.475	0.667	0	0.410	0.651	0.651
1985	0.820	0.606	**0.284**	0.475	0.569	0.475	0.667	0	0	0.651	0.651
1986	0.681	0.606	**0.493**	0.557	0.569	0.475	0.667	0	0	0.651	0.651
1987	0.773	0.920	**0.493**	0.557	0.710	0.545	0.667	0	0	0.651	0.651
1988	0.847	0.796	**0.493**	0.557	0.628	0.446	0.667	0	0.410	0.651	0.651
1989	0.800	0.796	**0.518**	0.534	0.569	0.545	0.667	0	0	0.651	0.651
1990	0.800	0.790	**0.543**	0.666	0.600	0.589	0.711	0	0.220	0.476	0.697
1991	0.661	0.920	**0.543**	0.666	0.615	0.675	0.659	0	0.282	0.476	0.697
1992	0.579	0.920	**0.543**	0.666	0.543	0.604	0.611	0.805	0.282	0.663	0.697
1993	0.579	0.920	**0.615**	0.595	0.615	0.518	0.697	0.815	0.576	0.663	0.697
1994	0.469	0.516	**0.615**	0.666	0.615	0.505	0.625	0.815	0.576	0.576	0.697
1995	0.487	0.864	**0.603**	0.680	0.631	0.593	0.549	0.815	0.576	0.594	0.674
1996	0.467	0.686	**0.603**	0.739	0.689	0.593	0.727	0.827	0.576	0.476	0.678

续表

国家▶ 年份▼	阿根廷	巴西	中国	印度	印度尼西亚	韩国	墨西哥	俄罗斯	沙特阿拉伯	南非	土耳其
1997	0. 446	0. 554	**0. 538**	0. 673	0. 563	0. 593	0. 692	0. 827	0. 576	0. 594	0. 678
1998	0. 565	0. 450	**0. 538**	0. 739	0. 680	0. 593	0. 692	0. 642	0. 576	0. 443	0. 595
1999	0. 609	0. 450	**0. 538**	0. 673	0. 680	0. 593	0. 739	0. 643	0. 405	0. 443	0. 644
2000	0. 565	0. 351	**0. 538**	0. 673	0. 487	0. 515	0. 603	0. 500	0. 471	0. 377	0. 644
2001	0. 656	0. 351	**0. 538**	0. 673	0. 727	0. 515	0. 538	0. 500	0. 471	0. 332	0. 750
2002	0. 874	0. 395	**0. 538**	0. 673	0. 598	0. 515	0. 538	0. 476	0. 405	0. 476	0. 533
2003	0. 632	0. 568	**0. 538**	0. 673	0. 612	0. 593	0. 585	0. 453	0. 495	0. 411	0. 533
2004	0. 332	0. 232	**0. 538**	0. 673	0. 585	0. 538	0. 538	0. 453	0. 495	0. 411	0. 533
2005	0. 332	0. 351	**0. 538**	0. 673	0. 650	0. 538	0. 538	0. 453	0. 415	0. 332	0. 424
2006	0. 332	0. 451	**0. 538**	0. 673	0. 603	0. 593	0. 538	0. 453	0. 442	0. 332	0. 489
2007	0. 291	0. 332	**0. 538**	0. 673	0. 538	0. 515	0. 538	0. 453	0. 442	0. 388	0. 442
2008	0. 485	0. 451	**0. 538**	0. 739	0. 603	0. 593	0. 411	0. 453	0. 442	0. 476	0. 442
2009	0. 485	0. 430	**0. 411**	0. 739	0. 538	0. 538	0. 582	0. 520	0. 379	0. 411	0. 502
2010	0. 319	0. 311	**0. 411**	0. 694	0. 538	0. 593	0. 582	0. 411	0. 442	0. 411	0. 476
2011	0. 319	0. 360	**0. 411**	0. 694	0. 538	0. 593	0. 455	0. 532	0. 442	0. 411	0. 411
2012	0. 390	0. 342	**0. 361**	0. 668	0. 498	0. 559	0. 408	0. 361	0. 442	0. 408	0. 431
2013	0. 418	0. 408	**0. 361**	0. 668	0. 498	0. 498	0. 459	0. 361	0. 442	0. 459	0. 408
2014	0. 648	0. 408	**0. 361**	0. 597	0. 498	0. 498	0. 597	0. 361	0. 442	0. 459	0. 479

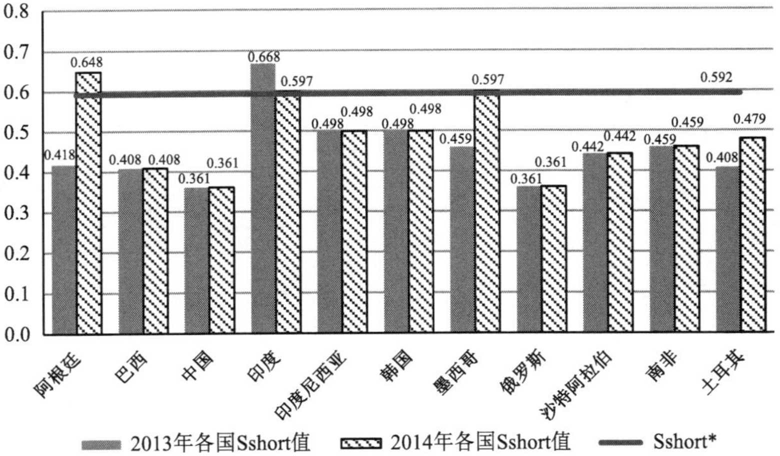

图 6－6　2013～2014 年新兴经济体国家的 Sshort 值与 Sshort* 的比较

表 6－9　2013～2014 年新兴经济体国家财政短期可持续性程度类型

单位：%

国家	2013 年 S_{short} 与 $S_{short}{}^*$ 的比较	2014 年 S_{short} 与 $S_{short}{}^*$ 的比较	2013 年短期可持续性程度	2014 年短期可持续性程度
阿根廷	－29.412	9.506	一般可持续	弱不可持续
巴西	－31.051	－31.051	一般可持续	一般可持续
中国	－39.104	－39.104	一般可持续	一般可持续
印度	12.836	0.859	弱不可持续	弱不可持续
印度尼西亚	－15.820	－15.820	弱可持续	弱可持续
韩国	－15.820	－15.820	弱可持续	弱可持续
墨西哥	－22.425	0.859	一般可持续	弱不可持续
俄罗斯	－39.104	－39.104	一般可持续	一般可持续
沙特阿拉伯	－25.356	－25.356	一般可持续	一般可持续
南非	－22.425	－22.425	一般可持续	一般可持续
土耳其	－31.044	－19.067	一般可持续	弱可持续

6.4 结果分析

本章运用“信号法”根据背景相似国家相关指标的历史经验数据进行分析，识别当前财政运行的脆弱程度，对短期财政风险进行风险预警。根据所选择的 11 个新兴经济体国家 1980 - 2014 年 35 年间相关指标数据计算分析，有以下几点结论。

（1）通过历史数据可验证“信号法”在识别财政脆弱性和对财政风险预警的合理性与可靠性。

从表 6 - 8 可知，中国在 1993 ~ 1996 年 4 年间 S_{short} 值分别为 0. 615、0. 615、0. 603、0. 603，大于 0. 592 的综合最佳限值 $S_{short}{}^{*}$，但是其值与 0. 592 的差率分别为 3. 829%、3. 829%、1. 888% 和 1. 888%，即与限值非常接近，按前文的短期可持续性程度类型划分属于是弱不可持续性，且是非常弱的程度，因此尚没有真正爆发财政危机。从 1993 ~ 1996 年的各个指标数据与限值比较来看，主要是财政收入、基本收支平衡、通货膨胀变化率与老年抚养比四个指标（见表 6 - 10）数据超过（或低于）该指标的最佳限值，而识别出财政处于脆弱状态，未来短期内财政将承受一定的财政压力。

表 6 - 10　　中国部分年份各指标值与 S_{short}

指标	1993 年	1994 年	1995 年	1996 年	2013 年	2014 年	限值	安全属性
RE	12. 169	10. 391	9. 874	9. 989	28. 178	27. 357	**22. 81**	> =
EX	13. 031	12. 02	10. 794	10. 703	29. 056	28. 368	**43. 19**	< =
NL	- 0. 862	- 1. 629	- 0. 92	- 0. 714	- 0. 878	- 1. 011	**0. 96**	< =

续表

指标	1993 年	1994 年	1995 年	1996 年	2013 年	2014 年	限值	安全属性
IP	0.275	0.346	0.515	0.551	0.47	0.472	**4.95**	< =
SB	NA	NA	-1.211	-0.947	-0.53	-0.578	**-4.02**	> =
GD	6.713	6.137	20.878	20.668	39.364	40.724	**44.33**	< =
PB	-1.562	-2.272	-1.497	-0.931	NA	NA	**3.08**	> =
GDPc	14	13.1	10.933	10	7.7	7.384	**5.25**	> =
GDPd	134.292	161.423	183.183	195.367	327.5	335.057	**345.61**	< =
GS	40.695	41.82	40.504	39.625	49.718	49.472	**23.66**	> =
IRC	14.7	24.1	17.1	8.3	2.624	2.275	**10.9**	< =
ODR	10.607	10.607	10.788	10.788	12.741	12.741	**8.21**	< =
CPI	NA	NA	2.2	2.4	4	3.6	**3.7**	> =
PRI	57.667	54.75	55	57.583	NA	NA	**44.7**	> =
S_{short}	**0.615**	**0.615**	**0.603**	**0.603**	**0.361**	**0.361**	**0.592**	
与 $S_{short}{}^{*}$ 的差率	**3.829**	**3.829**	**1.888**	**1.888**	**-39.104**	**-39.104**		

资料来源：国家统计局官方网站。

事实上，当时中国财政收入在 GDP 中的比重确实是处于明显的下降时期（见图 6－7）。我国自 1991 年开始，持续到 1996 年财政收入在 GDP 中的比重均呈现明显的下降走势，1995 年该比重为 10.21%，为近几十年来的历史最低值。90 年代初正值我国从计划经济体制向市场经济体制转轨初期，在放活经济的进程中势必会对政府财政收入产生一定的影响，而税收政策不合理与税制结构调整的滞后、分配体制的不健全、财政收入来源僵化、国有企业效益不佳、政府间财政关系的不协调等原因客观上导致了财政收入比重的下降（李方旺、周富祥和刘金云，1996；刘金云和李方旺，1996；童泽恒和董承章，1998），财政收入下降的同时，财政支出保持增长，导致财政基本平衡呈现财政赤字状态。其次，我国在 1992 ~ 1995 年间也处于通货膨胀阶段，主要是原本处于短缺经济阶段，1992 年邓小平南方谈话之后，引起了市场的生产与投资热情，给市场带来了活动，消费和投资“双膨胀”幅度比较高，导致了一定的通货膨胀（远远没有达到前文财政压力定义中的 500% 的恶性通胀率水平），而在中央采取调控措施后于 1996 年逐渐软着陆，经济回归到正常位运转。另外，我国近年来老年抚养比在不断地增加，老龄化速度在加快，给财政带来了巨大压力。而财政收入比重的下降、老龄化社会结构的变革等给财政可持续带来压力的事件都在信号预警中（见表 6 – 10 中阴影部分）中有所反映，由此可见，信号法中对过去经验数据的实证分析可靠性是比较强的。

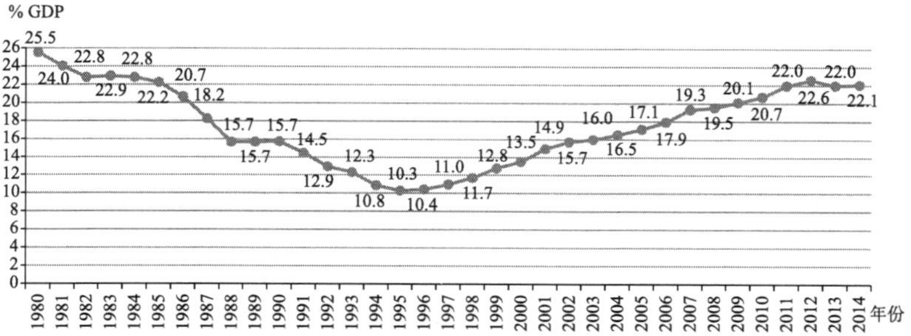

图 6 – 7　1978 ~ 2014 年财政收入在 GDP 中的比重

资料来源：国家统计局官方网站。

（2）就我国 2013 年与 2014 年的数据来看，我国在短期财政运行处于健康状态，2015 年财政有一定的可持续能力。

近年来，我国经济增长迅速，尤其是 2011 年前以两位数的速度增长，财政也一直处于良好的运行状态，尽管政府性债务积累规模在增长，但是都处于可控的范围内。从表 6－10 的数据也反映了这一事实，2013 年与 2014 年 S_{short} 的值仅为 0.361，是 11 个新兴经济体国家中最低的，其与 $S_{short}{}^*$ 总限值的差率为 39.104%，属于一般可持续性的高位，几乎是较强可持续性。我国短期较强可持续性说明未来一年（2015 年）发生财政风险的可能性比较低，财政短期将保持可持续性发展态势。

（3）要重视人口老龄化对财政可持续发展的影响。在分解指标中，老年抚养比指标发出了预警信号，据联合国估计我国 2014 年的老年抚养比为 12.741%，事实上据 2015 年 2 月 26 日发布的“2014 年国民经济和社会发展统计公报”数据显示，我国 2014 年 65 周岁及以上人口已经达到 13755 万人，在总人口中比重为 10.056%，与 15～64 周岁的人口相比的老年抚养比达到 13.6%，高于了该指标的限值，说明尽管我国短期内整体财政运行状况较好，有较强的可持续性，但是人口老龄化的社会人口结构变革近年来一直都是影响财政可持续性的重要因素，必须在未来长期重视人口老龄化对我国经济、财政的影响，也提醒笔者在对长期财政可持续评估实证分析中突出这个因素的影响。

（4）政府自身的廉政建设也是影响我国财政可持续性的不可忽视的因素。根据国际透明组织发布的数据，我国 2014 年的清廉指数为 3.6（实际为 36 分，为了和 2012 年前的数据口径保持一致，笔者处理为十分制的分数），比限值 3.7 略低，意味着该指标发出风险预警信号。当然，该指标本身是上公众对腐败的主客观感受程度，并不是真正的政府腐败程度，它也不是一个标准的调查数据，因此该指标仅提供一定的参考。因为我国近两年的反腐力度非常大，让公众看到了对腐败人物的公开处理，所以在一定程度上会引起人们感受到的腐败在增加。但实际上正因为新一届政府在自身廉政建设上的坚定的信心，反腐败实践力度在加大，政府的清廉程度是在提高的。但是就评估本身来说，政府的清廉程度影响到公众对政府的信心，公众应债意愿与政府的融资能力，因此政府清廉度是一个衡量财政可持续的重要政治变量。

（5）我国政府的债务规模处于安全范围内。IMF 的政府总债务口径是一个宽口径，指的是政府的总负债，包括 SDRs 形式的债务、政府持有的现金、存款、债券、贷款、保险、养老金、标准担保合约及其他。这当中包括了政府的直接显性债务，也包括了或有债务，但是或有债务的债权债务关系只有在特定情况下才会成其为政府的债务支出，因此不能将与直接债务简单相加。但是尽管如此，在新兴经济体国家都统一用此口径的情况下，我国 2014 年的政府总负债负担率为 40.724% 低于该指标限值 44.33%，处于安全范围内。从我国央行发布的数据来看（如图 6－8 所示），我国政府直接债务（主要包括国债与地方政府债券）在 GDP 中的比重是不高的。

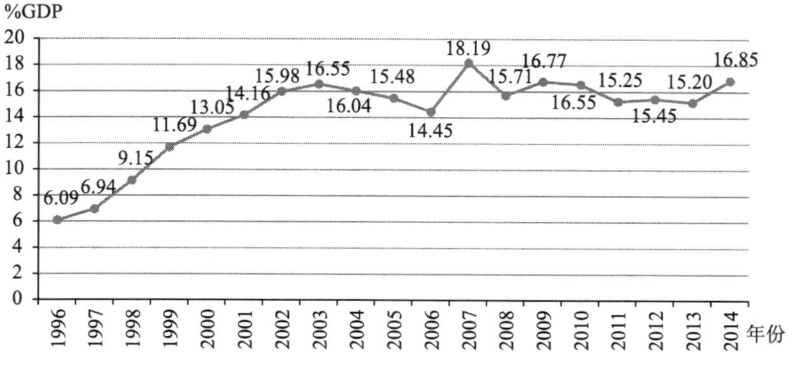

图 6－8　1996～2014 年我国政府债务余额在 GDP 中的比重

资料来源：国家统计局官方网站。

自1996年以来，我国政府（直接）债务余额在GDP中的比重呈现增长的趋势，在2007年达到最高为18.19%，之后又回落到15%～17%区间，并保持到2014年（16.85%）。政府在2014年又出台了《国务院关于加强地方政府性债务管理的意见》加强对地方政府隐性与或有债务进行控制，并加快地方政府自发自还债券的进程，采取置换地方债务债券①等分散地方政府隐性与或有负债风险、减轻地方政府还债压力，避免地方债务向中央转移的风险，总体来说我国的政府债务风险可控。

（6）人口老龄化给财政带来的压力是几乎所有新兴经济体国家要面临的最大挑战之一。从表6－7可以看到，老年抚养比的安全限值为8.21%，但从11个新兴经济体国家2013～2014年的数据来看，只有沙特阿拉伯老年抚养比（5.12%）是低于该指标限值的，其他国家都高于该安全限值，说明新兴经济体国家全线面临人口快速老龄化给财政带来的巨大财政压力，给财政可持续性发展带来了历史新挑战。

① 地方政府将到期的高成本债务置换为成地方政府债券是为地方政府缓解高成本偿债压力的一种做法。国务院于2015年3月和6月分别批准了1万亿元人民币的地方债务置换额度，据相关人士估计，这一举措将减少地方政府一年接近1000亿元的利息负担。

第7章 长期财政可持续性评估的实证分析

本章将运用“财政缺口”法评估我国长期财政可持续性状况。长期的财政可持续性的评估以对中长期经济和财政形势预测为基础，但由于不确定性的存在，本章所用的未来中长期数据都只是说明性预测，而非精准的预测数据，最后对存在不确定性的重要因素（养老金缺口、调整时间、债务负担率水平）进行敏感性分析。

7.1 模型与方法设计

7.1.1 财政缺口（Fiscal Gap）的定义

（1）财政缺口的基本含义

财政缺口（Fiscal Gap）是由 Alan Auerbach 在 1994 对美国赤字分析时提出来的一个概念，是指在目标年份达到目标债务负担率水平时，政府未来所有收入现值与政府未来长期支出（包括财政支出和政府未偿付的债务）现值之间的差额。该差额为正，则说明存在财政缺口，财政是不平衡的，缺口越大，财政越不可持续；相反，该差额为负，则说明财政是可持续的，政府对未来支出的承担是没有问题的。

反过来说，财政缺口是在确保在目标时间债务负担率达到目标水平（最佳或限值）时所需要对期初财政基本平衡进行调整的程度。财政调整措施包括增税或减支，或增税减支的组合措施。如果调整举措不正确，财政缺口为正，政府的债务水平将会增长非常迅速，影响政府偿债能力，可能会导致财政的不可持续；同理，如果财政缺口为负，则存在增加支出或减少税收的财政空间。因此财政缺口可用于评估财政的可持续性，当其为正值，缺口值越大，财政越不可持续。

（2）财政缺口的构成

因为期初的财政收支情况、采取调整措施的时间、老龄化成本与目标债务负担率水平等因素都会影响到财政缺口的计算，因此，财政缺口可分解为四个部分，分别针对以上四个因素，计算四个部分分别的调整程度（力度）。

①期初财政基本平衡缺口，如果期初的财政基本平衡及债务负担水平是稳定的，且在未来没有增加支出或减少收入的趋势，则期初财政基本平衡是不需要调整的。但是未来长期的债务负担水平是变动的，如果期初债务负担水平高的，则需要调整至合理的水平（《马约》对欧盟成员国规定的60%的上限标准，很多国家在欧债危机冲击下是超过了该限值的），如果期初债务负担水平相对较低，但可预见的未来债务规模是在提高的，财政需要调

整到合理的债务负担水平上。因此财政缺口应该包括期初（当前）基本平衡水平与未来长期保持在期初债务负担水平上的财政基本平衡水平[①]之间的缺口（差额），缺口大小实际上就是对期初财政基本平衡的调整程度。

②拖迟调整时间的缺口，相对于立刻对财政做调整来说，延后采取财政调整的做法会增加调整的成本，即会增加财政缺口，一般来说，拖延得越久，这部分调整成本越高。

③债务负担水平的缺口，期初的债务负担水平既会影响期初的财政预算状况，也决定了政府将要支付的利息水平。同理，目标债务负担水平也将决定未来的债务负担及财政调整程度。如果期初债务负担水平高于目标债务负担水平，则财政缺口会增大，以增加使在目标时间将债务负担水平降低至目标水平的额外调整，而如果期初的债务负担水平没有达到目标水平的，则意味着不会增加对未来长期财政的压力，直到缩小财政缺口的作用。

④养老金收支缺口，我国现在到未来几十年时间都将处于人口老龄化速度加快的阶段，人口红利正在消失（如果生育政策不放开，或者政策全面放开但对实际生育没有促进作用），正如第 6 章短期实证分析的结论——人口老龄化也是我国财政可持续发展一直面临的巨大挑战，我们必须在未来长期重视考察人口老龄化对长期财政可持续发展的影响，因此笔者把人口老龄化成本专门作为影响财政缺口的一个部分。

人口老龄化成本包括两个方面，一个方面是人口老龄化导致劳动力减少，劳动产出下降，从而影响到经济增长的间接成本；另一个方面是人口老龄化使得老龄人口比重增加，而相应的老年

① 长期债务负担水平稳定下的财政基本平衡水平是指，如果达到了这个水平，则期初的债务水平将在长期保持稳定不变。

人医疗卫生健康支出、老年长期护理等支出也会增加，同时养老金支出也会大幅增加，并成为带来财政压力主要因素。

笔者将人口老龄化对经济增长影响的间接成本放入对 GDP 估计中，而老年人健康卫生支出等纳入对财政支出预测的影响因素考虑。因为养老金增加而带来的养老金收支缺口不是我国政府的直接显性债务，只是隐性债务，但是在将来必须要承担，所以这里作为财政基本平衡之外附加考虑的部分，也为了突出人口老龄化对财政可持续的影响。因此人口老龄化成本只将养老金收支缺口作为单独考虑部分。

7.1.2 财政缺口的计算模型①

本书运用的财政缺口的模型主要参考加拿大、欧盟等在财政可持续性报告中使用的财政缺口计算模型。但是与加拿大、欧盟的模型与指标不同的是：本书老龄化成本特指的是未来养老金收支缺口，而非由于人口老龄化带来的全部财政支出（上文有论述）；另外本书将未来长期时间设定为 40 年，这是由我国老龄化具体情况决定的，不同于其他国家设定的 30 年、75 年或 100 年。国内仅有姚东旻（2013）从财政缺口视角分析财政可持续性，但本书与姚东旻研究也存在不同之处：第一，在模型设计上，姚东旻的模型计算的是一个总缺口，本书将财政缺口的分解为四种不同原因导致的缺口（EUM，2009，2012）；第二，在分析时间上，姚东旻的研究设定是未来 30 年，本书设定为 40 年，因为考虑到了未来 40 年都是我国人口老龄化加速的阶段，有必要将老龄化成本（养老金收支缺口）考虑进来。

① 主要参考加拿大、欧盟等国家或经济体在财政可持续性报告中使用的财政缺口计算模型。

在本章，财政缺口作为评估长期财政可持续的指数，命名为 S_{long}，与第 6 章的 S_{short} 共同构成长短期结合的财政可持续评估指数，有：

$$S_{long}=c(t_a-t_1) \tag{7.1}$$

S_{long} 是从第一年末到目标时间的总调整程度（在 GDP 中的比重），其中 t_1 是期初时间，t_2 是第一年，是开始采取调整的时间，t_a 是预定的结束调整的时间，即从 t_2 开始进行财政调整，使债务务负担率在 t_a 时达到目标债务负担率水平，并将这一目标债务负担率保持到评估设定的目标时间 t_n（后文简称为期末）。c 是从期初 t_1 到 t_n 财政基本平衡 PB 的年均增长率。

$$\begin{cases}\Delta PB_{t_i}=PB_{t_i}-PB_{t_1}=c(t_i-t_1)-\Delta P_{t_i} & 当\ t_1<t_i<t_a\\ \Delta PB_{t_i}=PB_{t_i}-PB_{t_1}=c(t_a-t_1)-\Delta P_{t_i} & 当\ t_a<t_i<t_n\end{cases} \tag{7.2}$$

其中，ΔP_{t_i} 是第 i 期人口老龄化成本（特指养老金收支缺口）相对于期初水平的变化，即 $\Delta P_{t_i}=P_{t_i}-P_{t_1}$，$i=1,2,3\cdots a\cdots n$。

通常有政府债务动态方程：$D_{t_i}=(1+r_{t_i})D_{t_{i-1}}-PB_{t_i}$　(7.3)

其中 D_{t_i} 是第 i 期债务负担率水平，r_{t_i} 是 i 的名义利率与 GDP 增长率间的利差（interest rate - growth differential），是债务动态方程中的关键因素，利差越大，则意味着要稳定在给定债务负担率水平上需要更大规模的财政盈余，或者说利差是影响是否能达到目标债务负担率的关键。利差为负值（即经济增速是快于利率水平）被称为“修正金律”（Modified Golden Rule），这条金律在很长一段时期为发达国家所信奉。

（7.3）表达为第 i 期的债务水平取决于当期的财政基本平衡与前一期债务水平的本息和。

$$r=\frac{R-G}{1+G} \tag{7.4}$$

R 名义利率，G 是名义 GDP 增长率。

将（7.3）进行多迭代可以得到期末债务负担率水平为：

$$D_{t_n} = D_{t_1}\alpha_{t_1,t_n} - \sum_{t_i=t_2}^{t_n}(PB_{t_i}\alpha_{t_i,t_n}) \tag{7.5}$$

将（7.2）代入（7.5）有：

$$D_{t_n} = D_{t_1}\alpha_{t_1,t_n} - \sum_{t_i=t_2}^{t_a}[PB_{t1} + c(t_i - t_1)]\alpha_{t_i,t_n} - \sum_{t_i=t_{a+1}}^{t_n}[PB_{t1} + c(t_a - t_1)]\alpha_{t_i,t_2} + \sum_{t_i=t_2}^{t_n}(\Delta P_{t_i}\alpha_{t_i,t_n}) \tag{7.6}$$

其中：

$\alpha_{s,e} = (1 + r_{t_{s+1}}) \cdot (1 + r_{t_{s+2}}) \cdots (1 + r_{t_e})$　s，e 为任一时间点，且 $s < e$　(7.7)

$\alpha_{s,e}$实际上是从 t_s 到 t_e 的折现因子，把（7.1）式代入（7.6）式进行整理，有：

$$S_{long} = \underbrace{c(t_a - t_1)}_{Total} = \underbrace{\frac{D_{t_1}(\alpha_{t_1,t_n} - 1)}{\sum_{t_i=t_2}^{t_n}\alpha_{t_i,t_n}} - PB_{t1}}_{One} + \underbrace{c\frac{\sum_{t_i=t_2}^{t_a}(t_1 - t_i)\alpha_{t_i,t_n}}{\sum_{t_i=t_2}^{t_n}\alpha_{t_i,t_n}}}_{Two} + \underbrace{\frac{D_{t_1} - D_{t_n}}{\sum_{t_i=t_2}^{t_n}\alpha_{t_i,t_n}}}_{Three} + \underbrace{\frac{\sum_{t_i=t_2}^{t_a}\Delta P_{t_i}\alpha_{t_i,t_n}}{\sum_{t_i=t_2}^{t_n}\alpha_{t_i,t_n}}}_{Four} \tag{7.8}$$

（7.8）式为财政缺口，也是长期财政可持续性指数的计算，Total 部分指的是总缺口，即是要进行的总调整，One 部分是期初基本平衡缺口调整，Two 部分是推迟调整的缺口，Three 是要达到目标债务负担水平的调整缺口，Four 是养老金收支缺口需要的额外调整。

关于几个关键时间点的设定，笔者在基准场景中，首先，将设定 2014 年为期初年份，即 $t_1=2014$，因为第 6 章以 2014 年为财政风险发送预警信号的考察时间，即通过 2014 年的相关指标数据来预测短期即 2015 年的财政可持续状况，现在长期的财政可持续性评估以 2014 年为期初时间，也正好能与短期评估衔接上，保证了以 2014 年为基年构架完整的短期和长期财政可持续性评估体系。其次，采取措施调整时间终点为 2023 年，$t_a=2023$，因为笔者考虑到政策调整应当尽可能是期初政策制定者在任期内完成，才能保持调整政策的连续性，有利于预期效果的评估，而我国于 2013 年 3 月的十八届一中全会中进行了最高政府领导班子的换届，按惯常的连任两届来计算，2023 年为换届时期，此外我国在十六大就正式提出“到 2020 年全面建设小康社会的奋斗目标”，这正是 2023 年前期，2023 年能够观察这一目标的实现状况，因此 2023 年是比较合适的调整目标时期，$t_a=2023$。最后，笔者将 40 年设定为目标时间长度，即 $t_n=2054$，这主要是出于我国正在面临的人口老龄化社会结构变革因素的考虑：第一，目标时间越短，预测越准确，评估越可靠，相反的，目标时间越长，预测不确定性大，评估越不可靠，因此目标时间长度不能设定 100 年、200 年甚至无限期等不切实际的长度；第二，但目标时间长度过短，但容易回避掉人口老龄化的冲击，我国目前正处于人口老龄化加速的阶段，预测到 2050～2055 年我国老龄化水平将会达到一个高峰，因此在结束时间上要覆盖老龄化增速最快的这一阶段，将 2050 年这个关键时间点包括在内，在考虑老龄化社会转型中人口代际转换的时间长度基础上，欧盟设定的是 50 年，英国设定的是 40 年，澳大利亚设定的是 75 年

(“婴儿潮”及子孙共三代人的时间)，笔者将我国的评估设置在40年为宜，既能考虑老龄化的人口结构变化影响，又能控制预测的现实可靠性。

7.2 指标取值预测

对未来长期财政可持续的评估要建立在对未来财政、经济形势的预测基础上，由于我国尚没有类似第4章中提到的发达国家的官方发布《经济展望》(OutLook)之类的报告，也没有比较权威的研究机构发布的长期经济预测，部分国内外研究机构和经济组织会发布短期经济预测数据，如中国社科院经济学部、国家信息中心、北师大、国际货币基金组织(IMF)世界银行、经合组织(OECD)、摩根士丹利、巴克莱资本银行等机构。笔者将根据我国近年来的财政经济状况和政策背景，参考其他机构学者的预测数据对相关指标数据进行估计，有的指标预测模型复杂，笔者将直接套用发布的预测数据。预测数据毕竟不是经验数据，数据的不准确会影响到实证结果，但是因为未来40年是一个很长的时间，中间有太多不确定性因素，也没有哪个机构或个人能保证预测的准确性，因此难免实证结果会受到影响，笔者在此做分析重在推荐这种思想，即对财政可持续性的评估应当跳出传统上用的单位根检验、协整检验等对过去财政形势的判断上，而要侧重对未来的评估，以更好地在未来施行财政调整与制度改革，这样才更有意义。

7.2.1　GDP 增长率

自改革以来，中国经济高速增长，从 1978 年的 3645.2 亿元增长到了 2014 年的 636463 亿元，翻了 171 倍，在“十一五”期间更是达到了年均增长 11.4% 高增速。但是随着我国经济的转型发展，原来的潜在增长率开始有所下降，“十二五”开始至今，GDP 增长率已回落入 1 位数，2012 年开始进入“7 时代”，我国经济增长由高速开始转为中高速。在刚过去的 2014 年，在政策性“去产能”“去杠杆”双重叠加因素影响下，经济增长动力不足，2014 年 GDP 增速降至 7.4%（年初目标为 7.5%），是 24 年以来的最低值，虽然经济运行基本保持在合理区间，但可预见 2015 年的经济增速下行压力大，如图 7－1 所示。

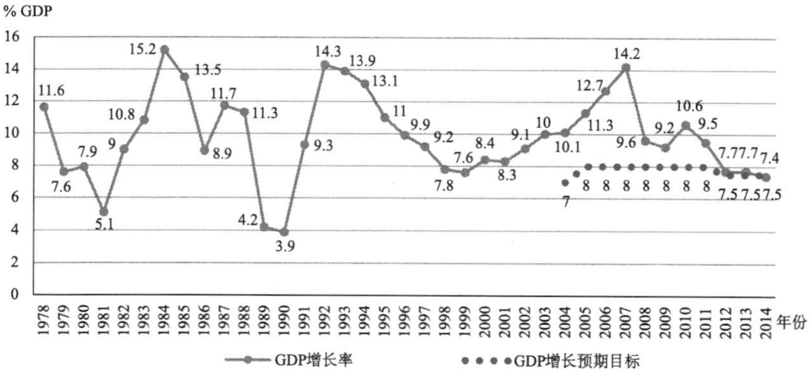

图 7－1　1978～2014 年我国 GDP 增长率变化情况

资料来源：国家统计局官方网站。

由于我国经济现在并且将来很长一段时间都将处于“增长速度换挡、结构调整阵痛、前期刺激政策消化”的三重叠加期，经济下行压力大，经济发展步入提质减速的“新常态”发展阶段。但是我国技术进步与劳动力总规模大仍然是支撑我国保持经济较快增长的后发优势，从长期来看，我国经济增长进入“新常态”实质是追赶进程进入新阶段①（余斌和吴振宇，2014）。因此，对未来我国经济增长的估计既要考虑到经济增长的困难，也要考虑到经济的内在增长动力，既不能盲目看空中国经济，也不能盲目乐观，如表7－1所示。

表7－1 相关机构与学者对我国未来经济增长的预测数据 单位：%

预测发布时间	时间▶ 机构或学者▼	2015年	十三五	十三五后	数据来源及备注
2014.12	社科院	7	6～6.5，中国改革开放30年平均为10，十二五为7.6		《经济蓝皮书：2015年中国经济形势分析与预测》
2014.12	社会科学院财经战略研究院	7			《中国宏观经济运行报告（2014～2015）》
2014.12	国家信息中心	7			“中国经济50人论坛2015年年会”发言
2015.01	中国科学院预测科学研究中心②	7.2			《中国经济预测报告》

① 余斌和吴振宇（2014）将后发国家追赶周期划分为起飞、高速增长、中高速增长、中低速增长、增速回归五个阶段，并认为我国目前进入了第三个阶段——中高速增长阶段——资本积累放缓、要素成本增幅大、市场空间缩小等。

② 中国科学院预测科学研究中心从2005年开始已经连续十年发布《中国经济预测报告》，受到政府、公众及众多研究机构的关注。

续表

预测发布时间	时间▶ 机构或学者▼	2015年	十三五	十三五后	数据来源及备注
2015.02	发改委发展规划司——徐林	7	6.5（底线）		
2015.03	国务院发展研究中心——卢中原		7	5.6	
2015.11	OECD	6.8	6.5~6.8		《2015年经济展望报告》
2014.10~12	高盛、摩根大通、摩根士丹利和野村证券	6.8~7，6.7（2016）			
2015.01	联合国（2015年世界经济形势与展望）	7，6.8（2016）			
2015.01	IMF	6.8，6.3（2016）			该数据为2015年1月最新发布预测数据，比2014年10月预测数据低了0.3和0.5个百分点
	樊纲		7~7.5		2015年2月召开的"中国经济50人论坛2015年年会"会议发言
2012.12	马骏	7.7，7.6（2016）	7.4~7	3(2050)	《中国国家资产负债表研究》

（1）对短期内 GDP 增速的预测

2015 年我国将处于体制改革攻坚、巨大的过剩产能、地方政府公共支出与偿债压力增长、世界经济持续疲软等宏观环境下，经济增长上行阻力大，基本以温和的下行发展趋势为主。2015 年 3 月初的政府工作报告中，李克强总理传达了经济社会发展的主要预期目标，国内生产总值增长目标为 7% 左右。如表 7－1 所示，所有研究机构、国际组织包括部分学者都预测中国 2015 年经济增速将比 2014 年增长下降，最乐观的预测值为中国科学院预测科学研究中心提出的 7.2%，最悲观的预测值为野村证券预测 6.8%（2016 年为 6.5%）的增速。根据多年经济发展实际情况与期初的预定目标相比较，笔者估测 2015 年的 GDP 增长率在 6.9% ~7% 左右。

2015 年为“十二五”的收官之年，目前“十三五规划”已经开始启动编制，可以预见的是从 2016 年开始的“十三五” GDP 增长率应该会较“十二五”的目标值低，但是还是会以“总体平稳，稳中有进”为基本原则，即要确保经济运行处于合理区间，笔者估计应当在 6.5% 左右。

（2）对长期 GDP 增速的预测

从图 7－2 可见，1990 ~2014 年这 25 年以来，我国社会总人口在不断增长，但人口结构已发生了显著的变化，少儿抚养比（0 ~14 岁人口在 15 ~64 岁人口中的比重）从 90 年代初期的 40% 持续下降，2010 年以来在 22.2% 左右，这个趋势还将在未来若干年持续。另一方面，老年抚养比（65 岁以上人口在 15 ~64 岁人口中的比重）则是不断上升的，从 1990 年的 8.3% 上升到了 2014 年的 13.7%，老龄化速度非常快，根据我国的年龄结构与出生率情况来看，这个比重还会继续提高，如图 7－2 所示。

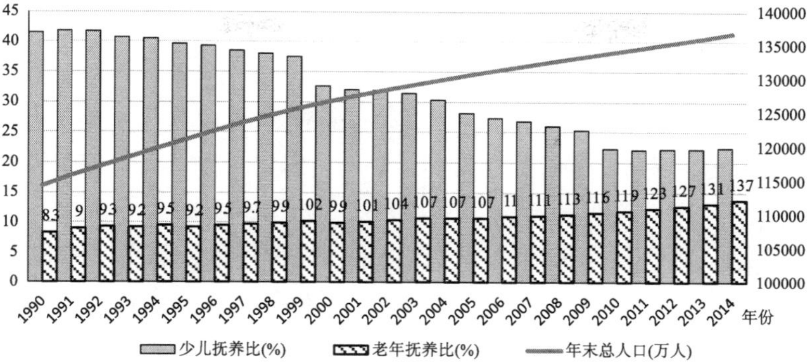

图7-2 1990~2014年我国人口结构变动情况

资料来源：国家统计局官方网站。

如图7-3所示，联合国经济与社会事务部门预测（United Nation，Department of Economic and Social Affairs）我国2015~2055年40年间老年抚养比将以前所未有的速度增长，在恒定和中等出生率情况下，老年抚养比将达到47%左右，即便是在高出生率的情况下，这个比重也将达到39.6%，如果未来我们长期处于低出生率，这个比重还将提高到54%。

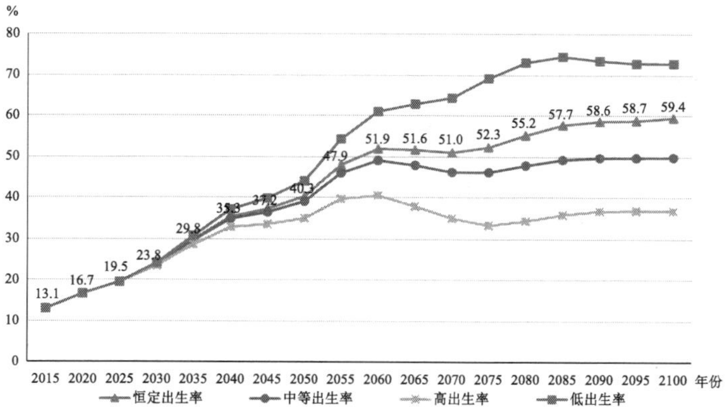

图7-3 联合国预测的2015~2100年我国老年抚养比情况

资料来源：联合国数据库UN。

未来长期少儿抚养比下降而老年抚养比不断上升，将导致未来劳动力大军的衰减，从事生产人口减少，影响产出和经济增长。另外，我国人口老龄化的一个典型特点是“未富先衰”，我国仍然处于发展中国家阶段，人均收入与其他进入老龄化的发达国家有一定的差距。发达国家人均收入和技术创新水平都处于较高水平，社会福利制度比较成熟完善，经济可以依靠生产率提高来推动其可持续增长（蔡昉，2012）。老龄化影响经济增长，而应对老龄化带来的问题又需要经济的快速增长，两者间复杂的关系，让我们要完成应对老龄化挑战的任务与发达国家相比将更为艰巨。

“十三五”以后，如果我国的生育政策不全面放开，或者放开生育政策但无法提高生育率的话，我国人口红利消失①（蔡昉，2010；2011），我国将不再会像以前一样享受劳动人口增加而对劳动力供给和储蓄率提高带来的经济增长红利，反而劳动生产下降对经济的负面影响将会全面呈现出来，届时，经济增长将承受巨大压力，GDP 增速较之前会有明显下降。当然，也有一些乐观的因素，如寻求到新的增长点、第三产业的创新增值、GDP 总量较大、持续结构性减税的刺激作用等因素能保证 GDP 增速不会大幅度骤降。按我国每五年编制一次发展规划调整 GDP 增速的规律来看，到 2054 年即“二十五”期间有 8 次调整，估计平均每次按 0. 3 ~0. 5 的幅度变化，2054 年的 GDP 增速将降低至 4% 左右（估计数据见表 7 -4）。

① 蔡昉估计是 2015 年随着人口抚养比的提高人口红利将会消失，见蔡昉．未富先老与中国经济增长的可持续性［J］．国际经济评论，2012（01）：82 ~95；蔡昉．中国的人口红利还能持续多久［J］．经济学动态，2011（06）：3 ~7.

7.2.2 财政（基本）平衡

（1）财政（基本）平衡的历年情况

财政（基本）平衡是财政盈余或财政赤字两种财政不同状态的统称，实际就是财政收入与财政支出间的差额，当差额为 0 时，财政达到平衡，即：

财政平衡 = 财政收入 − 财政支出

当该差额为正值时，则称为财政盈余，当该差额为负值时，则称为财政赤字。在我国 1994 年财政体制改革后，启用“软赤字”的口径衡量财政平衡，即将国债（含地方政府债券）的收支从一般公共财政预算收支中剔除，到 2000 年把债务付息支出列入（中央）财政预算支出中，因此该衡量财政平衡的标准中是不含政府债务收入和支出，但包括债务利息支出的。

在我国发布的预算报告中，对于财政赤字衡量的收入及支出口径是大于一般公共预算收入口径的。为增加财政部门能更加灵活地调节预算执行度，2007 年起我国建立中央预算稳定调节基金，2009 年开始地方自行发债的试点工作，这两个财政制度上的变化将影响到中央财政平衡、全国财政平衡及财政赤字的计算，使得中央财政预算平衡关系变得极为复杂（卢凌波，2012），即有：

财政收入 = 一般公共预算收入 + 从中央预算稳定调节基金调入资金 + 地方财政调入资金

财政支出 = 一般公共预算支出 − 补充中央预算稳定调节基金 − 地方政府债券还本支出

这里的财政收入没有包括政府性基金预算、国有资本预算和社会保险基金预算[1]。我国在 2014 年全国一般公共预算收入 140349.74 亿元，加上从中央预算稳定调节基金调入 1000 亿元，使用的收入总量为 141349.74 亿元；全国一般公共预算支出 151661.54 亿元，加上补充中央和地方预算稳定调节基金及地方财政结转下年支出 2195.2 亿元、地方政府债券还本支出 993 亿元，支出总量为 154849.74 亿元，收支总量相抵，赤字 13500 亿元[2]，赤字率为 2.1%。因此，按我国预算的口径，财政平衡计算公式为：

财政平衡 =（一般公共预算收入 + 从中央预算稳定调节基金调入资金 + 地方财政调入资金）-（一般公共预算支出 - 补充中央预算稳定调节基金 - 地方政府债券还本支出）

以上财政平衡口径是包括了付息支出的，国际上常用的另一口径是财政基本平衡，即是将付息支出剔除之后的财政收支差额。因为利息支出是由于为弥补财政基本收入不平衡的缺口（赤字）而发行债券所产生额外支出，因此它不是财政收支的本源差额，因此在财政基本平衡计算时需要剔除付息支出部分，即：

财政基本平衡 = 财政平衡 + 付息支出

笔者在后文将采用财政基本平衡（基本盈余或基本赤字）的口径，2000～2015 年我国的财政平衡状况见表 7－2 和图7－4。

从 2000～2014 年 15 年间的数据来看，我国无论是财政一般收支平衡口径还是财政基本平衡口径，我国处于财政赤字是

① 铸币税也是政府重要的财政收入之一，但由于没有准确的财政性铸币税数据，故在本书暂不考虑该财政收入项。

② 数据来自《人民日报》2015 年 03 月 06 日刊登的“关于 2014 年中央和地方预算执行情况与 2015 年中央和地方预算草案的报告”。

表 7－2　　2000～2015 年我国财政收支平衡（盈余或赤字）情况　　单位：亿元；%

年份	GDP	财政收入	财政支出	稳定基金收入①	稳定基金支出②	一般公共收支平衡（GDP 占比）	财政平衡（GDP 占比）	利息支付	财政基本平衡
2000	99214.55	13395.23	15886.5	0	0	－2.51	－2.51	730.90	－1.77
2001	109655.2	16386.04	18902.58	0	0	－2.29	－2.29	798.97	－1.57
2002	120332.7	18903.64	22053.15	0	0	－2.62	－2.62	678.55	－2.05
2003	135822.8	21715.25	24649.95	0	0	－2.16	－2.16	963.87	－1.45
2004	159878.3	26396.47	28486.89	0	0	－1.31	－1.31	759.03	－0.83
2005	184937.4	31649.29	33930.28	0	0	－1.23	－1.23	815.01	－0.79
2006	216314.4	38760.2	40422.73	0	0	－0.77	－0.77	975.39	－0.32
2007	265810.3	51321.78	49781.35	0	1032	0.58	0.19	1052.90	0.59
2008	314045.4	61330.35	62592.66	1100	192	－0.40	－0.11	1305.09	0.30
2009	340902.8	68518.3	76299.93	505	2223.37	－2.28	－2.79	1491.28	－2.35
2010	401512.8	83101.51	89874.16	100	3327.35	－1.69	－2.49	1844.24	－2.03
2011	473104	103874.4	109247.8	1500	4626.64	－1.14	－1.80	2384.08	－1.29

续表

年份	GDP	财政收入	财政支出	稳定基金收入①	稳定基金支出②	一般公共收支平衡（GDP占比）	财政平衡（GDP占比）	利息支付	财政基本平衡
2012	519470. 1	117253. 5	125953	2948. 37	2248. 92	-1. 67	-1. 54	2635. 74	-1. 03
2013	588019	129142. 9	139744. 3	1593. 26	2590. 8	-1. 80	-1. 97	3056. 21	-1. 45
2014	636463	140349. 7	151661. 5	1000	3188. 2	-1. 78	-2. 12	3157. 83	-1. 62
2015	681015. 4	154300	171500	1000		-2. 53	-2. 38	3493. 89	-1. 87

注：①这里实际为稳定基金收入＋地方财政调入。

②这里实际为稳定基金支出＋地方财政结转下年支出＋地方政府债券还本支出。

资料来源：

1. 由于2000年以前我国的财政支出统计中不包括国内外债务还本付息支出和利用国外借款收入安排的基本建设支出，从2000年起，中央财政支出数据包括国内外债务付息支出，因此笔者没有选取2000年以前的数据，以保持口径的一致性。

2. 我国是从2007年开始实行中央预算稳定调节基金，因此2007年以前该项数据为空。

3. 2000年到2013年的相关数据来自历年的《中国财政年鉴》，2014年相关数据来自2015年3月发布的“关于2014年中央和地方预算执行情况与2015年中央和地方预算草案的报告”中的2014年财政预算执行数，2015年的相关数据来自该报告的预算数。

4. 2014年及2015年国债付息支出数为笔者估计数据。

常态，但是赤字缺口都在 3% 以内，按剔除了利息支付的财政基本平衡口径计算更是低，大部分年份低于 2 个百分点，赤字率最高的 2002 年、2009 年和 2010 年分别为 2.03%、2.35% 与 2.05%，大大低于国际上通常的 3% 的警界线，在 2007 年和 2008 年略有盈余，如图 7－4 所示。

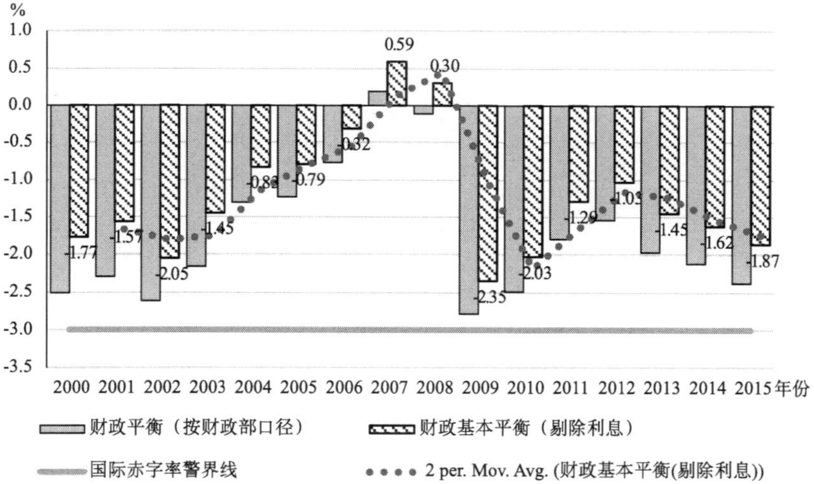

图 7－4　我国 2000～2014 年财政（基本）平衡状况

资料来源：国家统计局官方网站数据整理。

但是由于受次贷危机引发的经济危机对我国经济的影响，我国于 2008 年年底推出的大规模短期财政刺激调控经济政策在 2009 年反映为财政赤字增大，从 2007 年的 0.59 个百分点的财政盈余演变为 2009 年 2.35 个百分点的赤字水平。近 3 年来，由于经济逐渐走入新常态，财政收入尤其是税收增收下行，财政刚性支出增加，财政赤字维持在 1.5 到 2 个百分点，要在未来短期内扭转为财政盈余非常困难，当然对财政基本平衡的预测还要建立在对财政收入与财政支出的具体分析上。

(2) 财政收入预测

如表 7－3 所示，2013 年，我国各项税收收入在财政总收入中占 74.78%，是绝对的主要财政资金来源。从各项税收在财政收入总额中的比重排序来看，增值税、企业所得税、营业税、国内消费税及个人所得税排在前 8 位（国家非税收入和其他收入项目含各种费用等有不确定因素，不在笔者预测范围内），这几项税收的变化将很大程度上决定财政收入水平。

表 7－3　2013 年各项财政收支在财政收支总额中的比重　　单位：%

序号	财政收入项目	比重	序号	财政支出项目	比重
1	国家国内增值税	22.30	1	国家财政教育支出	15.69
2	国家企业所得税	17.36	2	国家财政社会保障和就业支出	10.33
3	国家非税收入	14.46	3	国家财政一般公共服务支出	9.81
4	国家营业税	13.34	4	国家财政农林水事务支出	9.52
5	国家进口货物增值税、消费税	10.84	5	国家财政城乡社区事务支出	7.96
6	国家其他收入	6.75	6	国家财政交通运输支出	6.67
7	国家国内消费税	6.37	7	国家财政医疗卫生支出	5.91
8	国家个人所得税	5.05	8	国家财政公共安全支出	5.55
9	国家行政事业性收费	3.70	9	国家财政国防支出	5.29
10	国家契税	2.98	10	国家财政科学技术支出	3.63
11	国家专项收入	2.73	11	国家财政环境保护支出	2.45
12	国家城市维护建设税	2.65	12	国家财政其他支出	2.33
13	国家土地增值税	2.55	13	国家财政文化体育与传媒支出	34.33
14	国家关税	2.04	14	国家财政外交支出	0.25

续表

序号	财政收入项目	比重	序号	财政支出项目	比重
15	国家车辆购置税	2.01	15	国家财政地震灾后恢复重建支出	0.03
16	国家耕地占用税	1.40	16	国家财政对外援助支出	0
17	国家城镇土地使用税	1.33	17	国家财政武装警察支出	0
18	国家罚没收入	1.28	18	国家财政车辆购置税支出	0
19	国家房产税	1.22			
20	国家印花税	0.96			
21	国家资源税	0.78			
22	国家车船税	0.37			
23	国家证券交易印花税	0.36			
24	国家烟叶税	0.12			
25	国家船舶吨税	0.03			
26	国家其他税收收入	0			
27	国家出口货物退增值税、消费税	-8.14			

资料来源：中国国家统计局网站统计。

首先，从税种与年龄变化的相关关系来看，任若恩等人（2004）将税收划分为依年龄变化税种和不依年龄变化税种两大类，前者包括城镇人口工薪的个人所得税、城镇人口的增值税、营业税、消费税、企业所得税等，后者如城镇人口的非工薪所得税、城建税、房产税、资源税、农业税、购置税等①。可见，增值税、企业所得税、营业税、国内消费税及个人所得税主要财政收入来源税种都要受到人口老龄化的影响，是预测要考虑的因

① 见任若恩，蒋云赟和徐楠楠等的本书“中国代际核算体系的建立和对养老保险制度改革的研究”，经济研究，2004（09）：118～128.

素。由于未来人口老龄化过程中，劳动产出率下降，经济下行，增值税与企业所得税两项税收收入增速将会受挫，而个人所得税与国内消费税也会随着收入下降，导致消费能力减弱而组织到的税收下降。

其次，从我国财政政策的走向来看，“减税降费”是积极财政政策的重要举措，也将是未来中期财政政策的导向。为应对经济过热的宏观经济形势，我国2005年到2008年实施稳健的财政政策，而2009年后为应对国际金融危机对我国经济的冲击，保经济平稳增长，财政政策又转为积极的财政政策，到目前已经连续实行了6年，而且还将2015年继续实行。在这一轮积极财政政策中，在税收方面政府主导思想是“推进税费改革，实行结构性减税”，通过对企业、居民税负的减少来刺激投资、拉动消费。第一，“营改增”当属最大的减税项目，2014年有95%以上的试点纳税人享受到了减税的实惠，全年合计减税1918亿元；2015年还将继续扩大营改增范围，把金融保险业，房地产和建筑业以及生活服务业纳入营改增范围，据估计减税规模可能会超过5000亿元。第二，我国多年以来多次实行为小微企业减负的税收政策，2015年还将实施加大减税降费、鼓励小微企业创新的政策[①]。从图7－5可以看到，虽然我国财政收入在GDP中的比重近年来是在逐渐增长的，但是其增速是有所下降的，从2008年的25.7%下降到了2014年8.2%，下降程度比较大。

① 2015年2月25日召开国务院常务会议确定“一是从2015年1月1日～2017年12月31日，将享受减半征收企业所得税优惠政策的小微企业范围，由年应纳税所得额10万元以内（含10万元）扩大到20万元以内（含20万元），并按20%的税率缴纳企业所得税，助力小微企业尽快成长。二是从2015年4月1日起，将已经试点的个人以股权、不动产、技术发明成果等非货币性资产进行投资的实际收益，由一次性纳税改为分期纳税的优惠政策推广到全国，以激发民间个人投资活力。”

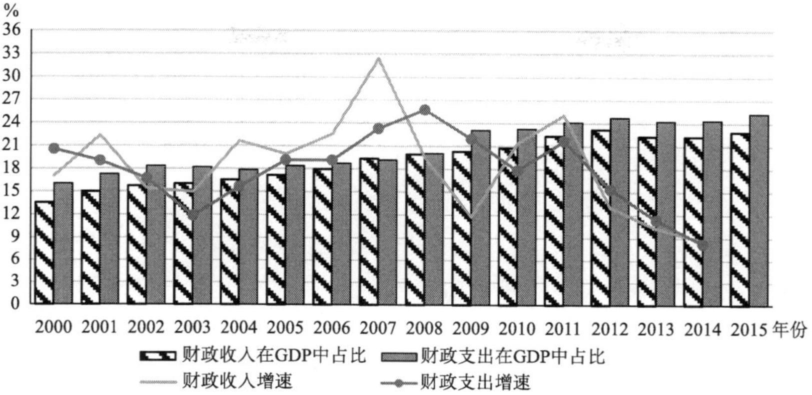

图 7－5　2000～2014 年财政收支占比及增速情况

再次，“结构性减税”核心是减税，但是它不是全面大规模的减税，而是针对特定领域特定税种的减税，强调优化税制，言外之意，除了减外还有增税，如房产税、环保税等都增税种会在近期全面推出。因此，不能悲观看淡财政收入。

另外，税收政策的宗旨还是通过削减税负，实质性地降低纳税人的税负，通过让利于民，来刺激消费与投资，最终促进经济发展，而财政收入又会因为经济的发展而分享其红利，因此财政收入最终是会随着税源的增长而有稳定的增长。

最后，在预测财政收入时，要遵循我国的预算制度与预算编制习惯。我国历来编制预算（收入）都按照“留有余地”的原则来做预算，通常习惯于在预算的 GDP 增长幅度基础上再增加 2～3 个百分点，当然事实上近年来这个“余地”的实际值大于预计值，在做预测时应当考虑到这个因素。

（3）财政支出

从 2013 年我国国家财政支出的结构来看（如表 7－3），教育支出、社会保障和就业支出、一般公共服务支出、农林水事务支出在财政支出总额的比重较大，均超过10个百分点，城乡社会事务支出、医疗卫生支出、公共安全支出及国防支出所占比重次之，在5%~6%左右。

从财政支出与人口年龄结构的关系来看，教育支出、医疗卫生支出、社会保障及就业支出与年龄变动有直接关系（简称为增龄性支出），会受到人口老龄化的影响。但是教育支出与老龄化程度是负相关关系，即随着老龄化的加快，财政教育惠泽的人群会减少，财政教育支出也会减少；相反，人口老龄化与社保、医疗卫生等支出是正向关系，即老龄化程度越高，财政支出越低。其他的支出尤其是一般公共服务支出中有部分政府机构运转的刚性支出，在未来短期时间压缩这部分支出的可能性比较小。

如图7-5所示，从财政支出的历年表现来看，财政支出在GDP中的比重是不断提高的，但是其自身的增速是在下降的。

（4）财政基本平衡

要综合考虑财政收入、财政支出的近期变动表现，从政策背景层面上才能更好地预测财政基本平衡状况。总体上来说，财政收入有增长点，但是下增速减缓显著，未来长期总体上会呈现出小幅度增长，但是增速大幅度减少；财政支出由于人口老龄化的原因，但有一定规模的提高，因此财政基本平衡会呈现程度拉大的财政赤字状况，但是不会突破3%的警戒线（估计数据见表7-5）。

7.2.3 养老金收支缺口（老龄化成本）

人口老龄化成本（Cost of ageing，COA）主要是由人口老龄化导致的支出（变化），是导致欧债危机的原因之一，应当把老龄化成本纳入公共财政体系，反映人口老龄化社会结构变革对长期财政产生的影响（郑秉文，2011）。老龄化成本包括直接成本与间接成本。老龄化直接成本是一种显性财政支出，是指人口老龄化后，有更多的老年人对领取养老金、（低能与失能老人的）护理费用和医疗卫生费用以及老年人其他社会福利（含各种特殊的社会福利，及安葬费、抚恤金和遗孀年金等）的需求而产生的巨大的社会支出（刘莉，2013；杨黎源，2013）。老龄化间接成本是指由于人口老龄化而导致劳动力减少，劳动产出下降从而影响到产出、消费与投资，对财政收入与经济增长带来的不利影响，是一种隐性支出。广义的老龄化成本包括了老龄化的直接成本与间接成本，狭义的老龄化成本则主要是发生的直接成本。

在前文对GDP增长与财政收入、财政支出的分析已经考虑到了老龄化间接成本，本小节将分析老龄化的直接成本，主要是未来养老金收支缺口。年度养老金缺口①是指当年养老金账户的缴费收入和其他收入②减去当年养老金支出（马骏，2012）。因为按世界银行Hana对政府债务的分类矩阵来看，养老金收支缺口是属于政府的直接隐性负债（见第3章表3-2），是没有法规或契约约定但政府出于政府职责与社会压力而要承担的支出责任，是在前文讨论的政府直接债务范围之外，但是又会对未来长期财政可持续产生重大影响的支出成本。因为养老金缺口的计算是一个复杂且庞大的工作，笔者的能力有限，无法自行完成养老金缺口的预测，因此本节将主要参考马骏（2012）在《中国国家资产负债表研究》一书中对养老金缺口的估算。

我国目前的社会养老保险体系是城乡二元化的体制，包括城镇职工养老保险（含城镇企业职工基本养老保险和机关事业单

① 李扬对养老金缺口的定义为，在现行制度安排下，为了兑现政府对当前在职职工、退休职工和居民的养老保险承诺，未来需要政府通过财政支出来提供补贴和资金支持的资金。

② 马骏认为其他收入包括了目前政策下的财政补贴和养老金节余的投资收益，而计算养老金累计缺口的现值是指观测年份内每年养老缺口折现后的加总额。

位养老保险两部分①）和农村养老保险②两个系统，两个系统都会产生养老金收支缺口。但本书暂不考虑农村养老金缺口，其原因主要有两个：一是根据由于“新农保”中养老基础金账户与个人账户都涉及地方政府各类补贴责任分担，而各地的责任分担机制差异较大，且各地缴费补贴标准迥异，使得农村养老保险财政支出（补贴）数据不便统计，而对计算养老金缺口也带来了较大的现实困难；二是根据何平等人（2011）用人口预测模型测算的农村人口老年抚养比是高于同期全国老年抚养比，即农村人口老龄化程度高于全国水平，但是何平等人（2011 年运用新农保精算模型推算出的我国农村养老保险各级政府补贴支出在 GDP 中的比重是比较小的（如表 7－4），2050 年该比值为 0.322%，即便在 2030 年达到峰值也仅为 0.343%，远远小于城镇职工养老金缺口程度（见表 7－4 中数据），这对于财政可持续性状况的影响甚小，故不考虑农村养老金缺口问题。因此，本节将主要讨论城镇养老金的统筹账户的收支缺口问题。

1997～2005 年，我国在发布了一系列关于城镇养老保险制度改革方案后，正式确立了目前的部分积累制养老金模式，即养老金账户由职工所在单位代缴的养老金纳入“社会统筹账户”实行现收现付制，职工个人缴纳的部分纳入“个人账户”

---

① 我国于 2015 年 1 月 14 日发布《关于机关事业单位工作人员养老保险制度改革的决定》（国发〔2015〕2 号），机关事业单位与企业职工养老保险制度并轨正式启动，在 2015 年年初山东、江苏等地纷纷出台该省并轨改革的实施意见，今后养老保险制度将会逐渐统一为一个体制。由于该制度在全国尚未正式铺开，因此本书在讨论时暂不考虑这个因素。

② 我国于 2009 年 9 月发布了《国务院关于开展新型农村社会养老保险（简称新农保）试点的指导意见》（国发〔2009〕32 号），在 3 年（2009～2012 年）试点后，于 2012 年年底全国全面实施，是农村主要人口的养老保险制度，此外，各省市地方还实施了适应当地情况的农民工养老保险及失地农民养老保险制度。

表 7－4　2015～2050 年我国农村养老保险财政负担情况预测值

单位：亿元，%

年份	2015	2020	2030	2040	2050
老年抚养比（基准情景）	29.1	31.5	51.5（2035 年）	—	53.1
GDP	738086	1364521	3794574	8458928	17082392
财政负担（补贴）	2345	4153	13017	28045	54948
其中：中央	1727	2832	9574	19134	36581
省市	408	885	1925	3803	6965
县级	210	436	1518	5108	11402
财政负担在 GDP 中比重	0.318	0.304	0.343	0.332	0.322

资料来源：何平和 HyungJuLee 主编的《中国农村养老保险制度改革与发展报告——可持续性分析》第二部分“全国农村养老保险可持续测算分析报告”第 39～41 页。

实行完全积累制。

（1）养老金未来长期缺口——养老保险基金累计收支缺口

由于近年来我国城镇参加养老保险的人数在不断上升（见图 7－6），从 2004 年的 16352.9 万人增加到了 2013 年的 32218.4 万人，其在城镇总人口中的比重也呈现增长趋势，2004 年该比重为 30.13%，2014 年已经增长至 44.07%，提高了近 14 个百分点。参保人数的增加也带来了我国的城镇基本养老保险基金收支均呈上升趋势（如图 7－7）。

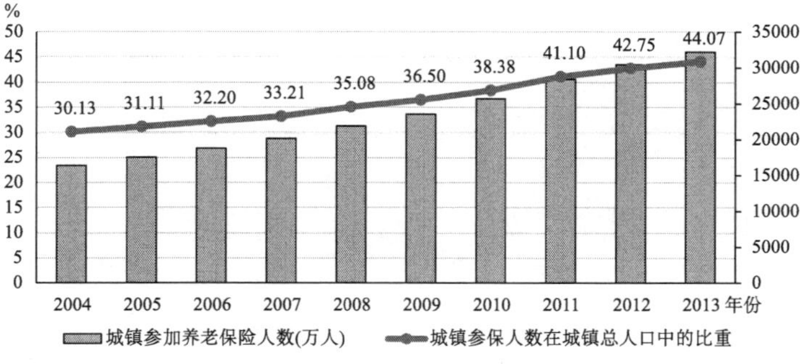

图 7－6　2004～2013 年城镇参加养老保险人数及在城镇总人口中的比重

资料来源：国家统计局官方网站。

1989～2013年，我国的城镇基本养老保险基金收入（这里主要是指现收现付制中的统筹账户部分）即为146.7亿元，但到2013年已经增长到了22680.4亿元，增长速度非常快。另一方面，退休人员的增长也导致了养老保险基金支出增长快速，1989年该支出为118.8亿元，2013年为18470.4亿元。两者的差额为基本养老保险基金结余，该项累计结余在GDP中占比分别为0.4%和4.81%，提高了10倍。

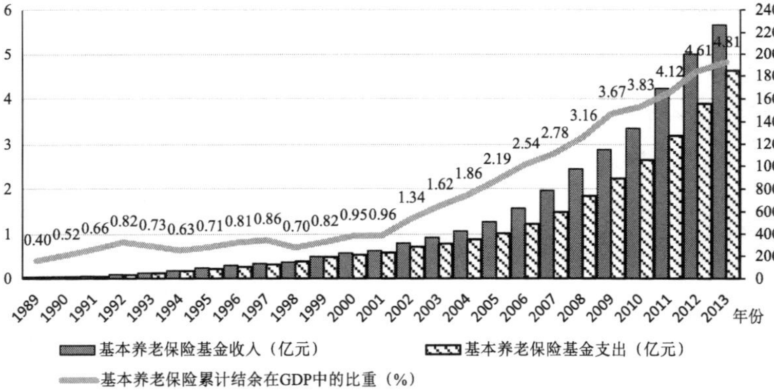

图7－7　1989～2013年我国基本养老保险基金收支及结余情况

资料来源：国家统计局官方网站。

到目前为止基本养老保险基金累计结余的提高主要包括两个原因：一是因为近年来社保制度不断完善，被制度覆盖的人群扩大，带来的逐年增长的参保人数，特别是在职职工参保人数的增加，目前在职职工在总参保人数的比重是离休人员参保比重的两倍；二是我国每年地方财政在基本养老保险方面的财政补助规模比较大。

事实上，我国基本养老保险基金的运行压力越来越大[①]。

首先，从前文分析的人口结构变化来看，我国的老年抚养比在今后 40 年内会从 13% 左右提高到 44% 左右，也就意味着当城镇职工参保已经普遍覆盖的情况下，随着 15～64 岁人口比重减少，在职职工也会相应减少，这将导致基本养老保险基金收入增长下行；而另一方面，退休人员群体的扩张将会增加基本养老保险基金的支出，而且这里计算的老年抚养比是 65 岁及以上人口在 15～64 岁人口中的比重，我国目前的退休年龄是 60 岁，低于 65 岁，如果退休年龄不变的话，这个抚养比实际上还将高于 44%，养老金支出的压力更大。在基本养老保险基金收入增长下行，而支出加速增长的矛盾之下，我国累计的基本养老保险基金结余将会在未来十年内消耗殆尽[②]（马骏，2012），从而将处于收支缺口的状态。

其次，基金结余规模中地方政府财政补助比重高，2013 年地方财政补助达到 17809 亿元，占当年全部结余的 63%，即扣除掉财政补助后基本养老基金的净征缴结余只有 10459 亿元，说明基本养老保险自身的征缴能力是有限的，地方财政压力大，由于地方财政能力差异大，部分地区该账户处于盈余状态（2013 年有 12 个省份保持盈余），但是部分地方已经出现了收不抵支。

再次，从基本养老保险当期流量（非累积的存量）看，结余规模是在不断减少的，从 2012 年 905.62 亿元减少到了 2013 年 163.17 亿元[③]，缩水严重。

---

① 《中国养老金发展报告 2014》的调研情况显示："黑龙江省已经严重收不抵支，当期结余为 -40.43 亿元。"

② 据马骏的估计我国养老金统筹账户的累积结余将于 2022 年用光，从此转为缺口状态，李扬对此时间的推算是 2029 年。

③ 数据来源《中国养老金发展报告 2014》。

(2) 短期养老金成本——转轨成本

马骏 (2012) 的研究发现我国短期内面临的是养老制度转轨成本带来的财政支出压力。所谓的城镇基本养老保险转轨成本①是由旧制度向新制度转轨所产生的新增成本，可以通过比较有无旧制度负担两种情况基础上建立新制度的运行成本之差(赵俊康，2006)，其中一部分是实行完全积累制的“个人账户”的“空账”部分。

我国于1997~2005年实行了养老金制度从现收现付制向部分积累制的转轨，而制度设计上客观地造成了我国职工在养老保险缴费及收取方面被划分为了“新人”“中人”和“老人”三个群体，由此带来了个人账户的“空账”问题。

1997年国发【1997】26号文件（下文简称“26号”文件）实施以前参加工作，并于2006年1月1日后退休的城镇职工，在退休前是采用的28%的现收现付制，即在退休前没有支付入个人账户，只有所在单位在工资中扣缴入社会统筹账户的养老金。然后这个群体在退休后又将按照新制度即统筹账户与个人账户并行的“统账结合”制度发放养老金，即除了基础养老金外还有个人账户养老金及过渡性养老金，而此时城镇职工的缴费标准已由原来的28%下降到了20%，由此带来了统筹账户资金缺口。另一方面，在“26号”文件之后参加工作的城镇职工还未到退休年龄，因此只缴费未发放养老金，其中形成的“个人账户”积累是养老金的盈余部分。另外，近年来国家连续以每年10%左右的幅度提高养老金，也加大了养老金的支付困难。这样

① 对转轨成本的定义有很多，孙祁祥（2001）、贾康（2007）认为转轨成本是向改革前的退休人员（老人）及改革过渡的退休人员（中人）支付的养老金；王燕（2001）认为转轨成本就是个账户中的空账部分。

一来，统筹账户为资金亏空，个人账户为资金盈余，而两个账户在现行制度下又是并行管理的，所以迫使了个人账户的资金挪用，而形成养老金个人账户“空账运行”的状态。这也是因为制度转轨之初政府就没有承担这个转轨成本而转嫁到新制度实行后的“新人”个人账户上所产生的。根据中国社科院专家郑秉文（世界社保研究中心主任）的估计，在 2010 年年底，在个人账户账面的 1.9 万亿中，只有 2039 亿是做实账户，中间产生了 1.7 万亿的空账，2013 年空账规模已达到 30955 亿元。

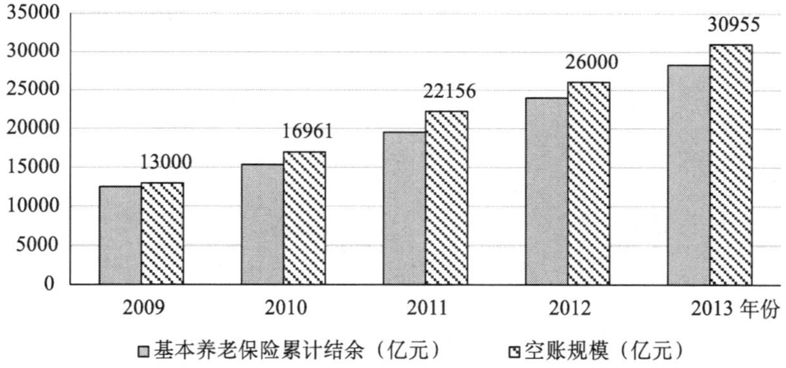

图 7 – 8　2009 ~ 2013 年我国基本养老保险基金（统筹账户）结余及个人账户空账情况

资料来源：历年《中国养老金发展报告》。

图 7 – 8 比较了统筹账户中的基金累计结余与个人账户中的空账规模，发现近年来个人账户的空账规模是大于统筹账户中的结余的，如果将两个账户合计来计算则社保基金收支已经处于缺口状态，但由于个人账户不是由参保人自行管理与领取的，其发放仍然是由政府控制与，因此不能简单地将两个账户的盈亏相抵来进行计算总缺口。不过这也表明了我国“统账结合”的部分

积累制实质上养老金的缴费与发放的双轨制，即缴费按部分积累制收取包括统筹账户和个人账户，而养老金发放还是按现收现付制来支付的。

据笔者估计这个空账，会到2017年间继续拉大，因为1997年退休的人员还在继续领取退休金，包括个人账户部分，到2012年这个群体的平均年龄在75岁[①]左右，过2012年，这个群体人口数量会下降，这个空账部分将会逐渐减少，直到2037年，这个群体的平均年龄达到100岁，刚性缺口将会消失。而空账实际应该由政府来埋单，靠财政支出来弥补的，因而是未来财政支出要承担的支出责任。在我国做实个人账户多年未果的情况下，我国目前已开始研究把个人账户向名义账户制转型，这样空账也将合理化，但是在未实行名义账户之前，这个成本都应该要考虑在内。

马骏等人（2012）建立了一个养老金模型，用于预测2012～2050年38年间每年将面临的城镇养老金收支缺口（不含农村），主要包括城镇企业职工与机关事业单位的养老金缺口，以及从现收现付制向现行的“统账结合”改革所产生的转轨成本，笔者将主要借鉴他的数据（见表7－5）。

7.2.4 名义利率

由于我国尚未实现利率市场化，只有央行发布的存贷款的基准利率，这个数据与我国实际利率市场发展矛盾已凸显出来，因此本书不以此利率作为名义利率指标，而以一年期上海银行间同

① “第六次全国人口普查”我国人口的人均预期寿命是74.8岁，1997年60岁退休的人员到2012年将达到这个数值。

业拆放年均利率（下文简称 Shibor）作为名义利率①。Shibor 是 2007 年 1 月 4 日正式运行的，并作为我国基准利率的培育对象，经过几年的运行 Shibor 已初显其作为货币市场利率变动的风向标成效，而且 Shibor 稳定性较高，有利于其作为金融产品定价的基础。上海银行间同业拆放利率（Shibor）运行多年以来已成为中国金融市场上重要的指标性利率，Shibor 工作组将继续优化 Shibor 生成机制，鼓励以 Shibor 为基准的金融产品创新（中国人民银行货币政策分析小组，2012），并且多位学者都通过大量的实证分析论证 Shibor 作为我国基准利率的可行性（戴金平和陈汉鹏，2013；方意和方明，2012；胡新智和袁江，2011；刘喜波，赵鹏远和李红梅等，2008；潘松，魏先华和张敏等，2009；时光和高珂，2012；中国人民银行上海总部调研部课题组，顾铭德和吴培新，2008），因此 Shibor 作为名义利率是相对合适的一个指标。

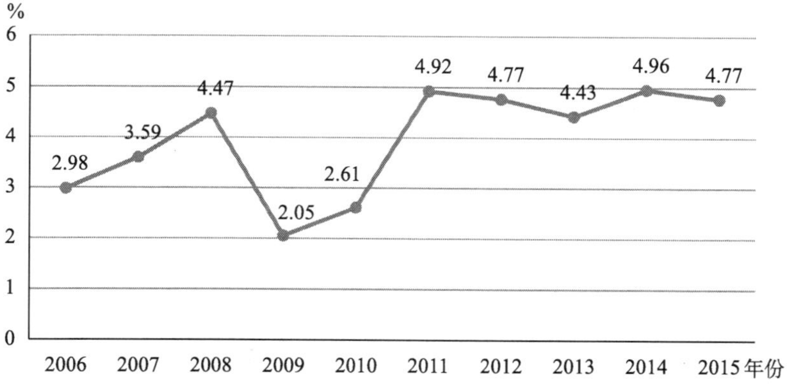

图 7－9　2006～2015 年我国 Shibor 走势情况

资料来源：上海银行间拆放利率官方网站数据整理。

---

① 我国央行 2012 年发布的当年第三季度货币政策执行报告中提到“上海银行间同业拆放利率（Shibor）运行五年多来已成为中国金融市场上重要的指标性利率。Shibor 工作组将继续优化 Shibor 生成机制，鼓励以 Shibor 为基准的金融产品创新”。

从图 7 -9 来看，我国的 Shibor 在 2010 年前波动比较大，从 2011 年以来，一直保持在 4.5% ~5% 区间，比较稳定。因此笔者在做基准情景预测时，利率预测值为 4.8%，考虑到可能的不确定性，在敏感性分析中再分为高低两种情况。

7.2.5 债务负担率

按世界银行 Hana 对政府债务的分类矩阵来看，一个国家政府性债务应该包括直接债务与或有债务两类，但是由于或有负债是在特定情况发生时才成其为政府的债务，因此不能把两类债务简单相加。在直接债务中包括显性债务与隐性债务，而隐性债务主要是养老金收支缺口，这个部分在前面 7.1.3 部分已经讨论了，因此本节的债务主要是直接债务中的显性债务部分。

（1）期初债务负担水平

关于政府直接的显性债务的规模一直没有一个公认的确切数据，研究中常用的数据有两组，一组是中央政府发行的国债与近年来地方政府发行的债券（含财政部代发的和地方政府自行发债两部分）之和构成的政府债务数据，另一组是审计署在 2013 年摸底审计中的数据。

先看第一组统计的数据，其中中央政府发行的国债自 2006 年实行余额管理[①]，国债余额主要包括中央政府盈余抵消预算赤字的余额、向外国政府及国际（金融）组织借款及特别国债的累计总额，属于中央政府今后要偿还债务的总额，通常被用作反映国债负担情况的客观指标，因此在统计时这个指标的数据使用的是中央政府发行的国债余额。地方政府自行发债实行发行限额

① 国债余额管理是指立法机关不具体限定中央政府当年国债发行额度，而是通过限定一个年末不得突破的国债余额上限以达到科学管理国债规模的方式。

管理，但在数据上仍然用的是余额。

如第 6 章图 6－8 中显示国债与地方发行的债券余额之和在 GDP 中的比重从 1996 年的 6.09%，6 年间迅速提高了 2002 年的 15.98%，2003 年以后就一直保持在 16.5% 左右。主要也是因为我国目前的国债管理制度，对中央发行的国债余额进行了限额，而地方发行债券才开始几年，虽然是发行限额管理，在没有完全自行发行的地方也是由财政部代还，因此其余额也相对稳定，使得目前债务负担水平比较稳定。

再看另一组关于审计署摸底统计的数据。据审计署在 2013 年 12 月 30 日发布的《全国政府性债务审计结果》报告来看，截止到 2013 年 6 月 30 日中央政府与地方政府负有偿还义务的债务高达 98129.48 亿元和 108859.2 亿元，按这个口径计算，则债务负担率会提高到 35.2%，这比前一种负担水平翻了一番。由于地方政府债务规模近年来增幅较大以及地方政府债务管理不善的问题，2014 年 10 月发布《国务院关于加强地方政府性债务管理的意见》，赋予了地方政府有依法适度举债融资的权限，通过“修明渠、堵暗道”疏堵结合的方式来规范地方政府的举债行为，同时 2015 年 1 月 1 日开始正式实行新修订的预算法，这意味着未来地方政府有偿还责任的债务将以更显性的债券发行方式来呈现，按第一种方法统计的债务规模也会向第二种方法统计的规模靠近，因此笔者在做预测时，2014 年作为期初的债务负担率用第二种方法的口径。2014 年的债务负担率水平应该高于 2013 年的水平，笔者估计为 36%。

（2）目标债务负担水平

关于目标债务负担率水平，国际上常用债务负担率水平是 60%，这个债务警界线（包括赤字率 3%）是出自 1991 年《马斯特里赫特条约》（简称《马约》）。但《马约》本身并没有给出把对这个标准作为财政可持续性安全线的理由，也没有研究能解释清楚这些安全线是怎么科学计算出来的。有学者推测这些标准实际上或许只是当时欧洲国家债务负担率（赤字率）的平均水平，《马约》以此作为对欧盟成员国的债务负担水平的上限，对成员国财政运行进行约束，而并非是经过严格测算的警戒线（罗云毅，2003）。事实上，没有陷入欧债危机的国家也出现过超高的债务负担率，如2013年美国、日本的债务负担率分别为104.1%和227.2%（赵早早，2014）。

当然其他关于最佳债务负担率水平的计算都是一些尝试的研究，并没有一个确定的说法，也没有哪位学者可以准确地计算出一个最佳限值。因此笔者将设定44%、36%、60%、75%及100%4个不同的目标债务负担水平分别分析不同情况下的长期财政缺口，其中44%是在第6章中短期财政可持续性评估中计算的新兴经济体国家债务负担率水平的限值，而36%是期初（2014年）的债务水平。

综上所述，笔者对公式（7.8）中重要指标未来的预测结果如表7－5所示。

表7－5　各相关指标的2014～2054年预测数据汇总　　单位：%

年份▶ 指标▼	2014	2015～2020	2021～2025	2026～2030	2031～2035	2035～2040	2041～2045	2046～2050	2051～2054
GDP增速	7.4	6.5	6	5.6	5.2	4.8	4.8	4.4	4
财政基本平衡	－1.62	－1.9	－2	－2.2	－2.3	－2.5	－2.6	－2.7	－2.9
市场利率	4.8	4.8	4.8	4.8	4.8	4.8	4.8	4.8	4.8
养老金缺口	0	－0.06	－2.83	－8.27	－16.08	－32.25	－45.3	－65.88	－83.37

资料来源：前三个指标为笔者根据前面的分析做的估计，养老金缺口数据参考借用马骏（2012）《中国国家资产负债表研究》第8章预测数据。

7.3　实证结果

根据7.1.2推导的财政缺口计算的公式（8），以及在7.2中对各类指标的预测值，可以计算出我国从2014年到2054年40年间长期财政缺口 S_{long}。如果财政缺口 S_{long} 值大于0，则说明要在目标年份达到目标债务负担率水平，财政收支出现了缺口，如果不做调整，则财政是不可持续的，缺口的大小则是调整的程度大小。

7.3.1　基准情景

首先，我们按前面的预测分析，设定对我国未来长期可持续性的评估是以2014年为期初，2054年为评估终止的目标年份，在2023年（本届政府任期结束时间）前做调整，将2014年的债务负担率水平36%调整到44%的目标债务负担率水平，在2023年后这一债务负担率水平将保持到2054年，未来40年间的利差、财政基本平衡及养老金缺口变动如表7－6中预测值所示。

表7－6　　基准情景下财政缺口及其构成　　单位：%（/GDP）

各类缺口调整成本	期初财政基本平衡缺口	拖延调整时间的成本	债务负担率变动的成本	养老金缺口成本	总缺口 S_{long}
缺口值	1.7798	0.0443	－0.2604	37.1351	38.6988
各类缺口在总缺口中的比重	4.60	0.11	－0.67	95.96	100.00

从计算结果可见，在基准情景假定下，未来40年我国的财政缺口 S_{long} 为38.70%，即未来我国长期财政将处于不可持续的

状态，按期初 2014 年的 GDP 总量来算，财政收支缺口达到 246303.5 亿元，即意味着要在 2023 年前通过财政增收 246303.5 亿元或者减少财政支出 246303.5 亿元，或双管齐下来弥补缺口才能保持长期的可持续。其中，如果要保持 36% 的债务负担率水平，则期初财政基本平衡有 1.78% 的缺口；如果在 2023 年前缓慢拖延进行调整比在 2014 年一开始就马上进行调整相比，拖延调整则会产生 0.04% 的缺口；债务负担率变动缺口为 -0.26%，由于考虑到未来债务的增加，尤其是地方政府直接的隐性债务会逐渐“显性化”，设定的目标债务负担率是高于期初债务水平的，因此这缩小了总财政缺口；养老金缺口为 37.14%，在这 4 个组成部分中，其缺口占了总缺口的 96%，是拉大财政缺口最主要的因素，因为养老金缺口在前面预测中到 2054 年达到 GDP 的 83%，这将给我国未来财政带来巨大的财政压力和财政风险。

7.3.2 敏感性分析

由于对养老金缺口、调整时间、债务负担率水平都在假定情景下的预测，其中包括了很多不确定性，如果这几个假定对最终结果比较敏感的话，则基准情景计算的结果将会出现较大的差异，本节主要是根据这几个因素设定不同的情景来分析财政缺口。

(1) 目标债务负担率水平

由于目前没有研究表明什么样的债务负担率是最优的水平，因此笔者将设定不同的债务负担率情景考虑可能的情况，比较不同目标债务负担率的设定对财政缺口的影响。

在表 7-7 可看到，当目标债务负担率设定为不同水平时，财政缺口是有差别的。当目标债务负担率 36% 的设定低于基准

表7-7　不同目标债务负担率情景下的财政缺口比较

单位:%　(/GDP)

目标债务负担率▶ 各类缺口调整成本▼	44 （基准情景）	36	75	100
期初财政基本平衡缺口	1.7798	1.7798	1.7798	1.7798
拖延调整时间的成本	0.0443	0.0443	0.0443	0.0443
债务负担率变动的成本	-0.2604	0	-1.2694	-2.0831
养老金缺口成本	37.1351	37.1351	37.1351	37.1351
总缺口 S_{long}	38.6988	38.9592	37.6898	36.8761

情景44%时，财政总缺口 S_{long} 为38.96%，低于基准情景的财政缺口；当目标债务负担率高于基准情景时，如设定为75%和100%，其财政缺口为37.69%和36.88%均小于基准情景，可见目标负担率越高，其财政缺口越小。从财政缺口的四个构成部分来看，在其他条件不变的情况下，期初财政基本平衡缺口、拖延调整时间的成本与养老金缺口成本都是一样的，目标债务负担率只影响债务负担变动成本部分，当目标债务负担率设定为期初债务负担水平时，其债务负担率变动成本为0。以目标债务负担率设定为100%为例，基准情景下债务负担率44%增长到100%，其变动幅度为127%，其相应的财政缺口变动为4.7%，可见财政缺口对目标债务负担弹性较小。

（2）目标调整时间

在基准情景中，笔者是根据我国政治周期，出于对同一政策制定者的政策具有连贯性的考虑，设定该调整要在本届政府任期结束前完成。但是我国要在2020年全面进入小康社会的目标也可能实现调整提前，或者由于债务规模激增，而导致调整周期会延长，因此以下考虑不同调整时间的财政缺口状况，如表7-8所示。

表 7 - 8　不同目标调整时间情景下的财政缺口比较

单位:% (/GDP)

目标调整时间▶ 各类缺口调整成本▼	2023 年 (基准情景)	2018 年	2033 年	2043 年	2053 年
期初财政基本平衡缺口	1.7798	1.5519	2.6249	5.286	54.2645
拖延调整时间的成本	0.0443	0.007	0.2707	1.2589	22.7293
债务负担率变动的成本	-0.2604	-0.227	-0.384	-0.7733	-7.9389
养老金缺口成本	37.1351	32.3787	54.7664	110.2893	1132.2
总缺口 S_{long}	38.6988	33.7106	57.2779	116.0608	1201.3

当设定在本届政府第一任任期结束前完成调整，目标调整时间为 2018 年，财政缺口为 33.71%，小于基准情景；如果向后拖延调整，分别将目标调整时间设定为 2033 年、2043 年和 2053 年，财政缺口则分别为 57.28%、116.06% 和 1201.3%。可见时间越向后拖延，其财政收支平衡状况越差，需要的调整成本更高，而提前调整则会减少调整成本。与债务负担率及养老金缺口变动不同的是，目标调整时间的变动会让财政缺口的四个组成部分均发生变动，即目标调整时间会在总体的各个方面均对财政缺口有影响。

(3) 养老金缺口

马骏 (2012) 在预测分析未来城镇基本养老金收支缺口时，从老人、中人、新人①三个不同代际的人群的高、中、低不同替代率的情景进行了区分，如表 7 - 9 所示。

① 2006 年北京市出台的《北京市基本养老保险规定》中按时间界限划分了“老人”“中人”和“新人”。其中“老人”是 2005 年 12 月 31 日以前退休的人员，“中人”是 2 号令执行前参加工作 (1998 年 6 月 30 日前)，并于 2006 年 1 月 1 日以后退休的人员；“新人”是 2 号令执行后才参加工作的人员。

表 7－9 三代际人群替代率不同的情景假设 单位：% (/GDP)

不同情景	“老人”替代率	“中人”替代率	“新人”替代率	机关事业单位人员替代率
高情景	47.6	36	36	68.5
基准情景	44.3	32	32	63.5
低情景	40	27	27	53.5

资料来源：马骏（2012）《中国国家资产负债表研究》第 8 章。

由于三个代际人员养老金替代率设定的不同，所预测的养老金缺口也存在较大差异，对财政缺口的影响也较大。

表 7－10 不同养老金缺口情景下的财政缺口比较 单位：% (/GDP)

不同情景（2054 年养老金缺口）▶ 各类缺口调整成本▼	基准（83）	低（40）	高（102）
期初财政基本平衡缺口	1.7798	1.7798	1.7798
拖延调整时间的成本	0.0443	0.0443	0.0443
债务负担率变动的成本	－0.2604	－0.2604	－0.2604
养老金缺口成本	37.1351	20.7514	48.421
总缺口 S_{long}	38.6988	22.3152	49.9847

从表 7－10 可见，与基准情景相比，当 2054 年养老金缺口从 83% 降低至 40% 时，财政总缺口也会降低至 22.32%，但是如果养老金缺口在基准情景基础上拉大 22.89% 到高情景的 102% 时，财政总缺口也会提高到 49.98%，财政缺口提高了 29.18%，可以发现，财政总缺口的变化程度高于养老金缺口的变化程度，即财政总缺口对养老金缺口是富有弹性的。

7.4 结果分析

通过以上计算结果，可以发现：

（1）无论是基准情景，还是为了消除在未来预测中不确定性对计算结果有影响而做的敏感性分析下不同情景，我国在未来长期（40年）都存在财政缺口，即长期财政不可持续，如果不进行调整，将承担巨大的财政压力，财政风险非常大。

（2）人口老龄化所给社会养老保险制度带来的挑战与产生的未来养老金缺口，将是我国长期财政不可持续的主要因素。养老金是退休人员的绝对主要收入来源，如果政府不承担相应的养老金支出，则会影响到在老龄化社会中占较大比重人群的基本生存问题，社会将不稳定，国家无法长治久安。因此即便养老金缺口是政府的隐性债务，但是政府有责任对其实行的制度进行兜底负责，必须要重视养老金缺口问题，及时做出调整。按马骏（2012）等人的保守估计，到2050年，养老金缺口占到GDP的40%，财政缺口也会达到22.32%，即在44%的债务负担率上限内，要通过增税142058.5亿元（相当于2014年的财政一般公共预算收入水平），或相同程度的减支，或增税减支双管齐下来平衡缺口，这对我国财政将是一个巨大的挑战。

（3）采取相应调整的施行时间进度也将是影响长期财政可持续性的一个重要影响因素。越早开始进行财政调整，未来的财政压力越小，财政缺口也越小，一旦推迟调整，则财政缺口也会加速拉大。因此及早认识到未来我国财政运行存在的风险，并及时地采取有效措施给予纠正是维持财政可持续发展的必要举措。

（4）在政府偿债能力范围内，适当提高目标债务水平，在一定程度上可以缓解财政压力。但是由于财政缺口对目标债务负担弹性较小，意味着依靠提高债务上限来缩小未来长期的财政缺口效果不明显。特别地，当债务水平超过一定程度时会导致“财政疲劳”（fiscal fatigue），即高债务负担水平会影响经济的增长，而且导致政府难以保持财政平衡（盈余），使得财政平衡无法与债务的增长同步（Ghosh，Ostry 和 Qureshi，2013）。

综上所述，我们要正视我国未来长期可能面临的财政不可持续、财政存在巨大缺口的情况，重视人口老龄化社会变革对财政带来的老龄化成本，完善养老保险制度，及早采取增加基本养老保险基金结余和财政盈余措施，控制养老金缺口快速拉大的局面，才能从根本上维持财政的可持续发展。

第8章 对策建议

从第 6 章和第 7 章对我国财政可持续性的实证结果来看，我国在短期（2015 年）财政可持续性较强，发生财政风险的可能性非常低，但是在未来长期（40 年）将面临严重的财政缺口，财政将不可持续。本章将立足于我国财政政策与财政运行的现状，在第 3 章和第 4 章对财政可持续性及其评估体系建立的理论分析基础上，结合国际上有关国家和地区相对完备的财政可持续性评估方法的先进经验，对建立我国的财政可持续性评估体系与保持财政可持续发展进行对策分析。

8.1 财政可持续性评估的配套措施

本书所构建的我国财政可持续性评估体系只是迈出有益尝试的一小步，一套完善的评估体系构建与实践运用还需要配套制度做基础，以及相关配套措施的配合，才能进一步完善和发挥其作用。

8.1.1　推进中（长）期财政规划工作

（1）建立中（长）期财政规划的必要性

财政可持续性评估体系构建要以完善的“中期财政规划”制度[①]为基础。

首先，从构建的财政可持续评估体系来看，所要求的财政平衡不是哪一个年度预算平衡，而是在一个长期内的，跨（多年）年度的财政平衡，也这正是符合我国开始尝试的“跨年度预算平衡机制”的思想。“跨年度预算平衡机制”是避免政府公共预算权力及支出责任碎片化的一个重要举措，但是它需要以“中期财政规划”为基础，以确保财政的可持续发展（傅永红和李博，2014）。

其次，对未来财政形势的预测是未来长期财政可持续评估的必要步骤，而完善的“中期预算框架”是获得预测数据并确保其相对准确的主要制度基础。而我国从 2015 年 1 月才开始启动“中期财政规划管理”工作，目前尚没有任何规划报告，我国也没有类似于发达国家的中长期经济展望（Economic Outlook）之

① 世界银行称其为“中期支出框架”（The Medium - Term Expenditure Framework，MTEF），突出“支出”规划是重点。IMF 称其为“中期预算框架”（Medium Term Budget Framework），并认为“中期预算框架不仅可以明确说明维持现行政府政策对收支的影响，而且还有助于对推出的新政策进行控制，并对一年以上的预算实施情况进行跟踪。它为行政部门责任的透明提供了依据，并为编制以结果为导向的更详细预算奠定了必要的基础；它的主要内容包括：一份有关财政政策目标的说明、综合的中期宏观经济和财政预测、对预算年度后 2 - 4 年各部委和机构的收支估计、对‘远期’或‘未来年度’正式进行的估计和以各部委和机构预算拨款为形式的硬预算约束”（杨志勇，2014）。

类的权威报告，因此难以开展对未来财政、经济状况的预测，前文中笔者及借鉴的相关学者的预测都存在种种不足，导致评估结果可能因此而可靠性与准确性不足，我国需要以“中期预算框架”的数据信息为评估基础。

另一方面，在众多欧洲地区及其他发达国家陷入欧债危机之际，波兰、卢森堡、智利、澳大利亚、韩国等国财政在这次债务危机中保持稳健的运行状态，这些国家的一个共同做法就是建立了“中期财政（或支出）框架”，将预算与未来计划联系起来，对未来3或5年财政预算（支出）做规划。由于提前进行了财政收支的安排，为抵御外来债务危机的冲击，都打下了良好的基础，确保了财政的可持续发展（黄严，2014；马骏，2014；於莉和杨雪非，2014；张岌，2014；赵早早，2014）。相比之下，中国则以短期大规模的财政刺激政策来抗击危机风险，其结果是后期经济的下行，并没有完全地化解财政风险，而只是推迟了财政压力，可见，实行中期财政规则不仅为评估可持续性提供可靠数据，也是保持财政可持续的一大利器。

（2）重视我国目前“中期财政规划”存在的不足

我国于2015年1月出台了《国务院关于实行中期财政规划管理的意见》（国发〔2015〕3号，下文简称“3号文件”），正式地推出由财政部牵头编制的三年期滚动“中期财政规划”，2015年政府工作报告也明确了“推行中期财政规划管理”是当年的工作重点[①]，但目前“中期财政规划”还处于尝试编制阶段，规划设计存在不足之处。

---

① 事实上，2013年余斌等人（国务院发展研究中心课题组）编著的《中国长期负债能力与系统性风险研究（2013）》一书中就建议建立中期预算制度，同时财政部发布的《关于进一步加强地方财政结余结转资金管理的通知》（财预〔2013〕372号）要求各地“推进编制中期预算”，并在部分地方尝试编制。

首先，“三年期滚动”与五年规划时间设计上的不对称。“3号文件”中明确提出中期财政规划是“按照三年滚动方式编制，第一年规划约束对应年度预算，后两年规划指引对应年度预算。年度预算执行结束后，对后两年规划及时进行调整，再添加一个年度规划，形成新一轮中期财政规划”（夏祖军，2015），三年滚动编制是以“五年”规划为基础的，即“结合国民经济和社会发展五年规划纲要及相关专项规划、区域规划的实施，按照部门职责分工，研究未来三年涉及财政收支的重大改革和政策事项”。“五年规划”是时段固定的，与我国预实行的“三年”为中期是不对等的，如 2015 年为“十二五规划”的收官之年，今年开始编制“2015～2017 年”的中期财政规划，但 2016～2017 年的规划是属于“十三五”规划阶段，目前尚未出台，因此无法具体细化地指引 2015 年开始的三年期财政规划，可预测今年开始的第一次中期财政规划更多为粗线条的规划（杨志勇，2014）。严格来说，按目前的五年期国民经济和社会发展规划来看，只有“五年”规划的头三年可以为“三年”滚动提供完全的信息，因此需要关注这个时间的对接问题。

其次，我国目前的“中期财政规划”层次偏低，在未来还要进一步提升。世界银行对“中期财政规划”划分为最低层次的中期财政框架、中间层次的中期预算框架以及最高层次的中期绩效框架（杨志勇，2014）。在“3 号文件”中明确了我国“中期财政规划管理”的主要内容包括：第一，预测现行政策下财政收支，未来三年经济社会发展状况及主要经济指标；第二，分析现行财政收支政策问题；第三，制定财政收支政策改革方案；第四，测算改革后财政收支情况。从我国的这四个内容来看，我国尚处于世界银行界定的最低层次中期财政规划框架。中间层次的中期预算框架不仅要未来收支做预测，还在建立一定的财政纪律以约束政府收支行为；最高层次的中期绩效框架在中期预算层次的基础上，还要评价政府支出绩效，实际是对政府支出活动更严格的约束。对比，可见我国在现阶段编制“中期财政规划”还只是初级阶段的尝试，在取得一定的成效之后，还应当不断地提升层次，以建立对政府活动约束力的“中期绩效框架”的财政规划为终极目标。

最后，在时机成熟的时候，“中期财政规划”向“中长期财政规划”过渡。长期财政可持续性评估是对未来几十年的财政状况的分析，由于我国面临的人口老龄化社会人口结构变革特殊时期，必须要考虑到老龄化加速的未来 40～50 年财政可持续发展状况。因此，三年期的“中期财政规划”无法满足对未来 40 年经济与财政状况预测的需要，在信息与预算管理可控的情况下，将三年期适当延长，或者在以三年“中期财政规划”为核心，添加一个对“未来 40（或 50）年经济与财政展望”作为其子部分，为长期财政可持续性评估提供预测信息来源。

8.1.2 加快推进“国家资产负债表”的研究与编制

财政可持续性的核心是政府债务问题，在财政可持续性评估体系中，政府债务规模、债务负担率等指标都是短期评估与长期评估的核心指标。按国际惯例，政府债务与资产、净债务的数据应该来源于“国家资产负债表”。目前我国官方尚没有发布权威的“国家资产负债表”，财政部也没有发布对政府债务的完整的数据，而国家资产负债表的缺失也让我们对政府总负债与政府资产、政府净负债等没有核心数据的统计，无法做到宏观把握，也难以避免资产负债表风险。

2012 年，以马骏、李扬、曹远征为首的三个研究团队分别研究了我国国家资产负债表，并发布了相关报告，但由于研究角度、构建方法及可得数据的不同，最后的资产负债表及相关专题研究都存在较大的差异性，但这三项研究都是探索我国对国家资产负债表研究有突破性的一步。但遗憾的是，到目前为止，我国的官方尚未发布正式的国家资产负债表，及其编制指南类的文件，这将是财政可持续性评估体系实践运作的基础数据获取渠道上的一大障碍。

8.1.3　成立评估工作小组并适时公开评估信息

首先，财政可持续性的评估实践需要有专门的“财政可持续评估工作小组”来推动。财政可持续性的评估工作实际是一项复杂的工程，笔者只是尝试通过本书做初步的研究，而实际上这项工作要达到比较理想的效果不是个人能够胜任的，而它必须要受到国家政府的重视与支持，由国家层面出面来组织完成。我国现在的财政部门机构体系相对比较完整，且有财政部财政科学研究所、中国社科院财经战略研究所等国家级学术智库和高校科研机构做智力储备，完全有能力成立评估工作小组。以财政部牵头，以预算司为主力，联合第三方独立学者或研究机构，成立评估工作小组，专门负责对我国未来中长期财政变化态势做分析，以评估我国财政的可持续状况。

其次，工作小组的评估工作需要形成独立报告并适时公开发布。我国是一个经济大国，财政、经济情况异常复杂，一份独立的财政可持续报告方能更加详细、全面的展现我国面临的财政形势，能直接客观地反映评估结果。独立详尽的报告既有利于我国历年财政状况的纵向比较，也有利于在经济全球化下与其他国家地区财政状况的横向比较，更好地了解自己国家的发展情况与在世界上的处境。同时，该报告应该一方面向国务院提交，另一方面对公众公开，让公众能直接通过报告来了解国家财政状况，尤其把握未来长期财政趋势，判断未来国家财政政策和经济政策形势。这也有利于现代财政制度建设中要求的财政公开化、透明化和接受公众的财政监督。

再次，财政可持续性的评估应该以全国财政为主要对象，但以后可推进到地方财政工作中。我国财政可持续评估工作一开始应该以全国财政运行状况为评估对象，每年都进行相关评估，在早期不断地完善方法、累积经验。当该评估方法体系相对成熟时，可以考虑分别对中央政府和地方政府不同政府层次展开评估，丰富评估内容，完善评估体系，让评估更有针对性，也作为地方政府活动的约束与指引参考。

8.2 实现财政可持续性发展的对策建议

8.2.1 重视人口老龄化对财政可持续性的影响

从前文对我国短期和长期的财政可持续性实证分析结果可知，人口老龄化将是我国财政可持续发展面临的最大困难，老龄化所带来的劳动力减少、经济增长乏力、养老金和医疗卫生等相关支出增加等老龄化成本将激化我国未来长期的财政收支矛盾，庞大的养老金缺口是造成财政缺口的主要因素。而老年抚养比的不断提高，人口加速老龄化已经是无法扭转的事实，因此必须正视与重视人口老龄化问题，并从提高就业、增加老年劳动力需求、培育多维养老体系、改革养老保险制度、放宽生育政策等多个方面控制老龄化成本，应对人口老龄化的社会结构变革，确保财政长期可持续发展。

（1）建立健全多支柱多维度的养老保障体系

社会基本养老保险制度是老年人主要的养老保障来源，但是就我国还处于发展中国家、人均收入离发达国家还有一定距离这样的国情来看，其制度本身更多体现基础性、共济性和普惠性，因此也不可能保证退休后收入水平能达到较高水平。如果退休人员的生活支柱都只依靠社会养老保险，则在老龄化加速的现代社会中，社会（子孙后代）与政府将会承受巨大的养老金支付压力，而应当建立起多支柱多维度的养老保障体系，增加老年人的生活资金来源，分担、化解社会基本养老保险制度的压力。世界银行在 1994 年和 2005 年分别提出建立老年经济安全的“三支柱”与“五支柱”模式①，如表 8 - 1 所示。

从表 8 - 1 对世界银行五支柱的解释可见，三支柱是其中最核心的养老支持模式。社会基本养老保险制度又是其中最为核心的一大支柱，正是我国公共财政制度改革推行比较困难一个领域。企业年金制度在我国才兴起不久，由于缴费性质的不同，和企业经济状况与负担能力相关，因此在我国尚没有普遍设立。商业养老保险是属于自愿型的，由于老年人财富情况与保险意识问题，这种方式也未在我国形成气候。以反贫困为目的的零层支柱在我国尚没有形成制度，但我国农村五保户制度中涵盖的老年人那个部分属于该层支柱。家族伦理供养实际上最主要的就是我们传统的“养儿防老”模式。

由此可见，我国的“五支柱”多维度养老保障体系还是有一定的基础的，还需要继续推进综合养老保障体系，尤其是第一支柱以外的支柱建设。第一，继续加大对于企业年金的税收政策

① “三支柱”的概念来源于世界银行于 1994 年出版的《防止老龄危机——保护老年人及促进增长的政策》一书，“五支柱”的概念来源于世界银行于 2005 年出版的《21 世纪的老年收入保障——养老金制度改革国际比较》。

表 8－1 世界银行提出的“三支柱”与“五支柱”老年经济安全模式

支柱层次			内容
五支柱	三支柱（1994 年）	第一支柱：强制性公营支柱	政府提供养老金——与本人收入水平挂钩的缴费型
		第二支柱：强制性民营支柱	企业年金，资金来源于企业与职工自己缴纳——不同形式的个人储蓄账户缴费型
		第三支柱：商业养老保险	商业保险投资与理财——自愿缴费型
	2005 年补充	第零层支柱：社会年金	给终身贫穷或资源不足，或不适用任何法定老年年金的非正式部门和正式部门的退休人员——最低水平保障的非缴费型
		第四支柱：伦理性家庭供养	子女的供养、个人储蓄等——家族成员间非正规保障型

资料来源：

1. 郑秉文. 21 世纪的老年收入保障——养老金制度改革国际比较［D］. 2006.

2. 汤兆云. 我国社会养老保险制度的改革——基于世界银行“五支柱”模式［EB/OL］.（2014 年 4 月 15 日）［02］.

倾斜[①]，鼓励企业年金制度的普遍形成。第二，商业养老保险只能由市场推进，加强养老保险类产品的研发，保监会监督与督促这类保险实行低风险设计，降低老年人投资理财的风险，保证生活资金。第三，对于陷入贫困又无其他任何保障资金来源的老年弱势群体，提供最基本的养老金，维持这个人群基本

① 2013 年 12 月，财政部联合人力资源社会保障部、国家税务总局共同发布了《关于企业年金、职业年金个人所得税有关问题的通知》，对企业年金实施单位及个人进行税收的抵扣与延迟纳税等纳税优惠，鼓励企业年金（职业年金）制度的推行。

的生存需要。第四，鼓励沿袭传统的家族、个人养老的习俗：一方面，要宣扬“养儿防老”（当然这里并不特指儿子，而泛指儿女后代）的传统习俗，让社会舆论引导后代肩负起老年人赡养的家庭责任；另一方面，政府应该出台相关政策营造家庭赡养的社会气氛，如德国的做法，通过增加年轻父母的带薪假期（如产假、学生假期陪护假等），鼓励年轻父母对儿女后代的陪伴，增强两代人的情感联系，为子女成年后赡养父母打造情感基础；此外，引入并完善“以房养老”“以车养老”等抵押贷款金融产品，保护个人资产的物权，增加老年人财产收入，丰富老年人资金来源渠道，为自我养老所需的资金提供制度和市场保护。

（2）改革社会基本养老保险制度，加强制度的顶层设计

即便社会基本保险制度的存在，导致了大量的制度转轨成本与未来收支缺口，但是建设与完善社会基本养老保险制度是社会发展之必须，要让老年人“有尊严地活着”，不能让老年人“又流汗又流泪”，因此要维持该制度的可持续性，要在改革过程中加强制度的顶层设计，不盲目模仿发达国家的制度模式①，而要建立起社会统筹公平，且与我国的经济发展水平、财政能力②、社会文化习俗相适应的社会基本养老保险制度。

首先，在退休年龄设计上，笔者支持“有弹性”的退休年龄制度设计。推迟退休年龄以缓解养老金支付压力已是达成社会

① 笔者不主张盲目的提高养老金的缴费率与缴费年限。

② 拿捏社会福利、政治讨巧与财政负担间的平衡。

共识，也是基本养老保险制度改革的必要步骤①。但是所有职业的退休年龄都采取一刀式的推迟方式，势必造成另一种不公平。由于教育水平的提高，接受教育的年限也在不断增长，而导致脑力劳动者参加工作的年龄普遍提高，如果再按目前的退休年龄，实际工作时间会减少，不利于劳动力效用的最大限度发挥，这个群体退休年龄的推迟是合理的②。而体力劳动者参加工作年龄相对较早，且老年之后身体健康情况减弱会导致劳动力下降，因此这个人群更希望能早点退休。社会制度的变革不光要考虑到社会效率问题，也要顾及社会的福利最大化，因此笔者支持“有弹性”的退休年龄制度设计，即总体上退休年龄向后推迟 2~5 岁，之后则根据劳动者自愿选择退休时间，当然这里还涉及诸多的制度细节设计。

其次，在养老金模式上坚持“统账结合”的模式，但是个人账户从完全积累制向名义账户制转型。我国从 20 世纪 90 年代后期实行部分积累制以来，在实行现收现付制的社会统筹账户中很好地体现了社会共济、隔代赡养的作用，尽管在老龄化进程中，该账户存在诸多诟病，但似乎目前没有更为合理的取代模式。而在实行完全积累制的个人账户中，由于制度转轨的因素，

① 2015 年 2 月 16 日中共中央组织部与人力资源社会保障部联合发文《关于机关事业单位县处级女干部和具有高级职称的女性专业技术人员退休年龄问题的通知》，通知称“一、党政机关、人民团体中的正、副县处级及相应职务层次的女干部，事业单位中担任党务、行政管理工作的相当于正、副处级的女干部和具有高级职称的女性专业技术人员，年满六十周岁退休。二、上述女干部和具有高级职称的女性专业技术人员如本人申请，可以在年满五十五周岁时自愿退休。”于 2015 年 3 月 1 日起执行。

② 按老年抚养比的概念，分母为 15~64 岁人口数量，由于脑力劳动者初次参加工作的年龄都超过 15 岁，还有向后推的趋势，劳动力人口按 15~64 岁统计是偏大的，因此实际老年抚养比更高。

导致了部分地方该账户资金被挪用的空账运行的结果，在多年“做实个人账户”未果的情况下，实行向“名义账户”转型倒是更优的选择。名义账户制作为缴费确定型模式，能在一定程度补充养老保险基金收支缺口，而且由于其实行用“生物收益率”——工资增长率与人口增长率之和——作为记账利率，退休人员可以分享经济增长的红利，既考虑到了人口年龄结构变革的因素，又能提高账户收益（个人缴纳部分 + 利息部分），保证一定程度的可持续性（郑秉文，2014）。

（3）提高社会就业率，增加劳动供给

由于供给具有内生性，因此政府可以通过鼓励劳动供给以促进经济增长（严成樑和龚六堂，2009），即提高社会就业率，增加劳动力投放，带动经济增长，构建生产性老龄化社会，缓解人口老龄化的冲击。

第一，提高 18 ~ 60 岁人口就业率。这个年龄阶段的人群是我国劳动力市场主要覆盖的人群，提高这个人群的就业率是增加劳动产出的最主要的途径。国家在就业政策上应当以保护这个人群的劳动权益为基础前提，同时在鼓励自主创业方面给予尽可能的政策支持。

第二，开发老龄劳动力市场，鼓励但不强制退休人员继续留在劳动力市场。实际上老年人在工作上更有娴熟的技能、丰富的知识与经验，有的工作岗位对这类老年劳动者是有需求的，应当充分利用这一市场特征，消除年龄歧视，积极开发老龄劳动力市场，以自愿性为前提，吸纳退休人员再就业，破解老龄社会劳动力短缺的困境。

第三，对于退休人员再就业给予更大力度的税收优惠。如果说鼓励老年人再就业是缓解老龄化对社会的冲击是出于社会理性考虑，那么个人兴趣与经济收益则是老年人是否愿意再就业的个人理性考虑。主要出于经济收益而选择再就业的老年人，一般来说，对于收入是富有弹性的，因此在鼓励老年人再就业上，应当加大对这个人群的个人所得税减免力度。目前我国的个人所得税政策对于退休人员的再任职在收入来源及退休人员类别有不同的优惠政策①，主要是向高级专家与继续留在原单位再任职的人员倾斜，对于开发老龄劳动力市场正面激励性不强。笔者认为对于再就业的老年人，退休金（退休工资）免税政策保持不变，对于其他收入来源也应当加大优惠力度，如提高个人所得税法规定的费用扣除标准，甚至给予全部减免的优惠，提高老年人再就业的积极性。

8.2.2 保证经济增长的连续性

从根本上讲，只要经济保持持续增长，使债务利率与经济增长的利差不超过债务积累速度，则财政可持续。当经济保持高速增长时，税源稳定，税基扩大，财政收入也会持续增长，而且经济总量的提高也是政府偿债能力的有力保证，一般不会出现财政收支平衡问题；但是当经济增长乏力时，政府往往选择牺牲财政平衡而通过积极的财政政策刺激经济增长，从而激化财政收支矛

① 《国家税务总局关于个人兼职和退休人员再任职取得收入如何计算征收个人所得税问题的批复》（国税函〔2005〕382 号）规定“退休工资是免税的，退休人员再任职取得的收入，在减除按个人所得税法规定的费用扣除标准后，按‘工资、薪金所得’应税项目缴纳个人所得税。”《财政部 国家税务总局关于高级专家延长离休退休期间取得工资薪金所得有关个人所得税问题的通知》（财税〔2008〕7 号）文件规定：“高级专家延长离休退休期间取得的工资薪金所得，其免征个人所得税政策口径按下列标准执行：对高级专家从其劳动人事关系所在单位取得的，单位按国家有关规定向职工统一发放的工资、薪金、奖金、津贴、补贴等收入，视同离休、退休工资，免征个人所得税；除上述收入以外各种名目的津补贴收入等，以及高级专家从其劳动人事关系所在单位之外的其他地方取得的培训费、讲课费、顾问费、稿酬等各种收入，依法计征个人所得税。”

盾，导致财政不可持续，因此，经济增长的连续性是财政可持续性的必要条件。

我国近年来经济增速从高速进入中高速阶段，经济迈入新常态，在人口红利消失、经济结构转型的经济“换挡期”，不可能再回到低成本优势的粗放式经济增长模型，只有通过培育新的增长动力，来保持经济较快增长（余斌和吴振宇，2013）。在扩大内需拉动经济增长乏力的情况下，传统的“需求管理”应当向“供给管理”转型，坚持“放松政府管制，优化供给结构，提高经济效率”的主导思想。

首先，在“不刺激”的积极财政下，引导市场驱动发展战略的创新，优化劳动力、土地、资源等生产要素的社会配置，鼓励并支持生产要素市场的价格形成机制。其次，继续推行“结构性减税”政策，通过“营改增”以及对小微企业的一系列减税政策，为企业降低经营成本，切实地减负，利用税收激励机制，激发市场活力；减少自主创业成本，培育小微市场，增加劳动供给提高就业率；改革个人所得税制度，考虑家庭人均纳税能力，实施按家庭征税，降低中低收入家庭税负；改革消费税制度，剔除对生活必须消费品的征税，减轻生活负担，提高生活质量。再次，实施区域发展的宏观长远战略，推进“一带一路”、长江经济带等建设，调整区域经济结构，实现经济总量与经济结构的协调发展，培养经济增长的长效机制。最后，配合以稳健的货币政策，维持稳定的金融秩序，推动利率市场化改革，防范金融风险，保证经济增长的资本要素渠道的稳健与畅通。

8.2.3　有效增加财政收入

（1）增加财政收入

首先，培育新的税收增长点。“结构性减税”实际上税收有增有减的税改政策，其中减税不是全面减税，而是有选择性的减税，以刺激经济增长。同理，增税也是有针对地增税，“营改增”是明减实增的一项长效机制，重在对未来税源的涵养；消费税改革可考虑适当提高非生活必需品的税收，如高端奢侈品等；增加扭曲性小（税收超额负担小）的新税种，如环保税、财产税、资源税等；加强税收征管，加强对减免税的管理，打击偷税漏税行为，确保税收的应收尽收。

其次，增加国有资本收益。国有资本收益是国家凭借所有权获取的直接财政收入，恢复与推进国有企业红利上缴制度，建立并完善国有资源与国有资产的收益共享机制，做好国有资本预算控制，保证国有资本收益的稳定增长。

（2）盘活财政资金存量

一边是地方财政支出压力大，财政资金紧张，另一边是大量趴在地方和相关部门账上不动的存量资金，两者的矛盾实际凸显了我国预算执行的不力。盘活存量资金是在短期快速增加地方及部门可用资金的方法，也是加强预算管理，提高财政资金有效利用的必要方法。

（3）管理并有效使用财政盈余（超收）

在经济危机压力增大时期，依靠政府发行债券和其他短期经济刺激措施来应付经济下行带来的困境只会迅速增加债务负担和未来经济负担，导致财政的不可持续。实际上，从长期来看，经济稳健（高速）发展阶段，一国总有处于财政盈余的时期，卢森堡、澳大利亚、智利等国都有将财政盈余年的收入盈余储蓄起来的惯例，储蓄资金建立各种基金，以备今后经济不景气、财政收入减少时平衡财政收支，减少财政超收带来财政超支的顺周期性，起到财政预算“逆周期稳定器”的作用[①]（黄严，2014；赵早早，2014；马骏，2014），我国现行的“中央预算稳定调节基金”和“预备费”有类似的功能设置。

我国自 2007 年起实行“中央预算稳定调节基金”[②]，将预算执行较好财政年度的超收部分补充入预算稳定调节基金，用于在预算收入短收财政年度弥补收支缺口，是预算“以丰补歉”的一种做法，也是治理财政超收资金和财政应急储备的功能（卢凌波，2012），将财政超收纳入规范化管理范畴的同时，也将这部分收入纳入了财政公开并接受财政监督的范畴（高培勇，2007）。但是从新预算法（2015 年 1 月 1 日开始执行的）的条例来看，预算稳定调节基金主要来自财政超收部分，但同时这部分收入还要用于弥补赤字，这两种用途间的先后顺序或者使用比例上尚没有明确规定，中央也尚未出台相关的管理办法，地方的“预算稳定基金管理办法”是由地方自由出台，基金执行情况也不尽相同，这将对超收资金使用的有效性打折扣。因此中央应当尽快出台对于稳定基金的管理办法，指引地方的稳定基金的管理，真正有效地管理并使用财政超收资金，为未来财政的缺口起到蓄水池的作用，做到“全口径”的预算管理。

除了财政超收部分，对于财政盈余年度的财政盈余部分也应当设立储蓄基金，以法律或制度的方式对这种强制储蓄行为进行约束，监督财政盈余的有效使用（马骏，2014）。

---

① 卢森堡将中央政府公共预算账户盈余储存起来建立了预算盈余储蓄金、中央特殊储备基金以及特殊债务基金；澳大利亚则将盈余资金用于偿还债务以及创建“未来基金”；智利设立了两个主权财富基金，一个是用基金在中期内平滑财政支出；另一个是为承担未来长期支出，除此之外，还设立了稳定基金。

② 我国 2015 年 1 月 1 日开始执行的新修订的《预算法》第 66 条规定：“各级一般公共预算年度执行中有超收收入的，只能用于冲减赤字或者补充预算稳定调节基金。各级一般公共预算的结余资金，应当补充预算稳定调节基金。”

8.2.4 控制财政支出

(1) 控制总支出规模

前文提到建立健全中期财政规划，其中最重要的就是要建立起自上而下的中期财政支出总额控制制度，减少财政赤字，设立支出总额上限，并规定超过总额的支出资金补偿机制，对于突破上限要实行政府问责。

(2) 政府厉行节约，削减政府行政开支

要明确减支不是盲目、全线的减支，而是有增有保有减。增加教育、农业、科技等公共支出，保持经济增长效应强的支出，减少的是经济效益和社会效益弱（或没有）的项目，其中政府行政开支应当首当其冲。包括公众比较敏感的政府性楼堂馆所、财政供养人员及“三公经费”在内的政府行政开支自20世纪80年代以来，增长快速，这部分支出的缺乏约束，导致了其中的滥用现象，弹性空间较大。为整顿相关机构纪律、提高财政支出的有效性，应当对这部分财政支出进行严格控制与消减。精简政府机构、限制公务员人数，提高行政开支透明度，加强财政监督，提高政府办公效率是有效降低政府行政开支的根本路径。

(3) 细化预算，加强预算支出管理

2007年我国的财政收支科目做了较大幅度的调整，新修订的预算法也对此做了规定，但是从规定条例上看，在支出按经济性质分类上，只规定了“基本支出”预算的编制，而没有对“项目支出”预算①的编制要求。在预算支出中占了主要份额的

---

① 在我国的部门预算中，支出包括基本支出与项目支出两类，其中基本支出是按机构人员的数量而编制的定额支出，与人数相关，相对固定；项目支出则是与机构执行的项目相关，非常富有弹性。

“项目支出”与机构执行的项目相关，项目是否合理、使用绩效如何都将影响到财政支出的效果与下一年度的支出预算，因此需要对这个部分进行细化，并接受人大的重点审查，否则会容易造成资金滥用、挪用，财政支出的低效（蒋洪，2014），不利于预算管理与现代财政制度的建设。

8.2.5　加强公债债务管理

（1）控制公债债务规模

2010 年和 2014 年国家前后出台的《国务院关于加强地方政府融资平台公司管理有关问题的通知》（国发〔2010〕19 号）和《国务院关于加强地方政府性债务管理的意见》（国发〔2014〕43 号）以及新预算法中赋予地方政府依法适度举债的权力，都是对规范地方举债的规定，在堵后门的同时，开了正门，这意味着地方政府债务一方面会减少或有负债，但是隐性债务将会逐渐浮出水面，通过发行地方政府债券的方式，地方直接显性债务规模在未来会有增加趋势。

虽然目前我国公债债务规模风险总体可控，但是经济下行压力下债务规模的增加将加大债务风险，因此要从总体上控制债务规模。在中期财政规划框架下，设定债务规模上限是多国的共同做法，虽然不乏执行上的缺陷，但是对于约束政府举债行为是有益的。我们可以设定一个更有弹性的债务规模上限，如债务负担率在经济增速不同阶段的浮动区间，超过浮动区间的应急及长效偿债机制。

（2）建立政府债务风险预警体系

通过债务风险的量化管理来防范债务风险是现在理论界的共识，并在多个国家地区实践运用取得一定成效。沿用本书在短期财政可持续性分析中使用的“信号法”的基本思路，运用政府债务、财政收支、宏观经济等多个影响债务风险的因素指标，建立一套完整的政府债务风险预警体系，树立“事前”控制风险的思想，及时勒紧债务风险的“缰绳”。对于已经建立起债务风险预警体系的地方政府，要不断推进体系的完善，与体系的执行监督，要求地方政府相关部门定时披露一般债券的规模与偿还情况，专项债券的举债项目，项目运行情况，偿债情况等相关信息，将全部债务纳入预算管理，加强对地方债务的公众监督。

（3）建立政府债务偿债基金

在事前债务风险预警基础上，提高事后风险的化解能力。每个财政年度按期初税收预算收入的一定比例（如20%~25%），以预算拨款为主，加上可能发生的财政盈余、财政结余资金，以逐年滚动的方式，建立资金来源相对稳定的政府债务偿债基金，主要用于每年债务的利息支付和违约债务的偿还。同时，增强基金运营管理，确保资金的保值与增值。此外，加强对基金的监督，打击对基金的挪用、占用、滥用，避免基金空账运行现象，切实起到自我化解风险的防范机制。

参考文献

[1] Afonso A. Fiscal sustainability: the unpleasant European case [J]. FinanzArchiv: Public Finance Analysis, 2005, (61): 19 ~ 44.

[2] Afonso, Rault. What do we really know about fiscal sustainability in the EU? A panel data diagnostic [J]. Review of World Economics (Weltwirtschaftliches Archiv), 2010, 145 (4): 731 ~ 755 .

[3] Aizenman J. , Hutchison M. and Jinjarak Y. What is the risk of European sovereign debt defaults? Fiscal space, CDS spreads and market pricing of risk [J]. Journal of International Money and Finance, 2013, 34 (0): 37 ~ 59.

[4] Alessi L. , Detken C. Quasi real time early warning indicators for costly asset price boom/bust cycles: A role for global liquidity [J]. European Journal of Political Economy, 2011, 27 (3): 520 ~ 533.

[5] Arestis, Cippolliniand Fattouh. Threshold effects in the US budget deficit [J]. Economic Inquiry, Western Economic Association International, 2004, 42 (2): 214 ~ 222.

[6] Arghyrou, Luintel. Government solvency: revisiting some EMU countries [J]. Journal of Macroeconomics, 2007, (29): 387 ~ 410.

[7] Auerbach, Alan. The US fiscal problem: where we are,

how we got here, and where we're going [M] //NBER Macroeconomics Annual 1994, Volume 9. MIT Press, 1994: 141 ~ 186.

[8] Baharumshah, Lau. Regime changes and the sustainability of fiscal imbalance in East Asian countries [J]. Economic Modelling, 2007, (24): 878 ~ 894.

[9] Bajo – Rubio, Diaz – Roldán O. and Esteve. On the sustainability of government deficits: some long – term evidence for Spain, 1850 – 2000 [J]. Journal of Applied Economics, 2010, XIII (Novermber): 263 ~ 281.

[10] Bajo – Rubio, Diaz – Roldán and Esteve. Searching for threshold effects in the evolution of budget deficit: an application for the Spanish case [J]. Economics Letters, 2004, (82): 239 ~ 243.

[11] Baldacci E. , Petrova I. K. and Belhocine N. Assessing fiscal stress [Z] . IMF Working Papers, 2011: 1 ~ 41.

[12] Barnhill, Theodore. Assessing Fiscal Sustainability Under Uncertainty [Z] . George Washington University , 2003.

[13] Barro R. J. The Ricardian Approach to Budget Deficits [J]. Journal of Economic Perspectives, 1989, 3 (Spring): 37 ~ 54.

[14] Bascand, Razin. Indonesia's Fiscal Position: Sustainability Issues: Macroeconomic Issues Facing ASEAN Countries [Z] . Washington: IMF, 1997.

[15] Berenguer – Rico, Carrion – i – Silvestre. Regime shifts in stock – flow I (2) – I (1) systems: the case of US fiscal sustainability [J]. journal of Applied Economics, 2011, (26): 289 ~ 321.

[16] Berg A. , Pattillo C. Predicting currency crises: The indicators approach and an alternative [J]. Journal of International Mon-

ey and Finance, 1999, 18 (4): 561 ~586.

[17] Berti K., Salto M. and Lequien M. An early – detection index of fiscal stress for EU countries [R]. Directorate General Economic and Monetary Affairs (DG ECFIN), European Commission, 2012.

[18] Bertola, Drazen. Trigger points and budget cuts: explaining the effects of fiscal austerity [J]. American Economic Review, American Economic Association, 1993, 83 (1): 11 ~26.

[19] Bierens H. J. Testing the unit root with drift against non – linear trend stationarity, with an application to the US price level and interest rate [J]. Journal of Economics, 1997, (81): 29 ~64.

[20] Blanchard, Olivier. Suggestions for a New Set of Fiscal Indicatiors [Z]. Organization for Economic Cooperation and Development, 1990.

[21] Bohn, Henning. The Sustainability of Budget Deficits with Lump – Sum and with Income – Based Taxation [J]. Journal of Money, Credit, and Banking, 1991, 23 (August): 580 ~604.

[22] Bohn, Henning. The Sustainability of Budget Deficits in a Stochastic Economy [J]. Journal of Money, Credit, and Banking, 1995, 27 (February): 257 ~272.

[23] Bohn, Henning. The behavior of US public debt and deficits [J]. The Quarterly Journal of Economics, 1998, 113 (3): 949 ~963.

[24] Buiter W. H. Guide to Public Sector Debt and Deficits [J]. Economic Policy: A European Forum, 1985, (1): 13 ~79.

[25] Burnside, Eichenbaum and Rebelo. Financing the Costs of Currency Crises [M]. World Bank, 2004.

[26] Bussière M., Fratzscher M. Towards a new early warning system of financial crises [J]. Journal of International Money and Finance, 2006, 25 (6): 953 ~973.

[27] Cipollini A. Testing for government intertemporal solvency: a smooth transition error correction model approach [J]. The Manchester School, 2001, (69): 643 ~655.

[28] Cook, Vougas. Unit root testing against an ST – MTAR alternative: finitesample properties and an application to the UK housing market [J]. Applied Economics, 2009, (41): 1397 ~1404.

[29] Corsetti, Roubini. Fiscal Deficits, Public Debt and Government Solvency: Evidence from OECD Countries [J]. Journal of the Japanese and International Economies, 1991, 5 (December): 354 ~380.

[30] Davig T. Periodically expanding discounted debt: a threat to fiscal policy sustainability? [J]. Journal of Applied Economics, 2005, (20): 829 ~840.

[31] Enders, Granger. Unit – roots tests and asymmetric adjustment with an example using the term structure of interest rates [J]. Journal of Business & Economic Statistics, 1998, (16): 304 ~311.

[32] Enders, Siklos. Cointegration and threshold adjustment [J]. Journal of Business and Economic Statistics, 2001, 19 (2): 166 ~176.

[33] Feve, Henin. Assessing effective sustainability of fiscal policy within the G –7. [Z]. 2000: 175 ~195.

[34] Folld R., Garber P. Market Fundamental versus Price – Level Bubbles: The First Tests [J]. Journal of Political Economy, 1980, 88 (August): 745 ~770.

[35] Gabriel, Sangduan. Assessing fiscal sustainability subject to policy changes: a Markov switching cointegration approach [J]. Empirical Economics, Springer, 2011, 41 (2): 371 ~385.

[36] Gerson, Nellor. Philippine Fiscal Policy: Sustainability, Growth, and Savings [G]. Washington: IMF: 1997.

[37] Getzner, Glatzer. On the sustainability of Austrian budgetary policies [J]. Empirica, 2001, (28): 21 ~40.

[38] Ghosh A. R., Ostry J. D. and Qureshi M. S. Fiscal space and sovereign risk pricing in a currency union [J]. Journal of International Money and Finance, 2013, 34 (0): 131 ~163.

[39] Goyal, Khundrakpam. Is India's public finance unsustainable? Or, are the claims exaggerated? [J]. Journal of Policy Modeling, 2004, (26): 401 ~420.

[40] Hakkio, Rush. Is the Budget Deficit "Too Large" [J]. Economic Inquiry, 1991, 29 (July): 429 ~445.

[41] Hamilton, Falvin. On the limitations of government borrowing: a framework for empirical testing [J]. American Economic Review, 1986, 76 (4): 808 ~819.

[42] Hernǿndez, Moral - Benito and Koester, etl. Signalling fiscal stress in the euro area: A country - specific early warning system [Z]. Banco de Espana Working Paper, 2014.

[43] Kalyoncu H. Fiscal policy sustainability: test of intertemporal borrowing constraints [J]. Applied Economics Letters, 2005, 12 (15): 957 ~962.

[44] Kremers J. J. M. U. S. Federal Indebtedness and the Conduct of Fiscal Policy [J]. Journal of Monetary Economics, 1989, 23 (March): 219 ~238.

[45] Leybourne, Newbold and Vougas. Unit roots and smooth transitions [J]. Journal of Time Series Analysis, 1998, 19 (1): 83 ~97.

[46] Luca, Nina and Michel. The "How to" of Fiscal Sustainability——A Technical Manual for Using the Fiscal Sustainability Tool [Z] . World Bank Policy Reseah, 2007.

[47] Lusinyan L. T. J. Multiple trend breaks and the unit root hypothesis [J]. The Review of Economics and Statistics, 1997, 79 (2): 212 ~218.

[48] Mahdavi, Westerlund. Fiscal stringency and fiscal sustainability: panel evidence from the American state and local governments [J]. Journal of Policy Modeling, 2011, 33 (6): 953 ~969.

[49] Makrydakis, Tzavalis. Policy regime changes and the long – run sustainability of fiscal policy: an application to Greece [J]. Economic Modelling, 1999, 16 (1): 71 ~86.

[50] Martin G. U. S. deficit sustainability: a new approach based on multiple endogenous breaks [Z] . Monash Econometrics and Business Statistics Working Papers, 2000.

[51] McCallum. Are Bond – Financed Deficits Inflationary? A Ricardian Analysis [J]. Journal of Political Economy, 1984, 92 (February): 123 ~135.

[52] Mendoza E. G. , Oviedo P. M. Fiscal solvency and macroeconomic uncertainty in emerging markets: the tale of the tormented insurer [J]. Econometric society, 2004.

[53] Mendoza, Enrique and Pedro. Public Debt, Fiscal Solvency and Macroeconomic Uncertainty in Latin America: The Cases of Brazil, Colombia, Costa Rica and Mexico [Z] . University of Mary-

land, 2004.

[54] Mora, Humberto. Assessing fiscal sustainability with alternative methodologies [J]. World Bank - Latin America and Caribbean Regional Studies Project on Debt Sustainability, April, 2004, 1004.

[55] Narayana M. R. Impact of population ageing on sustainability of India's current fiscal policies: A Generational Accounting approach [J]. The Journal of the Economics of Ageing, 2014, (3): 71 ~ 83.

[56] O'Connell, Zeldes. Rational Ponzi Games [J]. International Economic Review, 1988, 29 (August): 431 ~ 450.

[57] Payne, Mohammadi. Are adjustments in the U. S. Budget deficit asymmetric? Another look at sustainability [J]. Atlantic Economic Journal, 2006, 34 (1): 15 ~ 22.

[58] Payne, Mohammadi. Turkish budget deficit sustainability and the revenue - expenditure nexus [J]. Applied Economics, 2008, 40 (7): 823 ~ 830.

[59] Peter. Understanding Fiscal Space (EPub) [M]. International Monetary Fund, 2005.

[60] Quintos C. Sustainability of the deficit process with structural shifts [J]. Journal of Business and Economic Statistics, 1995, 12 (4): 409 ~ 417.

[61] Roberds, William. Implications of Expected Present Value Budget Balance: Application to Postwar U. S. Data in Rational Expectations Econometrics [Z]. 1991.

[62] Sarno. The behavior of US public debt: a non - linear perspective [J]. economics Letters, 2001, (74): 119 ~ 125.

[63] Shyh - Wei and Chen. Testing for fiscal sustainability: New evidence from the G - 7 and some European countries [J]. Economic Modelling, 2014, 37: 1 ~ 15.

[64] Sollis R. Asymmetric adjustment and smooth transitions: a combination of some unit root tests [J]. Journal of Time Series Analysis, 2004, 25 (3): 409 ~ 417.

[65] Trehan B., Walsh C. E. Common trends, the government's budget constraint, and revenue smoothing [J]. Journal of Economic Dynamics and Control, 1988, 12 (2): 425 ~ 444.

[66] Uctum, Wickens. Debt and deficit ceilings, and sustainability of fiscal policies: an intertemporal analysis [J]. Department of Economics, University of Oxford, 2000, (62): 197 ~ 222.

[67] WCED. Our common future[M]. Oxford University Press Oxford, 1987.

[68] Westerlund J. Testing for panel cointegration with multiple structural breaks [J]. Oxford Bulletin of Economics and Statistics, 2006, 68 (11): 101 ~ 132.

[69] Westerlund, Prohl. Panel cointegration tests of the sustainability hypothesis in rich OECD countries [J]. Applied Economics, 2008, 42 (11): 1355 ~ 1364.

[70] Wilcox, David. Sustainability of Government Deficits: Implications of the Present - Value Borrowing constraint [J]. Journal of Money, Credit, and Banking, 1989, 21 (August): 291 ~ 306.

[71] Xu, Ghezzi. From Fundamentals to Spreads: A Fair Spread Model for High Yield Emerging Markets Sovereigns [Z]. Deutsche Bank, 2003.

[72] 蔡昉. 人口转变、人口红利与刘易斯转折点 [J]. 经

济研究，2010（04）：4～13.

[73] 蔡昉．中国的人口红利还能持续多久［J］．经济学动态，2011（06）：3～7.

[74] 蔡昉．未富先老与中国经济增长的可持续性［J］．国际经济评论，2012（01）：82～95.

[75] 曾纪发．财政风险防治机制初探［J］．江西社会科学，2002（04）：163～165.

[76] 陈洋波，陈俊合，李长兴等．基于DPSIR模型的深圳市水资源承载能力评价指标体系［J］．水利学报，2004（07）：98～103.

[77] 戴金平，陈汉鹏．中国利率市场化中基准利率的选择——Shibor作为基准利率的可行性研究［J］．财经科学，2013（10）：1～10.

[78] 邓子基．财政平衡观与积极财政政策的可持续性［J］．当代财经，2001（11）：22～25.

[79] 方意，方明．中国货币市场基准利率的确立及其动态关系研究［J］．金融研究，2012（07）：84～97.

[80] 傅永红，李博．财政监督服务中期预算的跟进措施研究［J］．财政监督，2014（09）：37～38.

[81] 高培勇．为"中央预算稳定调节基金"叫好［J］．中国财政，2007（06）：1.

[82] 顾海兵，徐刚．我国财政预警系统初探［J］．计划经济研究，1993（04）：39～46.

[83] 郭庆旺，吕冰洋，何乘才．我国的财政赤字"过大"吗？［J］．财贸经济，2003（08）：37～41.

[84] 何平，Lee Hyung Ju. 中国农村养老保险制度改革与发展报告——可持续性分析［M］．第1版．北京：中国经济出版

社，2011.

［85］洪源，李礼．我国地方政府债务可持续性的一个综合分析框架［J］．财经科学，2006（04）：96～103.

［86］胡新智，袁江．渐进式改革：中国利率市场化的理性选择——利率市场化的国际经验及其对中国的启示［J］．国际经济评论，2011（06）：132～145.

［87］黄严．覆巢之下亦有完卵：卢森堡公共财政可持续及其对中国的启示［J］．公共行政评论，2014（01）：79～100.

［88］贾康，余小平，马晓玲．财政平衡与财政赤字［J］．财经科学，2001（01）：45～50.

［89］贾康，赵全厚．我国国债规模是否适度［J］．瞭望新闻周刊，2000（36）：34～36.

［90］匡小平．论地方财政可持续性的分析方法［J］．财经理论与实践，2004（06）：77～80.

［91］李方旺，周富祥，刘金云．财政收入比重下降的实证分析与对策思考［J］．宏观经济管理，1996（03）：17～20.

［92］李莉，吴洁，岳超源．城市可持续发展指标体系及综合评价研究（一）［J］．武汉城市建设学院学报，2000（02）：30～35.

［93］李平，刘作明．货币区成员国政府债务的可持续性分析［J］．经济学动态，2004（06）：24～26＋69.

［94］刘成．政府的隐性债务、或有债务风险与国债政策的可持续性［J］．经济研究参考，2002（60）：13～23.

［95］刘金云，李方旺．论财政收入占 GDP 比重下降的原因及对策［J］．财政研究，1996（05）：6～10.

［96］刘莉．中国老龄化成本的特征与风险防范体系构建［J］．浙江社会科学，2013（12）：92～98.

[97] 刘喜波，赵鹏远和李红梅等．Shibor 作为基准利率的实证研究 [J]．数学的实践与认识，2008（11）：44~47.

[98] 卢凌波．预算稳定调节基金：财政储备还是预算调节 [J]．财贸经济，2012（12）：37~44.

[99] 路妍，陈宇．美国公共债务的可持续性及对中国经济的影响研究 [J]．宏观经济研究，2013（01）：100~111.

[100] 罗云毅．财政赤字率和债务率：《马约》标准与国际安全线 [J]．经济研究参考，2003（03）：22~29.

[101] 吕伟．政府或有负债风险管理研究：理论框架与实践探索 [M]．北京：中国财政经济出版社，2008.

[102] 马骏．中国国家资产负债表研究 [M]．北京：社会科学文献出版社，2012.

[103] 马骏．从财政危机走向财政可持续：智利是如何做到的？[J]．公共行政评论，2014（01）：23~51.

[104] 马拴友．中国公共部门债务和赤字的可持续性分析——兼评积极财政政策的不可持续性及其冲击 [J]．经济研究，2001（08）：15~24.

[105] 倪红日．关于财政赤字政策和国债问题的国际考察及几点认识 [J]．涉外税务，1999（11）：16~19.

[106] 潘松，魏先华和张敏等．银行间支付流与同业拆借利率之关系的实证研究 [J]．金融研究，2009（01）：81~94.

[107] 任若恩，蒋云赟和徐楠楠等．中国代际核算体系的建立和对养老保险制度改革的研究 [J]．经济研究，2004（09）：118~128.

[108] 三好慎一郎，郭庆旺．财政平衡理论述评 [J]．财经研究，1992（09）：56~59.

[109] 时光，高珂．对 SHIBOR 作为我国货币市场基准利率

的有效性检验［J］. 财经科学，2012（02）：20～28.

［110］童泽恒，董承章. 我国财政收入“两个比重”下降原因分析与对策［J］. 中央财经大学学报，1998（02）：25～30.

［111］王晓霞. 财政可持续性研究述评［J］. 中央财经大学学报，2007（11）：23～27.

［112］王雍君. 退出机制、财政空间与财税政策的新视角［J］. 税务研究，2009（09）：12～18.

［113］王志刚. 中国积极财政政策是否可持续［J］. 财贸经济，2012（09）：53～61.

［114］吴初国，顾炳中. 国土资源可持续发展指标体系的研究内容与思路［J］. 国土资源情报，2004（09）：27～30.

［115］吴信如，潘英丽. 美国财政可持续性研究［J］. 广东社会科学，2013（02）：5～15.

［116］夏祖军. 中期财政规划亮相预算改革“舞台”［N］. 中国财经报.

［117］严成樑，龚六堂. 财政支出、税收与长期经济增长［J］. 经济研究，2009（06）：4～15.

［118］杨东亮. 国债理论研究与中国实证检验［D］. 吉林大学，2009.

［119］杨东亮. 日本政府债务可持续性的实证检验［J］. 现代日本经济，2013（01）：10～18.

［120］杨黎源. 老龄化成本的国际比较与中国应对策略——基于养老支出视角的分析［J］. 浙江社会科学，2013（03）：92～100.

［121］杨志安，宁宇之. 中国财政风险预警系统的构建——基于AHP评价法的实证研究［J］. 中国经济问题，2014（04）：30～37.

[122] 杨志勇. 我国中期财政规划改革：基本方向与主要问题 [J]. 中国财政, 2014 (11): 15~17.

[123] 姚东旻, 王东平, 陈珏宇. 中国财政可持续性研究——基于财政缺口的视角 [J]. 中央财经大学学报, 2013 (05): 6~13.

[124] 於莉, 杨雪非. 转型国家的财政可持续：波兰的故事 [J]. 公共行政评论, 2014 (01): 52~78.

[125] 余斌, 吴振宇. 中国经济新常态与宏观调控政策取向 [J]. 改革, 2014 (11): 17~25.

[126] 余珊, 周小林. 科学建立财政可持续性评估体系 [N]. 光明日报 (理论版), 2015年2月12日.

[127] 张春霖. 如何评估我国政府债务的可持续性? [J]. 经济研究, 2000 (02): 66~71.

[128] 张岌. 后危机时代的韩国预算改革：通往财政可持续之路 [J]. 公共行政评论, 2014 (03): 25~50.

[129] 张军, 厉大业. 美国政府债务长期可持续性分析——基于一般均衡条件下的代际预算约束模型 [J]. 国际金融研究, 2011 (08): 34~40.

[130] 张黎丽. 西部地区生态文明建设指标体系的研究 [D]. 浙江大学, 2011.

[131] 张馨. 当代财政与财政学主流 [M]. 大连：东北财经大学出版社, 2000.

[132] 张旭涛. 基于FTPL的中国财政可持续性研究 [J]. 中南财经政法大学学报, 2011 (05): 85~89.

[133] 张玉荣. 可持续发展思想的演进 [J]. 昭乌达蒙族师专学报 (汉文哲学社会科学版), 2004 (01): 71~73.

[134] 赵俊康. 我国养老保险转轨成本研究 [J]. 社会保

障问题研究，2006（00）：66～78.

［135］赵早早．澳大利亚政府预算改革与财政可持续［J］．公共行政评论，2014（01）：4～22.

［136］甄喜善．浅析西部民族地区实施经济可持续发展战略的重大现实意义［J］．西北民族大学学报（哲学社会科学版），2005（05）：94～98.

［137］郑秉文．欧债危机下的养老金制度改革——从福利国家到高债国家的教训［J］．中国人口科学，2011（05）：2～15.

［138］郑秉文．中国养老金发展报告2014：向名义账户制转型［M］．北京：经济管理出版社，2014.

［139］中国人民银行货币政策分析小组．中国货币政策执行报告［N］．金融时报．2012年11月2日．

［140］中国人民银行上海总部调研部课题组，顾铭德和吴培新．Shibor革命及其经济意义［J］．上海金融，2008（07）：5～9.

［141］周茂荣，骆传朋．欧盟财政可持续性的实证研究［J］．世界经济研究，2006（12）：69～74.

［142］周茂荣，骆传朋．我国财政可持续性的实证研究——基于1952～2006年数据的时间序列分析［J］．数量经济技术经济研究，2007（11）：47～55.

附　录

加拿大国会预算办公室（PBO）关于“财政缺口”的定义及推导过程：

财政缺口实际上是当前债务水平与预测的未来财政基本平衡（赤字或盈余）现值的差额。因此要首先对债务水平、未来财政基本平衡等做界定。

$$D_t = (1 + i_t) \cdot D_{t-1} - PB_t \tag{1}$$

其中 D 是债务余额，t 是时期，D_t 是指 t 期的债务余额，i_t 则为 t 的利率水平，PB_t 是 t 期的财政基本平衡，即财政收入减去不含债务利息的财政支出。公式（1）即是说 t 期的债务余额是由上期债务余额及其利息加上新增的财政赤字组成。将公式（1）向前累进并做替代后有公式（2）：

$$D_t = \prod_{i=1}^{k}\left(\frac{1}{1 + i_{t+1}}\right) \cdot D_{t+k} + \sum_{i=1}^{k}\prod_{j=1}^{i}\left(\frac{1}{1 + i_{t+j}}\right) \cdot PB_{t+i} \tag{2}$$

由于财政可持续性通常就是要满足债务的增长速度不能快于利率水平，因此在无限期的情况下有：

$$\lim_{k\to\infty}\prod_{i=1}^{k}\left(\frac{1}{1 + i_{t+1}}\right) \cdot D_{t+k} = \lim_{k\to\infty}\prod_{i=1}^{k}\left(\frac{1 + x_{t+i}}{1 + i_{t+i}}\right) \cdot D_t = 0 \tag{3}$$

其中 x 为债务的增长率，也就是说当前的债务水平必须等于未来财政基本平衡的现值：

$$D_t = \sum_{i=1}^{\infty}\prod_{j=1}^{i}\left(\frac{1}{1 + i_{t+j}}\right) \cdot PB_{t+i} \tag{4}$$

给定一个未来财政基本平衡的预测值$\overline{PB}$，未来 GDP 的预测值为 $\bar{Y}$，财政缺口为 Δ，有：

$$D_t = \sum_{i=1}^{\infty} \prod_{j=1}^{i} \left(\frac{1}{1 + i_{t+j}} \right) \cdot (\overline{PB}_{t+i} + \Delta \cdot \bar{Y}_{t+i}) \tag{5}$$

即：

$$\Delta = \frac{D_t - \sum_{i=1}^{\infty} \prod_{j=1}^{i} \left(\frac{1}{1 + i_{t+j}} \right) \cdot \overline{PB}_{t+i}}{\sum_{i=1}^{\infty} \prod_{j=1}^{i} \left(\frac{1}{1 + i_{t+j}} \right) \cdot \bar{Y}_{t+i}} \tag{6}$$

如果将无限期考虑成有限的期限，并令 d^* 为目标年的债务负担率，则公式（5）、（6）相应地变为：

$$D_t = \prod_{i=1}^{k} \left(\frac{1}{1 + i_{t+1}} \right) \cdot d^* \cdot \bar{Y}_{t+k} + \sum_{i=1}^{\infty} \prod_{j=1}^{i} \left(\frac{1}{1 + i_{t+j}} \right) \cdot (\overline{PB}_{t+i} + \Delta \cdot \bar{Y}_{t+i}) \tag{7}$$

$$\Delta = \frac{D_t - \prod_{i=1}^{k} \left(\frac{1}{1 + i_{t+1}} \right) \cdot d^* \cdot \bar{Y}_{t+k} - \sum_{i=1}^{\infty} \prod_{j=1}^{i} \left(\frac{1}{1 + i_{t+j}} \right) \cdot \overline{PB}_{t+i}}{\sum_{i=1}^{\infty} \prod_{j=1}^{i} \left(\frac{1}{1 + i_{t+j}} \right) \cdot \bar{Y}_{t+i}} \tag{8}$$

在公式（8）中令 g 名义 GDP 的增长率，并将财政缺口按在 GDP 中的比重来表达，有：

$$\Delta = \frac{\frac{D_t}{Y_t} - \prod_{i=1}^{k} \left(\frac{1 + g_{t+1}}{1 + i_{t+1}} \right) \cdot d^* - \sum_{i=1}^{\infty} \prod_{j=1}^{i} \left(\frac{1 + g_{t+1}}{1 + i_{t+j}} \right) \cdot \frac{\overline{PB}_{t+i}}{\bar{Y}_{t+i}}}{\sum_{i=1}^{\infty} \prod_{j=1}^{i} \left(\frac{1 + g_{t+1}}{1 + i_{t+j}} \right)} \tag{9}$$

在 PBO 的推算中，政府债务的有效利率大于名义 GDP 增长的预测值，而当这两个值是常数时，财政缺口可简化为：

$$\Delta = \left(\frac{i - g}{1 + g} \right) \left[\frac{D_t}{Y_t} - \left(\frac{1 + g}{1 + i} \right)^k \cdot d^* - \sum_{i=1}^{k} \left(\frac{1 + g}{1 + i} \right)^i \cdot \frac{\overline{PB}_{t+i}}{\bar{Y}_{t+i}} \right] \tag{10}$$